工程造价人员技能提升丛书

工程造价专家辅助人实战指南

——开启造价法律融合新赛道

刘 江 赵李龙 明 媚 张 侠 编著

中国建筑工业出版社

图书在版编目（CIP）数据

工程造价专家辅助人实战指南：开启造价法律融合
新赛道 / 刘江等编著 . -- 北京：中国建筑工业出版社，
2025. 6.（2025.9重印）-- （工程造价人员技能提升丛书）. -- ISBN
978-7-112-31245-0

Ⅰ. D922.297.5

中国国家版本馆 CIP 数据核字第 2025KX3582 号

责任编辑：周娟华
责任校对：张惠雯

工程造价人员技能提升丛书

工程造价专家辅助人实战指南——开启造价法律融合新赛道

刘 江　赵李龙　明 媚　张 侠　编著

*

中国建筑工业出版社出版、发行（北京海淀三里河路9号）

各地新华书店、建筑书店经销

北京光大印艺文化发展有限公司制版

建工社（河北）印刷有限公司印刷

*

开本：787毫米×1092毫米　1/16　印张：18¼　字数：346千字

2025年6月第一版　　2025年9月第三次印刷

定价：**88.00**元

ISBN 978-7-112-31245-0

（45278）

PREFACE

　　2018年9月26日晚上11点，我接到了职业生涯中第一个造价专家辅助人业务的委托。电话那头，当事人的声音充满焦虑："刘老师，我们项目的造价鉴定征求意见稿出来了，但我们看不懂，总觉得这份意见对我们不公正……"这份委托，不仅开启了我们与当事人及建工律师共同维权的征程，更让我深刻认识到造价专家辅助人这一角色的重要意义。经过系统梳理证据、重新勘验现场、出具造价专家意见并出庭质证，最终人民法院采纳了我们的专家意见，要求造价鉴定人出具补充造价鉴定意见，使原鉴定金额调减10%以上。这个案例，成为我们深耕造价专家辅助人领域的起点。

　　在我国司法实践中，《中华人民共和国民事诉讼法》及其司法解释明确规定了"有专门知识的人"参与诉讼的制度。这一制度设计，正是为了通过专业对抗弥补鉴定制度的不足，既为当事人提供权利救济的途径，又能帮助法庭更准确地认定专业事实。造价专家辅助人就像一座桥梁，一端连接着当事人的合法权益，另一端维系着司法公正的天平。

　　然而，当前行业面临着突出的供需矛盾：一方面，随着法治意识增强，越来越多的当事人渴望通过专业力量维护自身权益；另一方面，由于传统造价业务思维与法律等综合能力的壁垒，具备跨学科能力的造价专家凤毛麟角。这种矛盾导致两个令人遗憾的现象：当事人求贤若渴却难觅良才，造价工程师志在跨界却力有不逮。

　　正是这样的行业现状，促使我与陕西赵李龙、湖北明媚、张侠三位志同道合的造价行业专家萌生了编写本书的念头。他们不仅是造价咨询领域的权威专家，更在造价专家辅助人实务中积累了丰富经验，尤为难得的是，大家都怀揣着推动行业进步的赤诚之心。当我们四双手紧握在一起时，一个清晰的使命已然形成：要为造价工程师开辟新赛道，为司法公正注入专业力量，为行业发展贡献可资借鉴的智慧结晶。

历经十个月的潜心打磨，这部凝聚我们心血的《工程造价专家辅助人实战指南——开启造价法律融合新赛道》终于问世。全书九章内容层层递进：从制度背景到职业素养，从理论设计到实务操作，从案例解析到政策汇编，既构建起完整的知识体系，又提供了实用的方法论指导。特别是书中精选的 6 个实务案例和 10 个判决分析，犹如一盏盏明灯，为读者照亮从理论到实践的进阶之路。

本书的读者群体广泛：造价咨询从业者可将其作为业务转型的指南针，律师朋友能从中获取专业协作的路线图，高校学子则可视为职业发展的启蒙书。我们深知，要成为一名优秀的造价专家辅助人，不仅需要扎实的造价功底，更要具备法律思维、沟通艺术和批判性思考能力。虽已竭尽所能，但囿于学识所限，书中难免存在疏漏，恳请读者不吝指正。

最后，谨向所有为本书提供案例和建议的同仁致以最诚挚的谢意！愿这本带着温度的专业实战指南，能够助力更多同行在造价与法律交融的新赛道上，跑出属于自己的精彩人生。

刘　江

2025 年 4 月 8 日

PREFACE

作为一名拥有 20 多年经验工程造价老兵，我亲历了中国建筑业从"规模扩张"向"精细治理"的需求转变，目睹了无数工程争议纠纷从合同漏洞中滋生、在技术迷雾里发酵，最终演变为司法困局的全过程。在建设工程争议纠纷解决的战场上，工程造价专业技术人员常常陷入"技术权威难立、法律逻辑不通"的尴尬：技术报告因不符合证据规则沦为废纸，专业意见因缺乏法律表达失去说服力。

近年来，我国建设工程案件数量激增，但司法实践中，鉴定人的"审计思维"贯穿始终，"以鉴代审"的乱象始终存在。工程造价鉴定人常被赋予超越技术范畴的权力，从材料质证到计价原则确定全程主导，而律师和造价工程师因缺乏跨领域思维，往往陷入"有理说不清"的困境。我曾亲历某 EPC 项目合同纠纷：发包人坚持固定总价"包一切"，所有风险由承包人自行承担。承包人提出"发包人要求"增加的工程内容和新增工程要追加造价，由于无法提供有力的证据资料，而被迫承担"举证不能"的责任，全部诉求被驳回。诸多纷扰繁杂的工程造价争议纠纷问题的经历，使我深刻认识到：工程造价争议纠纷的解决，早已不是单纯的技术博弈，而是造价与法律深度融合的战场。

在这本《工程造价专家辅助人实战指南——开启造价法律融合新赛道》付梓之际，回望创作初心，源于某次庭审的震撼教育——造价鉴定意见被对方律师以证据规则连续击穿，技术权威在程序瑕疵前轰然倒塌。习近平总书记指出："法治建设既要抓末端、治已病，更要抓前端、治未病。我国国情决定了我们不能成为'诉讼大国'"。"总对总"多元化解建设工程争议纠纷正是对"治未病"也

"治已病"精神的最好实践。

本书是综合我们4位"工程造价人"近100年的职业经验积累而成，旨在为建筑企业以及从业人员解决实际工程造价争议纠纷问题提供帮助，为工程造价专业技术人员职业路径转型升级探索提供引领，为涉诉或非诉工程造价专业问题的解决提供指导。

赵李龙

2025 年 4 月 8 日

以专业力量护航建设工程纠纷解决

作为深耕建设工程造价领域多年的从业者，我始终关注着行业纠纷解决的痛点与突破。建设工程纠纷因其标的金额巨大、专业壁垒高筑、争议交织的显著特点，往往使诉讼双方陷入"专业不对等"的困境——当事人因技术认知盲区难以组织有效证据链，在鉴定程序的关键节点失守质证阵地；律师囿于专业限制无法精准锁定技术漏洞；而司法系统在专业监督层面又存在制度性真空。这种多维度专业失衡的局面，正是催生专家辅助人制度的现实土壤。

造价专家辅助人制度的价值，不仅在于破解"专业鸿沟"的沟通困境，更在于构建起完整的技术制衡体系。在本人经手的数百起辅助人案件中，我们通过三个阶段实现专业赋能：诉前阶段，运用逻辑思维能力，将零散碎片的证据梳理串联为对争议起到支持作用的利器，以"技术翻译官"的角色将庞杂细碎的工程资料转化为法律认可的证据体系；鉴定阶段，以"技术守门人"的定位全程参与现场勘验、征求意见书质证及鉴定意见书质证等程序；庭审阶段，则以"技术质证人"的身份搭建专业对话桥梁。这种全流程介入模式，既确保当事人的程序参与权实质化，又通过专业制衡机制提升鉴定意见的公正性。

实践中，我们尤为注重对鉴定程序"关键窗口期"的把控。当面对征求意见稿进行技术审查时，专家辅助人通过三维核查法（规范符合性核查、计算逻辑闭环性核查、质证证据采纳性核查）进行技术辅助；在异议回复阶段，配合律师的诉讼策略实现精准抗辩；出庭质证时，则采用通俗易懂的语言，列规范、讲差距、谈技术，将复杂问题解构为可理解的逻辑链。这种系统性应对策略，使我们在系列专家辅助人案件中实现较好的辅助效果。

随着建设工程纠纷解决的专业化进程加速，专家辅助人已从"技术顾问"进化为"技术合伙人"。我们正着力构建"造价＋法律"的复合型服务体系：与律师团队形成"技术－法律"双轮驱动，在非诉阶段建立索赔预警机制，在诉讼阶段与律师配合进行持续的专业输出。这种服务模式的升级，本质上是对建设工程纠纷解决生态的重构——让专业力量真正成为维护司法公正的技术基石。

明　媚

2025 年 4 月 8 日

　　《工程造价专家辅助人实战指南——开启造价法律融合新赛道》一书的问世，源于对行业痛点的深刻洞察。在我二十余载的执业生涯中，曾以专家辅助人身份参与诸多重大案件，目睹了太多因"技术证据链断裂"和"鉴定程序异化"导致的诉讼僵局：承包人在主张自身利益的证据上寸步难行，发包人因鉴定意见的偏颇陷入被动，法官面对专业壁垒举棋不定……这些困境，暴露出传统造价咨询与司法程序间的结构性断层。造价工程师若仅囿于传统算量计价，无异于在司法战场上赤手空拳。唯有将造价技术嵌入法律逻辑，以法律思维重构技术路径，才能真正破解"鉴定意见一面倒""技术话语权失衡"的困局。

　　本书的使命，正是以"法律赋能技术，技术反哺法律"为核心理念，构建一座横跨工程与司法的专业桥梁。通过系统化的方法论与实战案例，教会读者"为何做"与"如何做"。它将带您走进工程造价争议解决的神秘世界，探索那些隐藏在数字背后的故事。

　　本书突破了传统技术指南的局限，将法律程序与造价实务深度融合。例如，第6章"服务方式与内容"中，从诉讼阶段的举证策略到非诉调解的谈判技巧，从鉴定申请书的编制到庭审质证的临场应对，均以法律框架为脉络，以技术细节为血肉，构建起一套可复制、可推广的标准化流程。而第8章中精选的十大经典判例，更是将抽象理论具象化，让读者在真实对抗中领悟"法律与技术双轨驱动"的精髓。

　　感谢刘江、赵李龙、明媚三位同仁，在撰写的过程中，我们以"工程师的严谨"雕琢每一段文字，以"法律人的敏锐"审视每一个观点。

　　谨以此书，献给所有在造价与法律边界拓荒的同道。前路漫漫，唯有专业与信念始终如灯塔，指引方向。

张　侠

2025 年 4 月 8 日

目录

CONTENTS

第 1 章

工程造价专家辅助人产生背景

1.1 国内外对工程造价专家辅助人的相关规定

1.1.1 国内对工程造价专家辅助人的相关规定

我国民事诉讼制度源于苏联，受大陆法系国家的影响，鉴定是我国专家证据的基本形式。但审判实践中，在涉及专门性问题时，即使存在鉴定意见的情况下，由于当事人和建设工程律师（以下简称建工律师）通常并非专门性问题的专家，对鉴定意见的质证也存在困难。为充分保护当事人的诉讼权利，更有效地查明案件事实和正确适用法律，《中华人民共和国民事诉讼法》（2023年9月1日修正）（以下简称《民事诉讼法》）、《最高人民法院关于适用〈中华人民共和国民事诉讼法〉的解释》（2022年3月22日修正）（以下简称《民事诉讼法解释》）及《最高人民法院关于民事诉讼证据的若干规定》（法释〔2019〕19号）（以下简称《民事证据规定》）均规定当事人可以聘请"有专门知识的人"出庭就案件的专门性问题进行说明或接受当事人和法官的询问。

《民事诉讼法》第八十二条规定，当事人可以申请人民法院通知有专门知识的人出庭，就鉴定人作出的鉴定意见或者专业问题提出意见。《民事诉讼法解释》第一百二十二条规定，当事人可以依照民事诉讼法第八十二条的规定，在举证期限届满前申请一至二名具有专门知识的人出庭，代表当事人对鉴定意见进行质证，或者对案件事实所涉及的专业问题提出意见。具有专门知识的人在法庭上就专业问题提出的意见，视为当事人的陈述。人民法院准许当事人申请的，相关费用由提出申请的当事人负担。同时，第一百二十三条规定，人民法院可以对出庭的具有专门知识的人进行询问。经法庭准许，当事人可以对出庭的具有专门知识的人进行询问，当事人各自申请的具有专门知识的人可以就案件中的有关问题进行对质。具有专门知识的人不得参与专业问题之外的法庭审理活动。《民事证据规定》第八十三条规定，当事人依照民事诉讼法第七十九条和《最高人民法院关于适用〈中华人民共和国民事诉讼法〉的解释》第一百二十二条的规定，申请有专门知识的人出庭的，申请书中应当载明有专门知识的人的基本情况和申请目的。人民法院准许当事人申请的，应当通知双方当事人。同时，第八十四条规定，审判人员可以对有专门知识的人进行询问。经法庭准许，当事人可以对有专门知识的人进行询问，当事人各自申请的有专门知识的人可以就案件中的有关问题进行对质。有专门知识的人不得参与对鉴定意见质证或者就专业问题发表意见之外的法庭审理活动。根据上述三个法律法规的规定可以看出，"有专门知识的人"并非传统意义上的专家证人，其只是当事人聘请的专业人士，主要目的是弥补鉴定制度的不足，用增强对抗性的方法给予当事人救济的机会，纠正鉴定中可能存在的偏差。本书根据诉讼实务中的习惯和建设工程案件的需要，将"有专门知识的人"称为"工程造价专家辅助人"，简称"专家辅助人"。实务工作中，专家辅助人往往不是一个人，有时是一个造价专家，有时是一个造价工程师团队加造价专家，具体根据涉案项目的实际需要进行合理配置，最终以满足己方当事人的需求并实现其合法权益为目标。

我国专家辅助人制度的建立，主要是弥补鉴定制度的不足，用增强对抗性的方法为当事人提供救济的机会，纠正造价鉴定中可能存在的问题，协助当事人顺利完成诉讼。同时，可以为法官提供专业意见，让法官更加准确地理解和使用鉴定意见，辅助法庭顺利完成审判工作。若建设工程合同双方选择用仲裁方式解决纠纷，仲裁过程中关于专家辅助人的相关内容可参照本书执行。

1.1.2 国外对工程造价专家辅助人的相关规定

由于英美法系国家的民事诉讼制度建立在对抗制的基础之上，当事人"武器平等"的观念比较彻底地贯彻在专家证据制度中，作为专家证据主要表现形式的专家证人被视为一种证据方法，即"当事人所提出之证据"。专家证人是与普通证人相对应的一种证人类型，归属于广义的证人范畴，除适用特殊规则外，专家证人作证时仍应遵循证人作证的一般规则。

专家证人是英美法系国家专家证据制度的主要形式。专家证人在英美法系上可追溯至中世纪。在中世纪英国的法庭审理中，专家的知识和意见就作为发现事实的辅助手段被引入法庭审理的进程。但直到18世纪，在意见证据和事实证据的区别被法庭承认之后，专家证人才开始发挥其应有的功能，即法庭准许当事人申请己方的专家证人出庭，就专门性问题陈述对己方有利的证言。在英美法系上，专家证人作为意见证言排除规则的例外情形而存在。按照英美国家普通法传统，一般而言，证人只能针对他自己所做过、听过、说过或者亲历过的事实提供证言。如果证人认为或推断的事实是案件中争议的事实或者与案件中争议的事实相关，那么证人的意见或推断对于证明该事实真相而言是不被准许的。从另一个角度理解，意见证据不仅无助于事实的发现，反而会误导法庭的事实审理。此外，从证人陈述的事实中作出推断是法庭的职责，如果意见证据被准许，法庭的功能就会受到侵害。然而，在涉及超出法庭的经验和知识范围的有关专业事项的场合，为帮助法庭得出正确的结论，专家证据是被法律所允许的。英美法系中的专家证人制度有如下特点：

1. 专家的专业知识与待证事实之间有关联性

在英美法系中，只有具备容许性的证据才能对争议的事实发挥证明作用。所谓容许性，即证据的可接受性或可采性。证据的关联性是证据容许性的先决条件，只有与待证事实相关的证据才是可容许的。但并非有关联性的证据都是可容许的，关联性只是意味着证据有表面的容许性，有关联性的证据仍可能由于证据的排除规则而被否定其容许性。这一点与我国以及其他大陆法系国家和地区并无不同。

在英美法系中，对于普通证人（即事实证人）而言，证据的容许性的一般规则是，作为相关证据来源的所有证人，在民事诉讼中都有作证的能力，而智力、精神有缺陷的人和不能理解作证职责和内容的未成年人因为欠缺作证能力不能作为证人；对于专家证人的容许性，则往往从专业知识的关联性角度考量。1998 年施行的《英国民事诉讼规则》贯彻了加强案件管理的理念，对专家证人的容许性设置了比较严格的标准。在英国新的民事诉讼实践中，只有存在一个被承认的专业群体和被已经确立的规则和原则所涵盖的领域，并且只有在法庭认为专家将有助于认定争议问题的情况下，专家证据才是可容许的。

《美国联邦证据规则》规定，如果科学技术或其他专业知识有助于事实审理者理解证据或者决定争议事实，则基于其知识、技术、经验、训练或教育而有资格成为专家的证人可以以意见的形式提供证据。实践中，许多法庭在需要专家证人对科学试验和发现提供证据时，适用一种更为专门的容许性规则，即"通常认可"和"科学合理"的原则。"通常认可"原则要求专家所依赖的能够提供准确的信息和结论的技术和原则是科学团体所同意的；在"科学合理"原则下，"通常认可"仍然是一项重要的考量因素，但法庭必须考虑其他的因素，以决定专家的方法是否科学、合理。

可见，无论英国还是美国，专家证人的容许性标准都应当满足关联性的要求，而专家所使用的科学技术或原则、规则也应当被专业群体或团体所公认。

2. 专家证人应当具备法庭所认可的资格

在任何需要专家证人协助法官对争议事实作出判断的案件中，当事人所提出的专家证人能否作为有解决争议事项所要求的专业知识的专家，是审理案件的法官不得不面对的问题。

在英美法系中，专业知识或者技术的判断标准比较清晰。专家必须在相关领域内具备帮助事实审理者发现真实的足够的知识和技能。这种知识和技能可以来源于他在该领域内所受的教育或经验。判断专家证人的专业知识或技术的标准不是他是否"比该领域内的其他专家更能胜任，而是他是否比法官或陪审员更有能力作出意见性的结论"。根据《美国联邦证据规则》的要求，证人是否有作为专家证人的资格是法庭决定的事项。一个人能够成为专家证人是基于其知识、技能、经验、训练或者教育。只要他具备这些因素中的一个或者几个，就有可能成为《美国联邦证据规则》下的专家证人，而不必要求其满足如特定的学位、培训证书或某一职业团体的成员等条件。

然而在英国，法律没有规定什么人可以成为专家证人，判例也没有提供明确的识别方法。司法实践中，法官对于一个人是否具备提供专家意见的能力有宽泛的自由裁量权。这种自由裁量权的行使，通常要结合专家证人的知识或技术对于辅助案件事实的认定是否充分、是否与待证事实有相关性作出判断。一般而言，只有在法庭认为专家证人足以胜任争议问题解决的情况下，证人才有能力提供专家证据。在确定专家证人资格时，主要考虑两个因素：（1）对争议所涉及的专业知识的掌握；（2）凭借在该领域中的训练或经验而获得的运用专业知识的能力。这种专家证人的资格通常参照其职业资格或者知识和经验来确定，但作为专家证人并不要求其具备特定的职业资格。

3. 专家证人的职责

在英美法系国家，专家证人与普通证人同样应当宣誓作证，因此，从表面来看，专家证人与普通证人承担同样的职责，即只陈述事实，而不考虑当事人好恶。然而在实践中，专家证人与普通证人有着很大的区别。在英美法系国家对抗制的法律制度之下，普通证人作为事实证人是被事件选择而不是被当事人选择，在这个意义上他是"偶然出现在相关事件发生的场合，或者在通常行为的过程中偶然获知相关的信息"。而提供意见证据的专家证人在传统上则是由当事人聘请辅助当事人的诉讼活动。因此，普通证人只有权请求给付其出席法庭审理所发生的费用或者提供有关文件的支出，而专家证人则通常能够从当事人处获得报酬。而且，普通证人只能陈述他观察到的事实，而专家证人则被要求承担与案件相联系的准备工作——他能够进行试验、检验、调查和其他的研究。与普通的事实证人相比，专家证人在很大程度上是在创造证据。

在诉讼中，专家证人实际上承担双重职责。一方面，专家证人是当事人所"雇用"的，他不可避免地对聘请他并为他的专家意见支付报酬的当事人负责。另一方面，专家证人也对法庭负有责任，他应当在审判的过程中为法庭审理提供帮助。

为抵消专家证人的倾向性，《英国民事诉讼规则》规定了专家证人对法庭负有优先职责：（1）专家的职责是就其专业知识范围内的事项为法庭提供帮助；（2）这种职责优先于其对聘请他或向他支付报酬的人的责任。另外，专家证人必须在他的报告结尾声明：（1）专家理解他对法庭所负的责任；（2）他已经遵守了该项责任。

可见，英美法系上专家证人的职责分为两类：公正和透明。所谓公正，是指专家证人应当被要求按照事实证据和规范其学科的科学规则和资料作出结论性意见，而不考虑他的结论是否令聘请他的客户满意。所谓透明，是指专家的报告应当全面，应当清楚地表明结论所依赖为基础的假设、结论得出的理由，以及任何存在于专家脑海中的怀疑。

《日本民事诉讼法》规定，诉讼辅助人是指随同当事人、法定律师或诉讼律师一起出庭，进行口头陈述的人。其口头陈述的内容即对当事人及律师的陈述进行的补充。由于诉讼辅助人只是法庭审理过程中的附加人员，因此其不能在法庭审理之外从事有关的诉讼行为。对于这种诉讼辅助人的资格，法律通常没有特别的限制，但一个人要想成为诉讼辅助人，仍需法庭的许可。而有专门知识的人在法庭上的活动，同样是以对有关专门性问题进行说明陈述的方式，弥补当事人及律师在能力上的不足；其活动范围也仅限于法庭审理中与专门性问题有关的活动；对于这种有专门知识的人的资格，法律和司法解释没有提出特别的要求，其是否有协助当事人就专门性问题发表意见、进行质证的资格，是当事人考虑的问题，但其出席法庭审理，仍然需要当事人的申请和法庭的许可。可见，将有专门知识的人理解为诉讼辅助人是恰当的，符合立法和司法解释的本意以及有专门知识的人的特点。而专家辅助人这一称谓，也能够准确反映有专门知识的人的本质。关于诉讼辅助人，有日本学者在论述时指出，随着纠纷中专业化、技术化因素的增多，对于一些事项，即使是律师，也不具备这种专业知识，因此让这种问题的专家及技术者成为当事人或律师的助手就显得极为必要。

1.1.3　国内外工程造价专家辅助人的对比分析

我国《民事诉讼法》《民事诉讼法解释》及《民事证据规定》中"有专门知识的人"与英美法系国家"专家证人"相比，既有相同又有不同。与《日本民事诉讼法》中"诉讼辅助人"却有实质上的一致性，在民事诉讼中涉及专业性问题时，日本学者的观点与我国立法和司法解释的解决方案存在高度一致性。

1. 我国"有专门知识的人"与英美法系国家"专家证人"对比分析

（1）二者的相同点。

①二者进入庭审的途径都是基于当事人的行为。"有专门知识的人"和"专家证人"

都是基于当事人的聘请进入民事诉讼之中，并由当事人承担其相关费用或支付报酬。英美法系国家的专家证人是被允许接受当事人提供的报酬，这是专家证人与普通证人的不同之处。普通证人只能由当事人支付其与出庭作证有关的必要费用，而不能从作证行为中获利。对于有专门知识的人而言，尽管《民事诉讼法》和司法解释的规定并未明示其是否可以基于营利的目的而接受当事人的聘请，但也并未禁止其为获得报酬而协助当事人进行质证。事实上，"有专门知识的人"是否从当事人处获得报酬，并不是立法和司法解释所关心的问题，也不是法庭在是否准许当事人申请时所需要考虑的问题。"有专门知识的人"完全可以从其协助当事人诉讼的行为中获利，甚至以此为业。

②二者能否进入法庭参加庭审，都依赖于法庭的决定。英美法系国家主要通过专家证人的容许性审查来控制这种专家证据的提出。未满足容许性标准的专家证人不能进入法庭审理阶段。我国"有专门知识的人"能否在法庭上协助当事人质证，同样需要法庭的准许。如果人民法院经审查认为没有准许当事人申请的必要，可以驳回其申请。

③二者都有辅助当事人进行诉讼活动的职能。虽然英美法系国家的专家证人被要求尽量保持其中立和公正的立场，但并不禁止专家证人接受当事人的指示，为当事人的诉讼活动提供帮助。辅助当事人诉讼也是专家证人的职能之一。就"有专门知识的人"而言，其在诉讼中的职能就是协助当事人进行有关专门性问题的质证活动，实现己方当事人的质证权。

④二者在法庭上的活动都与普通证人的作证活动相同或类似。英美法系的"专家证人"属于广义的证人范畴，其出席法庭审理时，作证前也适用普通证人作证的誓词，也应当在证人席作证，作证的过程也通过交叉询问方式展开。这些活动在形式上与普通证人别无二致。我国"有专门知识的人"在法庭上活动的规定，很大程度上也是参照证人作证的规则设计。如对"有专门知识的人"的询问、双方当事人各自申请的"有专门知识的人"相互对质的规定，与《民事证据规定》有关询问证人和证人对质的规定十分相似。

（2）二者的不同点。

"专家证人"与"有专门知识的人"的相似是表面化的，二者存在实质性差别。这种差别主要体现在二者功能的不同。"有专门知识的人"在诉讼中的功能只是单一地协助当事人就有关专门性问题提出意见或者对鉴定意见进行质证，回答法官和当事人的询问、与对方当事人申请的有专门知识的人对质等活动也是围绕着对鉴定意见或者专业问题的意见展开的。这种"有专门知识的人"的功能和目的只是辅助当事人充分有效地完成诉讼活动，并不具有法官的"专业助手"的功能。

而"专家证人"的功能则是双重的。在诉讼中，其既要在事实发现上为法庭提供帮助，也要辅助当事人进行诉讼，而辅助法庭事实发现的功能是其最主要和优先的功能。"专家证人"的这种功能与大陆法系中鉴定人的功能非常接近。在大陆法系国家，鉴定的基本功能就是在法官面对因不具备专业知识而不能作出判断的事项时，由专家提供中立的意见以弥补其能力的不足，从而达到对有关事项正确判断的目的。鉴定人在诉讼中被视为法官的助手，应当根据法庭的指示和派遣来履行职责，帮助法官查明案件事实。

与"专家证人"这种功能上的差异，决定了"有专门知识的人"的性质和诉讼地位不是"专家证人"。由于"专家证人"制度与鉴定制度同样有在事实发现过程中辅助事实审理者对专业问题作出决定的功能，如果我国民事诉讼制度在已经遵循大陆法系国家的做法确立了鉴定制度的同时，再设置专家证人制度，欠缺必要性与合理性，也不符合法律规则创设的内在逻辑。

《民事诉讼法解释》第一百二十二条第二款关于"具有专门知识的人在法庭上就专业问题提出的意见，视为当事人的陈述"的规定，合乎逻辑，也符合专家辅助人意见作为专家证据形式的特征。由于《民事诉讼法》第七十八条第一款规定，人民法院对当事人的陈述，应当结合本案的其他证据，审查确定能否作为认定事实的根据，即当事人的陈述不能独立证明案件事实，应当与其他证据相结合才能发挥事实证明作用。因此，有专门知识的人就专业问题发表的意见，亦应当结合案件其他证据才能作为认定案件事实的根据。

2. 我国"有专门知识的人"与日本"诉讼辅助人"的对比分析

根据本书第 1.1.2 节中对日本"诉讼辅助人"的描述，我国"有专门知识的人"与日本"诉讼辅助人"的内容和外延基本一致。

1.2　实务中对工程造价专家辅助人的理解

专家辅助人源自我国《民事诉讼法》《民事诉讼法解释》及《民事证据规定》，主要内容是实现当事人对鉴定意见的质证权及对专业问题的提问权，但实务操作过程中，已经将其范围进行了扩大和延伸，本书将专家辅助人分为狭义的专家辅助人和广义的专家辅助人。当事人申请专家辅助人出庭作证的，应当以书面方式提出，数量不超过 2 名，并向人民法院提交申请。之所以采用书面形式，除严肃性和规范性之外，更重要的是需要向人民法院提供专家辅助人的基本信息和当事人申请专家辅助人出庭作证的目的，便于人民法院了解和是否批准专家辅助人出庭。人民法院收到一方当事人的申请且同意后，应同时将专家辅助人的信息和作证目的一并送达另外一方当事人，便于其提前做好必要的准备。

1.2.1　狭义工程造价专家辅助人

根据《民事诉讼法》《民事诉讼法解释》及《民事证据规定》中对专家辅助人的规定，专家辅助人主要有四个工作内容：（1）对鉴定意见进行质证；（2）对专业问题进行提问；（3）经过法庭准许，接受当事人的询问；（4）经过法庭准许，双方当事人各自聘请的专家辅助人可以进行相互对质。本书将从事以上工作内容的专家辅助人定义为狭义专家辅助人。

如某涉案项目中，施工单位一方当事人在鉴定机构出具正式鉴定意见之后，依然对鉴定意见中有些事项存在疑问，但无法提出专业的质证意见，因此聘请专家辅助人就其疑惑的事项，在开庭质证时向鉴定人进行提问，以期获得对己方有利的结果。这种委托就是狭义专家辅助人。

1.2.2　广义工程造价专家辅助人

实务工作中，有些当事人或其建工律师往往在起诉前便对自身能力和案件情况有了清醒的认知，认为案件复杂且其不具备相应的造价和质证等能力，因此跳出《民事诉讼法》《民事诉讼法解释》及《民事证据规定》对专家辅助人的规定，事先聘请专家辅助人为其提供从准备起诉到判决生效的全过程造价咨询服务或全过程造价专家顾问服务。本书将从事以上内容的专家辅助人定义为广义专家辅助人，实务中有时将广义专家辅助人与建工律师形成的团队称为"诉讼联合体"。专家辅助人与建工律师要取长补短、相互赋能，形成合力，为当事人服务，维护当事人的合法权益。专家辅助人与建工律师不要试图成为对方或占有对方，避免造成内耗，相互伤害，最后成为竞争关系，两败俱伤。

广义专家辅助人的工作内容一般包含狭义专家辅助人的工作内容，人民法院不同意专家辅助人出庭的除外。如某涉案项目中，施工单位中标某开发公司楼盘项目，主体将要封顶时，开发公司因资金链断裂，项目停工一年多仍未复工。施工单位欲起诉开发公司，遂聘请专家辅助人，帮其完成工程资料证据链的梳理及闭合、诉讼标的金额的编制确定、起诉后与鉴定人进行核对、出庭质证等工作，同时需要与建工律师对案件进行内部分析研讨等。这种委托就是广义专家辅助人，也包含出庭作证。另外，广义专家辅助人的工作内容还包括非诉业务，如专项索赔谈判咨询或顾问咨询服务。实务中专家辅助人与建工律师一起合作为当事人提供谈判服务的有时也称"谈判联合体"。

由于发包人对全过程工程咨询的要求越来越高，承包人对其内部管理、绩效考核也越来越严格，将来专家辅助人与建工律师形成咨询联合体，为发包人提供全过程工程咨询服务或为承包人提供内部管理服务的需求会越来越多。

1.2.3 狭义和广义工程造价专家辅助人分析

从实践的角度看，广义专家辅助人更能充分发挥其作用、体现其价值。如果仅仅是出庭作证对鉴定意见提问或对专业问题进行陈述，专家辅助人的专业发挥空间和价值都会受到很大的限制。广义专家辅助人以专业诉讼策划为先导，通过事先梳理证据、事中弥补证据，最后合理确定鉴定造价金额和预判法官判决偏好，让当事人在诉讼的各个阶段都能心里有数、心里有底。另外，利用在庭外相对轻松的环境，不断与鉴定机构进行博弈，争取在鉴定机构出具正式鉴定意见书之前，尽最大可能性将问题解决完毕，最后仍然无法解决的，再申请出庭进行质证。而狭义专家辅助人一般只在对正式鉴定意见质证时，才出庭向鉴定人质询或陈述专业性问题，此时，很多问题已经无法或很难解决。所以，一般在案件需要和当事人经济条件允许的情况下，选择广义专家辅助人的模式效果会更好，更能发挥1+1＞2的作用，更能维护当事人的合法权益，实现当事人的最大化诉求。

1.3 诉讼中各主体视角对工程造价专家辅助人的认知

专家辅助人在诉讼过程的作用举足轻重，诉讼中各个主体，如当事人、建工律师、法官及鉴定人对其认知和期望也有所不同。

1.3.1 当事人视角对工程造价专家辅助人的认知

当事人委托狭义专家辅助人或者广义专家辅助人，主要目的是弥补自身在造价专业能力和质证能力方面的不足，实现自己的质证权利，让鉴定意见更加客观、公平、公正，既保障自己的合法权益，又尽可能增加自己的实际收益。所以，当事人认为专家辅助人就是自己的专业助手，通过其专业知识为自己提供专业服务，这与《民事诉讼法》

《民事诉讼法解释》及《民事证据规定》中对专家辅助人的设置目的基本一致。专家辅助人在某种意义上讲，也可称为专业代理人。当事人申请专家辅助人出庭的，应当以书面形式提出，并向人民法院提交申请书，一般申请出庭的专家辅助人不超过 2 名。

专家辅助人接受当事人委托后可以向鉴定人提出专业性问题或进行询问，在法官准许的情况下，也要接受对方当事人的专业提问或询问，同时要接受法官的询问。如果当事人双方都聘请了专家辅助人，则专家辅助人可以相互对质，通过专业维护己方当事人的合法权益。

为防止专家辅助人对专业知识进行自认导致当事人的合法权益受到侵害，当事人可以通过提交授权委托书的形式对专家辅助人的权限和陈述范围进行必要的限制。

1.3.2 建工律师视角对工程造价专家辅助人的认知

建工律师为当事人服务，专家辅助人也为当事人服务，既然都是为当事人服务，那么二者就会各自发挥法律和造价专业的优势，相互赋能、相互加持，形成合力为当事人做好服务。建工律师与专家辅助人往往按风险收费，二者与当事人三方利益完全一致，一般都会全力以赴，精诚合作。所以说，专家辅助人与建工律师是最好的搭档，也是最为互补的搭档。因此，专家辅助人和建工律师要互相成为朋友，而且越多越好。专家辅助人和建工律师有时候也称"孪生兄弟"，该称呼足以显示二者的关联性和紧密性。

专家辅助人除做好自己的造价专业工作之外，还要协助建工律师做好对整个案件的专业研判工作，准备好各种技术规范或者依据，根据案件的需要，推动鉴定机构出具补充鉴定意见或者直接把现有鉴定意见否定掉，促使启动重新鉴定。

建工律师与专家辅助人在庭审前应进行充分沟通，然后划分各自所有表达的内容，法律问题由建工律师陈述，专家辅助人只陈述专业问题，只对造价鉴定中的专业问题发表意见。建工律师应提前将专家辅助人的专家意见提交给人民法院，以避免书记员无法记录或记录不完整专家辅助人的发言，从而提高开庭笔录的质量。开庭笔录是法官起草判决书的重要依据。

1.3.3 法官视角对工程造价专家辅助人的认知

法官对《民事诉讼法》《民事诉讼法解释》及《民事证据规定》等规定了如指掌，因此对专家辅助人的认知也没有任何问题，法官深知专家辅助人是接受当事人的委托，由当事人支付费用，主要协助当事人实现其质证权，同时接受法官或当事人的询问，或与对方当事人聘请的专家辅助人进行对质,其所说的每一句话都视同当事人的陈述,专家辅助人只能围绕鉴定意见或专业问题进行阐述,不得"越界"对法律问题进行阐释,其并不是法官的专业助手。但实务中法官往往看重的是专家辅助人在造价行业领域内的专家身份,法官之所以同意当事人的申请,一方面是因为申请专家辅助人是当事人的权利,另一方面就是法官自己也想听取专家辅助人对鉴定意见的专业看法,防止鉴定人的主观或客观的失误导致审判不公,正所谓"兼听则明,偏信则暗",听取专家辅助人对鉴定意见的专业看法,可以帮助法官分析和理解鉴定意见。基于以上原因,法官在审查当事人申请专家辅助人出庭作证时,往往比较关注专家辅助人的专业性和其社会身份的天然公正性。

为有效平衡当事人之间的信息不对称或专业无法匹敌,导致合法权益无法得到保障,法官批准一方当事人申请专家辅助人之后,会通知另外一方当事人,对方已经聘请了专家辅助人,另外一方当事人是否聘请专家辅助人,由其自主决定。双方都聘请专家辅助人后,法官可以让双方当事人聘请的专家辅助人进行对质,在对质的过程中,法官可以根据双方的专业发言对专业问题进一步了解,以期对鉴定意见产生更加准确的认知和判断。

2025年1月2日,安徽省铜陵市中级人民法院网站刊登了一则新闻,题目为:"枞阳县法院引入专家辅助人出庭 解决建设工程'疑难杂症'"。主要内容如下:12月26日上午,枞阳县人民法院公开开庭审理一起建设工程施工合同纠纷案件。在案件审理过程中,法庭准许双方当事人各申请一名工程技术人员作为专家辅助人出庭,并依职权通知鉴定人出庭作证。庭审中,原、被告双方就工程项目的单价和施工量分歧较大。经法庭准许,专家辅助人从工程项目的具体构成、单价组成、施工增减量等方面对鉴定报告发表意见,并从专业角度回答了原、被告及法官提出的相关问题,鉴定人就双方提出的疑问进行解释说明,专家辅助人参与法庭调查成为本案审理程序的重要组成部分,为案件的公正审理奠定了基础。在诉讼过程中,当事人为了其主张,往往可能在技术事实方面作出对自己有利的陈述,容易混淆视听,因此法官需要专业人士来辅助查明技术事实。在案涉事实疑难复杂、对专业问题的理解和判断存在困难的情况下,单纯依靠传统证据模式的分析"认证"已无法满足案件查明需要,枞阳县法院通过激活专家辅助人出庭机制,灵活运用"司法鉴定+专家辅助人"的二元专家模式,打破"鉴定人是关于事实的法官"的局面,有效降低法官和诉讼参加人在案件事实发现上的"认知成本",有助于提升法院对疑难复杂案件审理的质量和效率,最大限度地保障司法公正。本则新闻显示了人民法院对专家辅助人的认可。

基于以上原因，专家辅助人出庭时一定要注意凸显自己的专业性和公平公正性，即使是为当事人服务，也要用专业去实现，以最大限度地满足法官对专业的渴望和需求。同时，专家辅助人切忌班门弄斧，和法官谈论法律问题，以免被法官制止或终止发言。

1.3.4 鉴定人视角对工程造价专家辅助人的认知

专家辅助人一般来自鉴定人，而且越是优秀的鉴定人，越有可能成为专家辅助人，因此专家辅助人在某种意义上讲，就是鉴定人的对手，有时也被戏称为"鉴定人的克星"，这个事实无法回避。专家辅助人的作用主要是协助或帮助己方当事人对抗鉴定人，用自己的专业能力找出鉴定意见的错误与不足，以此维护己方当事人的合法权益。所以专家辅助人在一定程度上也是来整顿造价鉴定行业的，因为专家辅助人的出现，会让鉴定人不断提高鉴定意见书的质量，否则鉴定人出庭时就会非常被动和尴尬，轻则需要出具补充鉴定意见，重则鉴定意见甚至可能被否定，即不被采信。这样的话，已经收取的造价鉴定费用必须全部退还给当事人，而且还可能面临人民法院的警告或在一定期限内不能从事造价鉴定工作等处罚。

鉴定人一般会认为专家辅助人主要是针对鉴定意见挑刺或找毛病，从内心对专家辅助人还是会产生反感或敌对情绪。专家辅助人受当事人聘用，所以其站位必然有偏向性，当其造价专家意见出现偏颇或错误或明显违背科学原理和客观事实时，鉴定人一定要抓住时机当庭予以指出，以期让法官对专家辅助人发言的专业性产生怀疑，从内心对专家辅助人失去信任，进而不采信其陈述。

第 2 章

工程造价专家辅助人的主体资格、知识体系及能力素养

专家辅助人既有法律的规定，也有实务的需要。同时，诸多造价工程师和鉴定人也很有意愿加入这个领域，成为专家辅助人。那么专家辅助人应具备什么样的主体资格、知识体系及能力素养呢？本章将详细进行阐述。

2.1　主体资格

从《民事诉讼法》《民事诉讼法解释》及《民事证据规定》对有专门知识的人即专家辅助人的规定看，其只要求有专门的造价知识，可以针对鉴定意见提出问题，协助当事人实现质证权，同时可以接受另外一方当事人或法官的专业询问，并没有对其应具备什么执（职）业资格或技术职称作出相应规定，全部由当事人根据自己的认识、涉案项目的情况和自身经济条件自主决定是否选择和选择哪一位专家辅助人为自己提供专业服务。在诉讼案件实务中，当事人选择或法官审查专家辅助人的条件一般为同时具备一级造价工程师执业资格和造价及相关专业高级技术职称，且专业与涉案项目内容相符。若拟申请的专家辅助人是造价行业内的权威人士或同时具备其他资格或荣誉，如具备与涉案项目相关的其他执（职）业资格证书、已发表过与涉案项目问题类似的论文或撰写过类似的书籍等，这些都会在一定程度上提高法官对专家辅助人发言的信任度，即增加法官的心证。也有些法官在审查专家辅助人时并不作资格性审查，只要当事人认为专家辅助人能够辅助自己实现质证权即可。具体情况，以法官审查时的要求为准。

本节搜集了部分人民法院对专家辅助人的资格审查观点，仅供学习交流参考。

（1）山东省滨州市中级人民法院（2020）鲁 16 民终 3708 号案件中，二审法院认同一审法院的观点，即被告聘请的专家辅助人不具备中华人民共和国一级造价工程师资格，故对被告抗辩主张的意见和工程造价不予支持。

（2）山东省青岛市中级人民法院（2021）鲁 02 民终 6968 号案件中，二审法院认为聘请专家辅助人的一方当事人未提交专家辅助人的资质证明文件，且专家辅助人不了解施工现场的情况，因此不能保证其出具专家意见的准确性，最后未予采信。

（3）安徽省高级人民法院（2020）皖民申 255 号民事裁定中，该案一审法院认为专家辅助人的专业为水利工程，而涉案工程为公路工程，两个专业并不具有关联性，因此对专家辅助人作出审查不通过的决定。二审法院认为一审法院对专家辅助人不予准许并无不妥。再审法院安徽省高级人民法院认为，专家辅助人是否出庭作证虽然由人民法院审查决定，但专家辅助人是否具备相应的资质和能力，取决于当事人的认知，人民法院对专家辅助人不作资格的审查。

（4）浙江省永康市人民法院（2017）浙 0784 民初 4347 号案件中，人民法院认为专家辅助人的相关证书均已过期，所以无法确认其是造价专家，因此其提出的造价专家意见不足以推翻鉴定意见。

（5）江苏省南京市江宁区人民法院（2016）苏 0115 民初 11868 号案件中，虽然专家辅助人的证书已经过期，但人民法院依然对其发言进行了部分采信。

（6）江苏省无锡市中级人民法院（2017）苏民终 2234 号案件中，人民法院认为当事人聘请的专家辅助人未提供专业资质证书，因此其陈述不能作为专家证人意见，故不能作为认定事实的参考。

（7）江苏省海安县人民法院（2013）安民初字第 0132 号案件中，人民法院认为，专家辅助人是否具备相应的资格能力，完全由当事人决定，人民法院对专家辅助人不作任何资质上的审查。

（8）四川省彭州市人民法院（2019）川 0182 民初 4063 号案件中，人民法院认为原告聘请的专家辅助人未向人民法院提交其专业资质证书，且其证言也没有任何相关证据，故对专家辅助人的证言不予采纳。

从以上判例来看，人民法院对专家辅助人的认知不尽相同。所以，对其作出的判断也存在差异，其判决正确与否，本书不作讨论。仅提醒当事人聘请专家辅助人时，务必采取保守的原则，即务必聘请同时具备一级造价工程师执业资格和造价及相关专业高级技术职称的造价专业技术人员。如果其同时还有其他资格或专业地位及行业荣誉则更是锦上添花，会在一定程度上加强法官的心证，从而达到维护自身合法权益的目标。

2.2　知识体系

专家辅助人的专业水平和综合素质一般需要高于鉴定人，才能与其进行充分博弈，从而更加有效地对鉴定意见进行质证或提出专业疑问，同时需要和当事人及建工律师进行顺畅沟通、交流，并对案件进行研讨预判，最终才能实现当事人的质证权和维护当事人的合法权益。要实现以上目标，专家辅助人必须至少具备本节所列的知识体系和能力素养。

2.2.1　工程施工技术知识

1.专家辅助人为什么需要具备工程施工技术知识

工程施工技术是研究工程施工中各主要工种的施工工艺、技术和方法的科学。不同的施工技术会导致工程造价结果截然不同，比如不同的桩基础成孔和灌注模式会导致桩基础的造价差异、不同的爆破设计会导致石方开挖的单价存在差异、不同的施工技术方案会导致施工措施费的差异等。专家辅助人的核心功能是以造价专业知识协助己方当事人在诉讼过程中取得主动地位，维护合法权益，因此必须熟练掌握工程施工技术知识，才可以与鉴定人展开博弈，充分质证，确保当事人的合法权益。

2.工程施工技术简介

工程施工技术以建筑工程项目为对象，研究综合运用有关学科的基本理论、知识和有关施工规律，以最好的经济效益完成建筑施工任务。工程施工技术主要指的是完成一个主要施工工序或者是分项工程所需要的技术手段。工程施工技术的主要研究内容包括：土石方工程、爆破工程、地基基础工程、脚手架工程、砌体工程、钢筋混凝土工程、金属结构工程、安装工程、竹木结构工程、屋面工程、防水工程、隔热保温工程、地面工程、装饰装修工程、隔声工程、防腐工程、防护工程以及特殊条件下施工等。

3.学习工程施工技术的参考书籍

（1）《建设工程技术与计量》，一级造价工程师考试教材。

（2）《专业工程管理与实务》，一级建造师考试教材。

（3）《建筑施工技术（第2版）》，高等教育出版社。

（4）《建筑施工全过程技术与质量管理图解（第二版）》，中国建筑工业出版社。

（5）《建筑施工手册》，中国建筑工业出版社。

2.2.2　工程造价知识

1.专家辅助人为什么需要具备工程造价知识

无论是狭义或广义的专家辅助人，还是鉴定人，其核心功能都是用其在工程造价领域掌握的专业知识在建设工程诉讼中发挥作用，二者只是服务的对象不同而已。《建设工程造价鉴定规范》（GB/T 51262—2017）（以下简称《鉴定规范》）第2.0.6条要求鉴定人必须是注册造价工程师，变更名称后为一级造价工程师。《民事诉讼法》等法律法规虽然没有规定专家辅助人必须具备什么资格，但实务中大多数人民法院一般还是要求专家辅助人有一级造价工程师资格，且专业与涉案项目的专业保持一致，如果有工程造价专业高级职称则更是锦上添花，因为鉴定人一般没有要求职称，而一级造价工程师视同中级职称，专家辅助人职称最好高于鉴定人。基于以上原因，专家辅助人必须熟练掌握工程造价知识并具备相应能力，而且必须具备一级造价工程师资格和高级职称，否则可能就没有被当事人青睐和出庭作证的机会。

2. 工程造价简介

根据住房和城乡建设部发布的《工程造价术语标准》（GB/T 50875—2013）第 2.1.1 条的规定，工程造价是指工程项目在建设期预计或实际支出的建设费用。综合运用管理学、经济学和工程技术等方面的知识与技能，对工程造价进行预测、计划、控制、核算、分析和评价等的工作过程被称为工程造价管理。按照法律法规和标准等规定的程序、方法和依据，对工程造价及其构成内容进行的预测或确定被称为工程计价，工程计价依据包括与计价内容、计价方法和价格标准相关的工程计量计价标准、工程计价定额及工程造价信息等。

工程造价在不同的建设阶段有不同的名称和含义。建设项目决策阶段，称为投资估算，主要包含建设工程费用、其他建设费用、预备费及建设期贷款利息。建设项目设计阶段，称为设计（投资）概算，有时根据建设项目的需要，也会编制施工图预算。设计概算及施工图预算与投资估算的费用口径一致，都包含建设工程费用、其他建设费用、预备费及建设期贷款利息，区别在于投资估算基于建设项目方案设计编制，设计概算基于初步设计图纸编制，施工图预算基于施工图纸编制。建设项目发承包阶段，称为招标控制价，与投资估算、设计概算及施工图预算中的建设工程费用口径基本一致，包含人工费、材料费、机械费、管理费、利润、安全文明施工费、规费及税金等费用。建设项目施工阶段，是蓝图变实体的过程，称为合同价格，与招标控制价口径一致，同时根据项目实际情况，会发生一些工程变更、技术签证、索赔等费用。建设项目竣工验收阶段，称为工程结算价，基本等于合同价格增减工程变更及签证等费用。建设项目进入转固定资产投资阶段，称为工程竣工决算，与投资估算、设计概算和施工图预算计算口径一致，区别在于前者是事先理论计算的金额，后者是事后实际发生的金额。

3. 学习工程造价知识的参考书籍

（1）《建设工程造价管理》，一级造价师考试教材。

（2）《建设工程计价》，一级造价师考试教材。

（3）《建设工程造价案例分析》，一级造价师考试教材。

（4）《建设工程投资控制》，监理工程师考试教材。

（5）《建设工程结算价款争议典型案例评析》，中国建筑工业出版社。

（6）《工程价款管理——基于 DBB 模式的建设工程投资管控百科全书》，机械工业出版社。

（7）《建设项目投资管控全过程咨询应用指南》，中国计划出版社。

（8）《建设工程造价管理（第 3 版）》，清华大学出版社。

2.2.3 施工工期知识

1. 专家辅助人为什么需要具备施工工期知识

施工工期是建设工程管理的重要指标，与工程造价密切相关，不同的施工工期要求会对应不同的工程造价：当实际施工工期早于理论或计划工期时，施工单位会产生赶工费用；当实际施工工期迟于理论或计划工期时，施工单位的周转材料费、管理费等都会增加，所以施工工期对造价的影响很大。

施工工期影响工程造价的另一个方面是工期延误，工期延误的责任有时候很难划分，一是因为投标方案或经过批准的施工组织设计中进度图大多为简单的横道图，有时即使有网络图，也是流于形式，无法与实际施工匹配或准确计算延误的时间；二是因为施工过程中对影响施工工期的事件记录不清，无法还原到网络进度图内，因此也无法计算延误。但为解决争议，最终往往还是要把责任基本划分出来。由于承包人自身原因导致工期延误的，发包人不做任何补偿，而且还可以追究承包人的工期违约责任。由于发包人原因导致工期延误的，此时费用计算就比较复杂，首先，施工工期需要顺延，如果发包人依然需要按原计划工期完工，则需要支付承包人赶工费，承包人也需要编制赶工措施方案提交监理单位和发包人审批，承包人应当根据审批的赶工方案组织施工；其次，因施工工期延长导致人工费、材料费、机械费、管理费等费用增长时，需要进行调整，例如，工期延误后某些材料涨价需要调整价差；再次，因工期延误导致有些施工内容跨过了最好的施工时期而增加施工费用或措施费用时，应由发包人承担，例如，基坑土石方工程因发包人原因导致工期延误，实际施工时间由非雨季延误至雨季，由此产生的额外费用应由发包人承担；最后，合同约定的其他应由工期延误责任方承担的费用。

基于以上原因，作为专家辅助人，只有熟练掌握施工工期知识，才能在计算工期延误索赔时用专业知识为己方当事人做好专业服务工作，维护己方当事人的合法权益。

2. 施工工期简介

施工工期是指工程项目或单项工程从正式开工至按设计规定的全部工程内容建成，并达到竣工验收标准所用的实际施工天数，通常不包含"三通一平"施工期。施工工期是施工合同的重要内容，合同签订后施工工期就是合同工期，合同工期在建设工程招标时已经作为实质性条件进行约定，招标时发布的工期一般根据《建筑安装工程工期定额》（TY01–89–2016）计算，当发包人在计算工期的基础上进行压缩时，应在正常工程造价中增加赶工的费用。投标单位在参与投标时应根据招标文件中给定的工期及项目所处的自然环境、社会环境和施工环境与投标单位自身的实际技术、经济能力等情况进行施工进度计划的编制，中标后一般不得改变。

施工进度计划的编制方法多种多样，目前常用的主要有甘特图和网络图两种。甘特图也称条状图或横道图，相对比较简单，横轴表示时间，纵轴表示项目，线条表示在整个期间计划和实际的活动完成情况。甘特图简单明了，易学易用，能清楚地表达工作的开始时间、结束时间和持续时间，但不能清楚地反映各个活动工序之间的逻辑关系，也不能计算各个活动工序的参数，不能确定关键工作和关键线路及时差，一旦工期调整，只能通过手工计算，难以适应重大项目的项目进度计划系统，也不便于对项目进度进行优化。为适应大规模建设项目的需要，20世纪50年代后期发展了一门科学，即网络计划技术，我国目前网络技术标准按《工程网络计划技术规程》（JGJ/T 121—2015）执行，该规程推荐的常用网络计划类型包括双代号网络计划、单代号网络计划、双代号时标网络计划及单代号搭接网络计划，目前使用较多的是双代号时标网络计划。

实务中，很多投标文件中的进度计划或经审批的施工组织设计中的进度计划，依然采用横道图法进行编制，即使有部分采用的是双代号时标网络计划，也大多流于形式，只是做表面工作，一旦出现工期延误，很难根据进度图来划分双方各自的责任。如某建设项目为群体建筑，共由12个单项工程组成，但网络图中只简单地描述了土石方开挖、地下室、钢筋混凝土、二次结构、装修工程等工序，根本没有体现任何流水作业内容，也无法看出每个单项工程的具体开工时间等内容，该项目工期延误后，很难或无法划分责任。所以，承包人想要在工期索赔上有所作为，在投标时或开工前编制一份满足需要的网络进度计划是非常重要的工作内容。当由于发包人原因导致工期延误后，发包人依然要求按原合同工期完成时，承包人一定要编制好赶工措施方案，并针对赶工方案编制相应的赶工费用，提交监理单位、造价控制单位和发包人等审批。

发包人有时需要承包人对合同工期进行优化，承包人在优化工期时需要考虑以下因素：第一，缩短时间对质量和安全影响不大的关键工作；第二，有充足的人力、材料和机械设备等资源储备；第三，有充足的施工工作面；第四，缩短工作时间后增加资源较少的工作；第五，缩短增加费用较少的工作；第六，优化工期后增加的费用。在优化过程中，应注意关键线路和非关键线路的动态变化。

3. 工期延误简介

工期延误是指工程实施过程中任何一项或多项工作的实际完成日期迟于计划规定的完成日期，从而导致整个合同工期延长。

（1）按工期延误的表现形式，分为节点延误和竣工延误。

节点延误是指工程完工前，某项工作的完成迟于施工进度计划中的节点日期。

竣工延误是指工程竣工验收通过日期迟于合同约定的竣工日期。

（2）按引起工期延误事件的发生时间，可将工期延误分为同期延误和非同期延误。

同期延误，也称共同延误，是指两个或两个以上的事件在同一时间段内均引起的延误。同期延误的主要特点是：影响时段交叉、影响对象相异、干扰因素多。造成工期延误的原因有多样性、复合性，所以同期延误工期索赔的影响因素较多。

非同期延误，是指同一时间段内仅有一个事件引起的延误。

（3）工期延误的法律意义，主要是指工期是否能够顺延，以及不能顺延的延误期间内的损失由谁负担。

由发包人、监理人引起工期延误，导致承包人费用增加和工期延误的，由发包人承担相应责任。由承包人引起工期延误，导致费用增加和工期延误的，由承包人承担。除当事人另有约定外，由于不可抗力、不利物质引起工期延误，导致费用增加和工期延误的，相应后果由发包人承担。

4. 引起工期延误的主要原因分析

工程建设过程中，因发包人、承包人、监理人及其他因素均可能引起工期延误。按引起工期延误的不同原因，可将工期延误分为以下几类。

（1）发包人原因。

在合同履行过程中，因发包人原因引起的工期延误情形主要有：

①发包人未能按合同约定提供图纸或所提供图纸不符合合同约定；

②发包人未能按合同约定提供施工现场、施工条件、基础资料、许可、批准等开工条件；

③发包人提供的测量基准点、基准线和水准点及其书面资料存在错误或疏漏；

④发包人未能在合同约定日期内同意下达开工通知；

⑤发包人增加合同工作内容；

⑥发包人改变合同中任何一项工作的质量要求或其他特性；

⑦发包人未能按合同约定日期支付工程预付款、进度款或竣工结算款；

⑧依约由发包人提供材料、设备的，发包人迟延提供材料、工程设备或变更交货地点；

⑨因发包人原因导致的暂停施工；

⑩发包人要求在工程竣工前交付单位；

⑪发包人造成的其他原因。

（2）承包人原因。

承包人是工程建设的实施者，对工期的影响最为直接，除了明确约定的由发包人、监理人或其他因素对工期延误的影响外，原则上其他所有的工期延误均默认由承包人引起，工期延误的责任亦由承包人负担。在合同履行过程中，因承包人原因引起的工期延误情形主要有：

①施工管理混乱、组织不力；

②依约由承包人准备设备和材料的，设备或材料供应迟延；

③由于承包人的材料、工程设备，或采用施工工艺不符合合同要求造成的任何缺陷需返工、修补；

④因承包人原因导致的暂停施工；

⑤承包人造成的其他原因。

（3）监理人原因。

在工程建设过程中，因监理人原因引起的工期延误情形主要有：

①监理人未能按合同约定发出指示、指示延误或发出了错误指示；

②监理人未按合同约定发出批准或批准延误；

③监理人不能按时进行检查，且未按合同约定的时间向承包人提交延期要求；

④监理人不能按时参加试车，且未按合同约定的时间以书面形式向承包人提出延期要求。

（4）其他因素。

除工程建设参与者即发包人、承包人、监理人的原因引起工期延误外，非参与者的原因主要有：

①不可抗力导致工期延误；

②遇到不可预见的不利物质导致工期延误；

③出现异常恶劣天气导致工期延误；

④政府等机构的临时措施、指令等导致工期延误。

5. 学习施工工期的参考书籍

（1）《建筑安装工程工期定额》（TY01-89-2016）。

（2）《工程网络计划技术规程》（JGJ/T 121—2015）。

（3）《建设工程进度控制》，监理工程师考试教材。

（4）《建设工程工期争议解决指引》，法律出版社。

（5）《建设工程工期延误量化分析标准》，中国计划出版社。

2.2.4 项目管理学知识

1. 专家辅助人为什么需要具备项目管理学知识

专家辅助人始于出庭作证及提问，但绝不止于出庭作证及提问。专家辅助人除出庭作证及提问外，还需要在庭外与当事人及建工律师进行深入沟通交流、研判，正所谓台上十分钟，台下十年功，庭审的精彩一定是来源于庭外的努力。建设工程项目是错综复杂的，仅仅具备计量、计价知识无法成为一名称职的专家辅助人，项目管理学知识可以在一定程度上让专家辅助人更加了解建设项目的来龙去脉，为其更加深入分析和解决争议问题奠定基础。

2. 项目管理学基础简介

项目管理是把知识、技能、工具和技术应用于建设项目各项工作之中，满足或超过项目利益相关者对项目的要求和期望的一种活动。利益相关者也称为项目干系人，主要指参与项目或项目涉及各方面的组织与人员。这些组织和人员有的参与了项目的实施，他们的利益直接受到项目成败的影响；有的虽然没有直接参与项目的实施，但他们的利益也直接或间接地受到项目成败的影响。

常见的项目相关利益者主要包括以下11类：

（1）项目业主，指项目的发起人、投资人、项目法人等，他们是项目的所有者。

（2）项目经理，指负责管理与运作项目的个人，既是项目业主委托的项目代理人，也是项目管理的核心人物。该项目经理与施工单位或总承包单位的项目经理不同。

（3）勘察设计公司，指项目业主委托的项目勘察设计单位，全权负责项目的勘察设计工作。

（4）建设公司，指总承包商和分包商，负责承包全部或部分工程建设任务；如果项目采用工程总承包的模式发包，则勘察设计单位、供应商、建设公司统称为总承包单位。

（5）供应商，指负责项目材料及设备供应的单位。

（6）监理公司，指项目业主委托的项目监理单位，负责对项目的建造过程进行监督管理，确保建设工程项目的安全、质量、进度及投资可控。

（7）咨询公司，指为项目提供各类咨询建议的专业机构，如果所有咨询服务均发包给一家咨询公司实施，就是目前所称的全过程工程咨询服务。

（8）金融机构，指为项目提供贷款或担保的金融组织。

（9）用户，指项目产品的使用者或购买者。

（10）社区公众，指项目所在区域的公民或群众，包括个人和组织。

（11）地方政府，指项目所在地的政府及相关管理部门。

几乎在所有项目的实施过程中，项目利益相关者都发挥着重要的作用，他们有的是积极的参与者，有的是被动的观望者，有的甚至是激烈的反对者。他们对项目有不同程度的权力和影响力，他们所做的决定和采取的行动对项目的运作和实施影响很大。因此，项目管理者必须识别项目利益相关者，弄清他们的真正需求和期望，并对这些需求和期望进行有效的管理，以使其转变为确保项目成功的积极因素。项目最终的目标是满足所有利益相关者的需求，即只有他们的需求得到满足，项目的管理才算成功。

项目管理的内容因实施主体的不同而有所差异。比如业主方的项目管理、工程总承包单位的项目管理或勘察设计单位的项目管理、施工单位的项目管理、采购单位的项目管理、监理单位的项目管理、咨询单位的项目管理等，管理内容和方式都有很大的差异。专家辅助人在学习时需要引起注意，不能混淆。

3.学习项目管理学的参考书籍

（1）《建设工程项目管理》，一级建造师考试教材。

（2）《项目管理知识体系指南（PMBOK 指南）》。

（3）《工程项目组织与管理》，咨询工程师（投资）考试教材。

（4）《建设项目全过程工程咨询》，中国建筑工业出版社。

2.2.5 法律知识

1. 专家辅助人为什么需要具备法律知识

专家辅助人来源于《民事诉讼法》《民事诉讼法解释》及《民事证据规定》等相关法律法规中"有专门知识的人",是诉讼过程中的重要角色,其既可以帮助己方当事人实现质证权利,维护合法权益,也可以倒逼鉴定人提高鉴定的质量和服务意识,还可以帮助法官推动案件的审理进程,最终实现让当事人对司法审判满意的目标。专家辅助人要完成以上职能,实现诸多目标,狭义内容往往很难实现,实务中当事人委托的更多是广义内容,即广义专家辅助人,这样专家辅助人参与当事人建设项目案件往往比较深入,与建工律师的接触也比较多。为更有效地与建工律师、当事人进行沟通,专家辅助人具备必要的法律知识,是非常重要的。

2. 法律简介

(1)法律和法学的区别。

法律和法学的范围不同,主要区别如下。

①概念和性质。法律是由国家制定或认可并以国家强制力保证实施的,反映由特定物质生活条件所决定的统治阶级意志的规范体系,如宪法、刑法、民法等具体法律法规,有强制性和规范性,是实际存在的社会规范和行为准则。

法学是研究法律现象及其规律的一门社会科学,属于学术研究领域,有理论性和知识性,旨在通过对法律现象、法律规范、法律制度等的研究,揭示法律的本质、特征、作用和发展规律等。

②研究内容。法律本身是法学的研究对象,包括各种具体的法律条文、法律规范、法律制度以及它们的制定、实施、解释和适用等实际操作层面的内容。

法学研究内容更为广泛,除法律本身外,还包括法律的历史、法律的哲学基础、法律与社会的关系、法律与其他学科的交叉等。例如法律社会学研究法律与社会结构、社会现象的相互关系,法律经济学分析法律规则对经济行为的影响等。

③实践应用。法律直接应用于社会生活,用于规范人们的行为、解决社会纠纷、维护社会秩序等,在司法审判、行政执法、法律服务等实际工作中被具体运用。

法学通过研究成果为法律的制定、修改和完善提供理论支持,为法律实践提供理论指导和分析方法。法学家提出的理论和观点可影响法律改革方向,法学研究中的案例分析和理论探讨也为法律实务工作者提供参考。

（2）法律简介。

我国的法律体系大体由在宪法统领下的宪法及宪法相关法、民法商法、行政法、经济法、社会法、刑法、诉讼与非诉讼程序法七部分构成，包括法律、行政法规、地方性法规三个层次。

①宪法及宪法相关法。宪法是国家的根本大法。宪法相关法是与宪法配套、直接保障宪法实施的宪法性法律规范的总和，包括《中华人民共和国全国人民代表大会组织法》《中华人民共和国民族区域自治法》《中华人民共和国香港特别行政区基本法》《中华人民共和国澳门特别行政区基本法》《中华人民共和国立法法》《中华人民共和国全国人民代表大会和地方各级人民代表大会选举法》《中华人民共和国全国人民代表大会和地方各级人民代表大会代表法》《中华人民共和国国旗法》《中华人民共和国国徽法》等。

②民法商法。2020 年 5 月 28 日，经第十三届全国人民代表大会第三次会议表决通过，国家主席习近平签署第四十五号主席令，《中华人民共和国民法典》（以下简称《民法典》）自 2021 年 1 月 1 日起正式施行，自施行之日起婚姻法、继承法、民法通则、收养法、担保法、合同法、物权法、侵权责任法、民法总则同时废止。《民法典》被称为"社会生活的百科全书"，是新中国第一部以法典命名的法律，在法律体系中居于基础性地位，也是市场经济的基本法。《民法典》共 7 编、1260 条，各编依次为总则、物权、合同、人格权、婚姻家庭、继承、侵权责任以及附则。

目前我国商法主要有《中华人民共和国公司法》《中华人民共和国保险法》《中华人民共和国票据法》《中华人民共和国证券法》等。

③行政法。行政法是指有关行政主体、行政行为、行政程序、行政责任等一般规定的法律法规，例如《中华人民共和国公务员法》《中华人民共和国行政处罚法》《中华人民共和国行政复议法》。特别行政法是指适用于各专门行政职能部门管理活动的法律法规，包括国防、外交、人事、民政、公安、国家安全、民族、宗教、侨务、教育、科学技术、文化、体育、医药卫生、城市建设、环境保护等行政管理方面的法律法规。

④经济法。创造平等竞争环境、维护市场秩序方面的法律，我国现已制定《中华人民共和国反不正当竞争法》《中华人民共和国消费者权益保护法》《中华人民共和国产品质量法》《中华人民共和国广告法》等。国家宏观调控和经济管理方面的法律，我国现已制定《中华人民共和国预算法》《中华人民共和国审计法》《中华人民共和国会计法》《中华人民共和国中国人民银行法》《中华人民共和国价格法》《中华人民共和国税收征收管理法》《中华人民共和国个人所得税法》《中华人民共和国城市房地产管理法》《中

华人民共和国土地管理法》等。

⑤社会法。社会法包括《中华人民共和国劳动法》《中华人民共和国劳动合同法》《中华人民共和国工会法》《中华人民共和国未成年人保护法》《中华人民共和国老年人权益保障法》《中华人民共和国妇女权益保障法》《中华人民共和国残疾人保障法》《中华人民共和国矿山安全法》《中华人民共和国红十字会法》《中华人民共和国公益事业捐赠法》等。

⑥刑法。刑法包括 1997 年 3 月 14 日修订后的《中华人民共和国刑法》和此后的刑法修正案以及全国人民代表大会常务委员会制定的有关惩治犯罪的决定等。

⑦诉讼与非诉讼程序法。此类法律主要有《中华人民共和国刑事诉讼法》《中华人民共和国民事诉讼法》《中华人民共和国行政诉讼法》《中华人民共和国海事诉讼特别程序法》《中华人民共和国仲裁法》等。

另一种对法律的分类方法是把法律分为基本法律和普通法律两类，二者的区分主要基于其制定主体、法律地位和调整对象的不同。

①制定主体。基本法律是由全国人民代表大会制定的。而非基本法律则可能由全国人民代表大会常务委员会制定，或者由国务院及其各部门、地方人民代表大会及其常务委员会等制定。

②法律地位。基本法律在国家法律体系中有最高的法律地位，是制定其他法律法规的基础和依据。例如，宪法作为国家的根本大法，有最高的法律效力，其他法律、行政法规、地方性法规等都不得与宪法相抵触。而非基本法律的法律地位则相对较低，它们必须依据基本法律制定，并不得与基本法律相抵触。

③调整对象。基本法律通常调整国家生活中最重大、最根本的问题，如国家的政治、经济、文化等基本制度，公民的基本权利和义务等。例如，刑法规定犯罪与刑罚的问题，涉及公民的生命、自由、财产等基本权利；民法调整平等主体之间的财产关系和人身关系，涉及公民的日常生活和经济交往。而非基本法律则调整某一特定领域或某一具体事项的问题，例如行政法规调整某一行业的行政管理事项，地方性法规调整某一地区的特定问题等。

3. 建议学习的相关法律法规

（1）《民法典》第一编 总则；第三编 合同：第一分编 通则，第二分编 第十三章 保证合同、第十七章 承揽合同、第十八章 建设工程合同、第二十三章 委托合同。

（2）《最高人民法院关于适用〈中华人民共和国民法典〉合同编通则若干问题的解

释》（2023 年 5 月 23 日最高人民法院审判委员会第 1889 次会议通过，自 2023 年 12 月 5 日起施行）。

（3）《中华人民共和国民事诉讼法》（2023 年 9 月 1 日第五次修正）。

（4）《最高人民法院关于适用〈中华人民共和国民事诉讼法〉的解释》（法释〔2015〕5 号）（2022 年 3 月 22 日第二次修正）。

（5）《中华人民共和国仲裁法》（2017 年 9 月 1 日第二次修正）。

（6）《最高人民法院关于审理建设工程施工合同纠纷案件适用法律问题的解释（一）》（法释〔2020〕25 号）。

（7）《最高人民法院关于人民法院民事诉讼中委托鉴定审查工作若干问题的规定》（法〔2020〕202 号）。

（8）《司法部关于进一步规范和完善司法鉴定人出庭作证活动的指导意见》（司规〔2020〕2 号）。

（9）《最高人民法院关于民事诉讼证据的若干规定》（法释〔2019〕19 号）。

（10）《全国人民代表大会常务委员会关于司法鉴定管理问题的决定》（2015 年 4 月 24 日修正）。

（11）《最高人民法院关于统一法律适用加强类案检索的指导意见（试行）》（2020 年 7 月）。

（12）《最高人民法院统一法律适用工作实施办法》（法〔2021〕289 号）。

2.2.6　心理学知识

1. 专家辅助人为什么需要具备心理学知识

专家辅助人出庭主要是对造价鉴定意见进行质证，同时对专业问题进行提问，还要接受法官或对方当事人及建工律师等的询问，最终目的是让法官更好地对专业问题进行认识、理解、判断，形成正当、合理、有据的心证，最终作出公平、公正的判决，而不是要把鉴定人说服。因此专家辅助人在进行质证、提问和接受询问的过程中，要不断通过观察法官的表情、语态及其他肢体语言，以判断自己的发言是否适当，是否需要不断地进行调整说话的方式或语速，以适应法官获取信息的方式。而这些掌控能力均来源于对心理学知识的学习与训练。

专家辅助人除在庭审质证时发挥造价专业功能外，在庭下与鉴定人核对时，也需要心理学知识的加持，才能在核对过程中有的放矢。同时，与己方当事人及其建工律师沟通起来也会更加顺畅。

2. 心理学知识简介

心理学包括基础心理学与应用心理学，其研究涉及知觉、认知、情绪、思维、人格、行为习惯、人际关系、社会关系、人工智能、IQ、性格等众多领域，也与日常生活的许多领域——家庭、教育、健康、社会等发生关联。心理学一方面尝试用大脑运作来解释个体基本的行为与心理机能，另一方面尝试解释个体心理机能在社会行为与社会动力中的角色。另外，它还与神经科学、医学、哲学、生物学、宗教学等学科有关，因为这些学科所探讨的生理或心理作用会影响个体的心智。实际上，很多人文和自然学科都与心理学有关，人类心理活动本身就与生存环境和人文社会不可分割。

学习心理学知识不但对专家辅助人有非常大的帮助，对我们每个人的工作、生活也都可以起到推动和提升的作用。

（1）可以认识内外世界。学习心理学可以加深我们对自身的了解。通过学习心理学，我们可以知道自己为什么会做出某些行为，这些行为背后究竟隐藏着什么样的心理活动，以及自己的个性、脾气等特征又是如何形成的，等等。例如，学习了遗忘规律，我们就可以知道自己以往的学习记忆存在哪些不足；了解了感觉的适应性，就可以解释为什么"入芝兰之室久而不闻其香，入鲍鱼之肆久而不闻其臭"。

同样，我们也可以把自己学到的心理活动规律运用到人际交往中，通过他人的行为推断其内在的心理活动，从而实现对外部世界更准确的认知。例如，教师如果了解了学生的知识基础和认知水平，以及吸引学生注意力的条件，就可以更好地组织教学，收到良好的教学效果。另外，学会理解他人，培养同理心，掌握沟通技巧，形成稳定而良好的人际关系，以及拥有团队协作精神，这对专家辅助人非常重要。

（2）可以调整和控制行为。心理学除有助于对心理现象和行为做出描述性解释外，它还向我们指出了心理活动产生和发展变化的规律。人的心理特征有相当的稳定性，但也有一定的可塑性。因此，我们可以在一定范围内对自身和他人的行为进行预测和调整，也可以通过改变内外因素实现对行为的调控。也就是说，可以尽量消除不利因素，创设有利情境，引发自己和他人的积极行为。例如，当我们发现自己存在一些不良的心理品质和习惯时，就可以运用心理活动规律，找到诱发这些行为的内外因素，积极地创造条件改变这些因素的影响，实现自身行为的改造。再如，奖励和惩罚就是利用条件反射的原理，在培养儿童的良好习惯和改造儿童的不良行为与习惯方面发挥着重要的作用。

（3）可以直接应用在实际工作中。前面已经提及，心理学分为理论研究与应用研究两大部分，理论心理学的知识大部分是以间接方式指导我们的各项工作的，而应用研究的各个分支在实际工作中可以直接起作用。教师可以利用教育心理学的规律来改进自己的教学实践，或者利用心理测量学的知识设计更合理的考试试卷等；商场的工作人员利用消费和广告心理学的知识重新设计橱窗、陈设商品，以吸引更多的顾客，如街上流行的"打折风"就是一个应用实例；经理利用组织与管理心理学的知识激励员工、鼓舞士气等。这方面的应用很多，各位读者可以在自己的工作中有意地加以体会和利用。

3. 学习心理学的参考书籍

（1）心理咨询师考试教材。

（2）《社会心理学（第 11 版）》，人民邮电出版社。

2.2.7　工程造价鉴定知识

1. 专家辅助人为什么需要具备工程造价鉴定知识

造价鉴定意见由鉴定人根据经质证的证据客观公正地作出，并经鉴定机构复核后形成，然后通过与当事人及其建工律师或专家辅助人核对后确定。由于鉴定人和鉴定机构在主体资格审查时都有严格的要求，鉴定人必须都是一级造价工程师，因此正常情况下，造价鉴定意见一般比较公正、客观。

无论是狭义专家辅助人还是广义专家辅助人，其目的都是通过各种合法途径或手段，使最终的造价鉴定意见对己方当事人有利，以维护己方当事人的合法权益，甚至是超预期的权益。专家辅助人必须与鉴定人在诉讼的各个阶段进行博弈，通过补充造价鉴定意见或重新鉴定等方式实现以上目标。如上所述，鉴定人非常专业，且精通鉴定，专家辅助人如果要战胜鉴定人，则必须具备造价鉴定的相关知识，并且必须强于鉴定人，否则很难通过专业知识和能力实现己方当事人的权益目标。

2. 工程造价鉴定介绍

《建设工程造价鉴定规范》（GB/T 51262—2017）第 2.0.1 条规定，工程造价鉴定是指鉴定机构接受人民法院或仲裁机构委托，在诉讼或仲裁案件中，鉴定人运用工程造价方面的科学技术和专业知识，对工程造价争议中涉及的专门性问题进行鉴别、判断并提供鉴定意见的活动。造价鉴定详细内容可查阅本书第 3 章的相关内容。

3. 学习工程造价鉴定的参考书籍

（1）《建设工程造价鉴定规范》（GB/T 51262—2017）。

（2）《司法鉴定概论》，法律出版社。

（3）《〈司法鉴定程序通则〉释义》，中国政法大学出版社。

（4）《司法鉴定人出庭作证指南》，法律出版社。

（5）《〈建设工程造价鉴定规范〉（GB/T 51262—2017）理解与适用》，中国计划出版社。

（6）《工程造价司法鉴定典型案例》，中国建材工业出版社。

（7）《工程造价鉴定十大要点与案例分析》，中国建筑工业出版社。

（8）《建设工程造价鉴定意见书编审规程》（T/SCCEA 001—2024），西南交通大学出版社。

（9）《建设工程造价争议解决指引》，法律出版社。

（10）《鉴定技术与思维艺术——工程造价鉴定及专家辅助人实务》，重庆大学出版社。

2.3 能力素养

专家辅助人除需要具备上述知识体系，精通工程、法律及造价等领域外，还应具备批判性思维能力和写作与口才能力，即分析和表达能力。只有让思维全面升级，才能在起草专家意见和出庭作证时降维打击，从而对造价鉴定意见充分质证，而不是跟着鉴定人的思维去思考，并提出足以改变法官对造价鉴定意见认知的专家意见。

2.3.1 批判性思维能力

1.批判性思维的认知误区

批判性思维，这个名词大家并不陌生，但很多人常常把其与"杠精"放到一起，别人一说话，他就反驳，咄咄逼人，经常与别人抬杠；也有人说攻击和反问别人，不随意听从别人的意见，就是批判性思维；还有人说批判性思维就是专门批判他人的思维，等等。以上都是对"批判性思维"的偏见或误解。

2.什么是批判性思维

批判性思维就是通过一定的标准评价思维，进而改善思维，是合理的、反思性的思维，既是思维技能，也是思维倾向。其核心观点在于培养一种能够独立思考、理性分析、严谨求真的思维方式，以应对复杂多变的问题和挑战。

批判性思维源于两个学科——哲学和心理学。哲学视角下，早在苏格拉底、柏拉图、亚里士多德的著作，以及最近的马修·利普曼和理查德·保罗的著作中，就探讨了批判性思维的内涵，其侧重于假设的批判性思考者，列举这类思考者的品质和特征。现代意义上的"批判性思维"概念主要是由美国教育家、哲学家理查德·保罗提出的。他在其著作《批判性思维：教育中的理性和价值》中详细探讨了批判性思维的概念、特点、培养方法以及其在教育中的重要性等问题。Facione 认为，理想的批判性思考者本质上是好奇的，见多识广、思想开放、相信理性、灵活、公正、诚实地面对个人偏见、谨慎地作出判断、渴望得到充分的信息、理解不同的观点，并且愿意暂停判断以考虑其他观点。认知心理学视角倾向于通过批判性思考者可以做的行动或行为类型来定义批判性思维。

下面我们来看看苏格拉底是如何提出问题的。

苏格拉底："究竟什么是道德？"

学生："道德就是不欺骗别人（即凡是欺骗别人的行为都是不道德的）。"

苏格拉底："那么，战争中欺骗敌人也不道德了？"

学生："我错了。看来，道德就是不欺骗亲人或朋友（即欺骗亲人或朋友都是不道德的）。"

苏格拉底："那么，儿子生病，父亲骗他吃药也是不道德的了？"

学生："我又错了。看来，道德不能以骗或不骗来说明。道德不道德在于是否有道德的知识。"

在上述苏格拉底与他学生的对话中，苏格拉底先后向学生提出了三个问题。这些问题可以说都有开放性、相关性和建设性。因此，这样的问题在提出和解决之间，增进了相互之间对所讨论问题的认识。针对苏格拉底提出的第一个问题"究竟什么是道德"，学生给出了回答"道德就是不欺骗别人"，而这一对道德的界定，通过逆否推理可以得到一个全称命题：凡是欺骗别人的行为都是不道德的。全称命题最容易受到来自反例的驳斥。于是苏格拉底的第二个问题来了："那么，战争中欺骗敌人也不道德了？"这时学生试图通过缩小所涉及的对象的范围来进行回答："道德就是不欺骗亲人或朋友。"可是这一对道德的界定，同样可以通过逆否推理得到另外一个全称命题：欺骗亲人或朋友都是不道德的。这个全称命题同样存在着反例，最后在苏格拉底的再次追问下，学生终于认识到，对道德这个概念的界定是不能通过欺骗或不欺骗来进行的。❶

---

❶ 杨武金. 批判性思维的误区 [J]. 河南社会科学，2016（12）：64-68.

批判性思维主要包括解释、分析、评价、推理、陈述和自我调节六种认知技能。这六种都是批判性思维的核心。

（1）解释。理解和表达极为多样的经验、情景、数据、事件、判断、习俗、信念、规则、程序或规范的含义或意义。子技能包括归类、理解意义和澄清含义。

（2）分析。识别意图和陈述之间实际的推论关系、问题、概念、描述或其他意在表达信念、判断、经验、理由、信息或意见的表征形式。子技能包括审查理念、发现论证和分析论证。

（3）评价。评价陈述的可信性或其他关于个人的感知、经验、境遇、判断、信念或意见的描述；评价陈述、描述、问题或其他表征形式之间实际的或意欲的推论关系的逻辑力量。子技能包括评价主张、评价论证。

（4）推理。识别和维护得出合理结论所需要的因素；形成猜想和假说；考虑相关信息并根据数据、陈述、原则、证据、判断、信念、意见、概念、描述、问题或其他表征形式得出结果。子技能包括质疑证据、推测选择和推出结论。

（5）陈述。能够陈述推论的结果；应用证据的、概念的、方法论的、规范的和语境的术语说明推论是正当的；以强有力的论证形式表达论证。子技能包括陈述结果、证明程序的正当性和表达论证。

（6）自我调节。监控一个人认知行为的自我意识、应用于这些行为中的因素，特别在分析和评估一个人自己的推论性判断中应用技能导出的结果，勇于质疑、确证、确认或改正一个人的推论或结果。子技能包括自我审查、自我校正。

总的来说，批判性思维是一种宝贵且必要的思维方式，它能够帮助我们更好地认识世界、理解问题、作出决策。通过培养批判性思维，我们可以提高自己的思维能力和素质，更好地应对复杂多变的社会环境。

3. 专家辅助人为什么需要具备批判性思维

专家辅助人的主要目的是针对造价鉴定意见提出质证意见，那么如何提出意见？如何不跟着鉴定人的思维走？如何不受律师思维的干扰？这些都需要专家辅助人有严谨审慎的、理性独立的、不盲从且不容易被带偏的思维模式，而批判性思维所培养的思维能力与对专家辅助人要求的能力高度一致，所以，专家辅助人必须具备批判性思维。苏格拉底和学生的对话模式对专家辅助人与当事人及建工律师对专业问题进行推理研讨非常有启发，同时与鉴定人及对方当事人聘请的专家辅助人进行博弈时也非常有启发。

4. 批判性思维的应用

在当今信息爆炸的时代，人们在日常生活中需要经常进行决策和判断，然而，我们的思维往往容易陷入各种误区和偏见当中。批判性思维是一种重要的思考方式，它可以帮助我们避免片面和错误的结论，提高思维的准确性和深度。

（1）帮我们消除先入为主的偏见。

无论是个人经历还是社会背景都会对我们的思维产生影响，形成各种偏见。这些偏见会导致我们陷入以偏概全的陷阱，忽略掉其他可能的观点和解释。批判性思维可以让我们接纳多样性，努力去理解不同观点的合理性，并尝试从其他角度思考问题。同时，积极开展争论和辩论，批判地对待自己的观点，以避免被主观偏见所限制。

（2）帮我们消除信息过载的困扰。

互联网时代，我们每天都面临海量的信息，很容易被信息淹没，难以辨别真相与谣言。批判性思维可以让我们培养良好的信息筛选能力，辨别信息的来源和可信度，学会运用逻辑推理和事实根据进行判断，而不仅仅依赖于表面的情感或表述。

（3）帮我们远离情感主导的思维。

情感对我们的思维有着重要的影响，它可以导致我们片面地接受或拒绝某种观点，而忽视证据和逻辑的支持。批判性思维可以让我们学会保持客观冷静的思维状态，避免情感主导下的决策和判断。思考问题时，注重收集和分析相关的证据和数据，从而得出合理和准确的结论。

（4）帮我们跳出单一因果的迷思。

我们在分析问题时倾向于找出一个直接的原因或解释，而忽视了其他可能的因素或多重因果关系。批判性思维可以让我们运用系统思维，从多个角度和层面考虑问题，探究问题的根源和各种可能的因果关系，以获得更全面和准确的解释。

（5）帮我们避开以偏概全的陷阱。

我们经常通过少数个体或具体案例来概括整个事物或群体，忽视了更为复杂和多样的真相。批判性思维可以让我们注重收集更全面和多样的事实和资料，避免陷入一家之辞的局限；关注统计数据和科学研究，以获得更准确的认识和判断。

（6）帮我们走出懒思维的困境。

我们往往追求快速和轻松的解决问题的方式，而不愿意进行深入的思考和独立的推理。批判性思维可以让我们培养深入思考的习惯，反复追问和质疑，主动寻求不同观点和解释。阅读有挑战性和深度的书籍和文献，参加讨论和辩论，锻炼自己的批判思维和逻辑推理能力。

（7）帮我们消除羊群心态的影响。

在群体中，人们往往会受到社会压力和群体思维的影响，难以保持独立和批判性的思维。批判性思维可以让我们保持独立思考的勇气和能力，不被群体行为所左右，勇于提出异议和不同观点，并尊重他人的独立思考和观点。

批判性思维是一种重要的思维方式，它能帮助我们走出各种思维误区，提高思维的准确性和深度。通过正确认识并纠正常见的思维误区，我们可以更好地理解复杂的问题，作出更明智和合理的决策。

培养和运用批判性思维需要不断地学习和实践，但它将成为我们思考和生活中宝贵的财富，引领我们走向理性和成熟的思维境界，让我们一起跨出思维的误区，迈向更广阔的认知世界。

2.3.2　写作与口才能力

1. 专家辅助人为什么需要具备写作与口才能力

具备丰富的专业知识体系和深厚的鉴定功底是专家辅助人开展工作的根基，掌握批判性思维是发现造价鉴定意见问题的利器，拥有写作能力是形成高质量专家意见的基础，具备出色的口才能力是最大化出庭作证效果的保障。因此，专家辅助人必须学习且必须具备写作与口才能力，这样才能与其专业功底形成合力，把专业发挥到极致。

2. 写作与口才能力的培养

（1）写作技巧的提升。

积累素材、丰富内容。写作首先需要充足的素材。我们可以通过阅读书籍、报纸、杂志以及网络文章等途径，广泛涉猎各类信息，积累丰富的素材。同时，我们也要关注生活，从身边人和事中寻找灵感，使文章更加贴近实际，富有生活气息。

掌握写作技巧，优化文章结构。优秀的文章往往有清晰的结构和明确的主题。我们需要掌握常见的写作技巧，如开头引入、中间展开、结尾总结等，使文章条理清晰，易于理解。此外，我们还应注意段落划分和过渡句的使用，使文章更加连贯流畅。

勤于练习，不断提高。提高写作技巧离不开大量的练习。我们可以从写日记、写读书笔记、写小故事、发短文类的朋友圈等简单练习开始，逐渐提高难度，挑战更复杂的写作任务。通过不断的练习，我们可以熟悉各种写作风格，提高自己的写作水平。

（2）口才技巧的提升。

锻炼自信，敢于表达。自信是口才表达的基础。我们要相信自己的能力和价值，敢于在公众场合表达自己的观点和想法，这一点对专家辅助人在出庭作证时特别重要。同时，我们也要学会接受他人的建议和批评，不断改进自己的表达方式。

清晰发音，注意语调。良好的发音和语调是口才表达的关键。我们要注意自己的发音是否准确清晰，语调是否抑扬顿挫。通过练习绕口令、朗读诗歌等方式，我们可以锻炼自己的发音和语调，使表达更加生动有力。

掌握语言技巧，增强说服力。口才表达需要一定的语言技巧。我们要学会运用修辞手法、引用典故等方式，增强表达的说服力。同时，我们也要学会观察听众的反应，调整自己的表达方式和节奏，使表达更加贴近听众的需求。

（3）综合提升策略。

多听、多看、多模仿。提升写作与口才技巧的一个有效途径是多听、多看、多模仿。我们可以多听优秀的演讲、朗读和播客节目，学习他们的表达方式和技巧；多看优秀的文章和书籍，学习他们的写作风格和思维方式；我们还可以尝试模仿一些优秀的表达方式和写作风格，通过模仿逐渐形成自己的特色。

定期反思与总结。在提升写作与口才技巧的过程中，我们需要定期对自己的表现进行反思和总结。我们可以回顾自己的写作和演讲经历，分析其中的优点和不足，找出需要改进的地方。同时，我们可以向他人请教和交流，听取他们的意见和建议，不断完善自己的技巧。

培养良好习惯和心态。提升写作与口才技巧还需要培养良好的习惯和心态。我们要保持积极的学习态度，不断充实自己的知识储备；同时，我们要注重培养自己的耐心和毅力，坚持不懈地练习和提高。此外，我们还要学会调整自己的心态，保持自信和乐观的态度，面对挑战和困难时不气馁、不放弃。

（4）实践与应用。

将技巧应用于实际场景。学习和掌握技巧只是第一步，更重要的是将这些技巧应用到实际场景中。我们可以积极参与各种写作和演讲活动，如写作比赛、演讲比赛、辩论赛等，通过实践来检验和提升自己的技巧。同时，我们可以在日常生活中多与人交流，锻炼自己的口才表达能力。专家辅助人在日常工作中要刻意创造机会去锻炼。

持续学习与自我提升。写作与口才技巧的提升是一个持续的过程。我们需要不断学习新知识、新技能，了解最新的写作和演讲理念与方法。通过不断学习和自我提升，我们可以不断完善自己的技巧和能力，实现更高的成就。

综上所述，提升写作与口才技巧需要我们在多个方面下功夫。通过积累素材、掌握技巧、勤于练习以及培养良好习惯和心态等方式，我们可以不断提高自己的写作和口才水平。同时，我们要注重将技巧应用于实际场景并持续学习与自我提升，以实现更高的成就和发展。专家辅助人若能在写作与口才能力上取得重大突破，必将形成显著优于同行的核心竞争力。

第 3 章

工程造价专家辅助人的功能与权利义务

《民事诉讼法》《民事诉讼法解释》及《民事证据规定》等在理论上均赋予了专家辅助人合法的身份及具体的工作内容。在诉讼实务过程中，专家辅助人应发挥哪些具体的功能和承担哪些具体的权利与义务呢？

3.1 工程造价专家辅助人的功能

专家辅助人既可以提高双方当事人的诉讼能力或质证能力，也可弥补鉴定人的不足，让专家辅助人用增强对抗性的方法给双方当事人提供救济的机会，让其有效行使抗辩权，还可以纠正造价鉴定意见可能存在的偏差或错误，让鉴定人有所敬畏。另外，专家辅助人可以弥补法官对专业技术问题认识的不足，规避法官只听鉴定人的观点，即偏听则暗，而是让法官同时听取专家辅助人和鉴定人的观点，以促进法官兼听则明，让法官更好地对专业问题进行认识、理解、判断，形成正当、合理、有据的心证，最终作出公平、公正的判决。因此，专家辅助人在诉讼过程中有非常重要的诉讼功能。

专家辅助人就建设项目案件的造价专门性问题进行说明并接受法官或对方当事人问询或与鉴定人进行对质，双方各自聘请的专家辅助人也可以对质，以帮助法官查明事实真相，让法官作出公平、公正的审判。既可以弥补鉴定制度的不足，提高鉴定意见的质量，又可以提高鉴定意见的质证效率，进而提高审判的效率。

专家辅助人可以有效克服专门性问题的解决只依赖鉴定意见造成的不良后果，也有利于发现鉴定意见的不足，对造价鉴定有监督作用。以此对鉴定人形成提醒或威慑，倒逼鉴定人不断提高鉴定水平和专业综合素质，最大限度地作出客观、公正的造价鉴定意见，维护司法权威，让当事人从行为和实体上都能感受到公平正义，最终推动鉴定行业从"合规性鉴定"向"高质量鉴定"转型。审判过程中，无论法官对专家辅助人的意见是否采信，都应当在判决文书中对专家意见内容及认定理由作出充分的说明，这不仅是审判公开的要求，也可以充分推动专家辅助人制度的进步和发展。

3.2 工程造价专家辅助人的权利义务

3.2.1 工程造价专家辅助人的权利

为保障专家辅助人对专业性问题进行充分的说明和客观的分析，应赋予专家辅助人充分的权利。

（1）知情权。专家辅助人可以对鉴定意见进行质证，所以应有对鉴定的相关资料、鉴定整个过程以及案件相关资料的调查权和鉴定意见的查阅权。当事人聘请专家辅助人之后，要将涉案项目相关资料全盘交给专家辅助人，不得为了得到自己想要的结果而对专家辅助人进行隐瞒。

（2）说明权。说明权不属于当事人的证明权，是专家辅助人特有的权利，是其享有针对诉讼中的专门性问题帮助当事人说明的权利，主要表现为专家意见书和专家辅助人在开庭时的发言。

（3）质询权。专家辅助人参与诉讼最大的意义在于他能对鉴定意见进行质证，同时对专业问题进行询问。这个权利也是对当事人及建工律师能力不足的补充，同时可以让司法更加公平公正。

（4）支付费用的请求权。《民事诉讼法》《民事诉讼法解释》及《民事证据规定》均规定，专家辅助人出庭的相关费用由提出申请的一方当事人承担。所以聘请专家辅助人的当事人有义务按合同约定支付专家辅助人相应费用，否则，专家辅助人有权利请求己方当事人按时按约支付费用。

（5）拒绝权。聘请专家辅助人的当事人若提供虚假材料或者隐瞒案件的实际情况，要求专家辅助人采用非法手段或者违背科学公正原则提供造价专业意见，或者当事人为了自己的利益，让专家辅助人违背客观原则，按照自己的观点去陈述，专家辅助人有权终止委托合同，也有权利要求己方当事人按合同约定支付相应费用。专家辅助人作为专业人士，必须尊重自己的职业，爱护自己的"羽毛"，不能为了获取高额报酬违背专业道德底线。这会损害其在行业内的专业地位，也影响专家辅助人的社会声誉。

3.2.2　工程造价专家辅助人的义务

专家辅助人在享受权利的同时，还必须履行相应的义务。

（1）专家辅助人无论是对鉴定意见进行质证还是对专业问题进行提问或说明，经法官审查准许后，均必须出庭发表，否则无法作为当事人的证据，人民法院同意接受书面专家意见除外。专家辅助人无故未按要求出庭时，对委托其的当事人来讲，属于违约行为，专家辅助人应按合同约定承担违约责任。

（2）专家辅助人仅对己方当事人委托的专业问题提供专家意见，如果专家辅助人接受指示的争议点或事项不是专门的技术问题或不属于其专业领域，专家辅助人应明确告知己方当事人，并主动退出。该行为一般不被认定为违约行为。

（3）专家辅助人在发表专业意见时，须列明其意见形成时所依赖的事实、行业规范、交易习惯、专业文献或其他相关专业资料等。专家辅助人提出的意见不应夸大其词或者明显偏向于己方当事人，而是应秉持实事求是和追求专业真相的基本准则。

（4）专家辅助人不得泄露涉案当事人的隐私，必须保守在诉讼中知晓的国家秘密及当事人的商业秘密。这个既是职业道德，也是专家辅助人与当事人合作的基础，否则可能违反相关的法律法规，导致其被追究刑事责任。

（5）如果专家辅助人正在或者已经为对方当事人提供过专业服务工作，应向法庭和己方当事人说明情况，己方当事人是否继续聘请专家辅助人，由其自行决定，法官是否审查通过也由法官自行决定。

（6）专家辅助人应遵守庭审的秩序，不得贬低或诽谤鉴定人及对方专家辅助人的专业能力和职业道德。如果对鉴定人及对方专家辅助人的能力持有怀疑态度，应公正地向法庭描述清楚全部事实。也可以请合议庭关注鉴定人及对方专家辅助人在经验、知识和专业上的不足，证据不恰当或者夸大其词，或者认为证据有所偏颇，但需要提供充足的理由来支持自己的评价。

（7）专家辅助人对重要事项的专业意见如有改变，无论意见改变的原因如何，皆应立即告知己方当事人及人民法院。

3.3　工程造价专家辅助人意见的可靠性与效力

专家辅助人意见的可靠性与效力在司法实践中是一个复杂且专业的问题，需要结合法律规定、行业规范、具体案情及证据规则进行综合分析。具体可以参照以下维度对专家辅助人意见的可靠性与效力进行界定。

1. 可靠性的界定

（1）专业资质与专业性。

如前所述，虽然专家辅助人没有法定的资质要求，但实务中资质对其意见可靠性的作用举足轻重。例如，普通一级造价工程师与具有高级技术职称的一级造价工程师在专业可靠性上是截然不同的，正高级技术职称的一级造价工程师出具的专业意见更加容易被大家信任，即可靠性更强。此外，专家辅助人在行业内的专业地位和权威性也会显著影响其意见可靠性，例如，作为造价行业协会专家的意见，其可靠性通常高于非专家身份的一级造价工程师。

（2）意见的形成过程。

证据基础：专业意见是否基于涉案项目完整的工程合同、施工图纸或竣工图纸、设计变更、工程技术经济签证单等原始证据材料，是否经过现场勘验，是否基于鉴定意见的内容提出等。

方法合规性：专家意见中涉及的方法是否是造价行业通用、认可或《鉴定规范》规定的方法。

逻辑严密性：专家意见中的结论是否通过数据推导得出，能否排除主观臆断或利益倾向。

（3）客观性与中立性。

虽然专家辅助人由己方当事人委托并支付相应酬金，但专家辅助人一定要记住，发表专家意见时务必客观、中立，充分体现专业性，千万不能超出专业边界或混淆专业规定，一味为己方当事人谋利益。一旦法官认为专家辅助人只是当事人单方主张的"传声筒"时，专家辅助人就很有可能被勒令停止发言，甚至被要求离开法庭。

2. 效力的界定

（1）法律效力层级。

专家辅助人的意见属于《民事诉讼法解释》第一百二十二条规定的"当事人陈述"范畴，其效力低于鉴定意见，但高于普通证人证言。

（2）司法审查要点。

专家辅助人是否按照《民事诉讼法解释》第一百二十二条的规定履行申请出庭程序。

（3）对抗性场景下的效力。

若双方专家辅助人专家意见冲突，法院可能优先采信逻辑严密、依据充分的一方。

3. 实践中的强化路径

（1）对己方专家辅助人专家意见的强化。

专家辅助人起草完成专家意见后，可以邀请己方当事人的工程技术人员、造价工程师等相关人员及建工律师对专家意见进行研讨分析，经过一致同意后再附上相关证据资料提交，确保专家意见有理有据、客观中立，又可以维护当事人的权益。针对专家意见中争议比较大的观点，可以采用可视化图表或案例比对等方式向法官进行说明，以便于法官更好地理解专业问题。

（2）对对方专家辅助人专家意见的质疑。

重点攻击逻辑性错误、推理性错误、方法论错误、数据来源缺失等方面的问题。

3.4 工程造价专家辅助人与建工律师的关系比较

随着当事人对专家辅助人的重视程度越来越高，目前很多涉案项目中当事人都聘请了专家辅助人。为让二者既各司其职又紧密合作，为共同的当事人做好专业服务工作，必须搞清楚二者的关系。

3.4.1 二者的相同点

根据《民事诉讼法解释》第一百二十二条的规定，当事人可以依照民事诉讼法第八十二条的规定，在举证期限届满前申请一至二名具有专门知识的人出庭，代表当事人对鉴定意见进行质证，或者对案件事实所涉及的专业问题提出意见。具有专门知识的人在法庭上就专业问题提出的意见，视为当事人的陈述。人民法院准许当事人申请的，相关费用由提出申请的当事人负担。所以专家辅助人与建工律师有一定的相似性，即均由当事人依据涉案项目的实际情况、自己的意志和经济实力等情况自由挑选和聘请，且双方的服务费用均由当事人支付。此外，二者都是当事人的代理人——专家辅助人是当事人的专业代理人，建工律师是当事人的诉讼代理人。

3.4.2 二者的不同点

虽然专家辅助人和建工律师都由当事人委托，费用也都是由当事人承担，但二者依然存在差异。

（1）二者委托流程不同。建工律师由当事人自主决定委托，不需要人民法院审批，而专家辅助人则必须由人民法院进行审查，审查同意后专家辅助人才可以出庭，代表当事人对鉴定意见进行质证，或者对案件事实所涉及的专业问题提出意见，否则专家辅助人无法出庭。

（2）二者需要的专业知识不同。专家辅助人需要有工程造价专业知识和经验，其作用是对当事人、建工律师等在工程造价专业知识上的不足进行补充；建工律师则需要拥有律师资格，并掌握法律专业知识和经验。

（3）二者在诉讼中的角色不同。专家辅助人接受当事人的委托，由人民法院审查通过，出庭时根据掌握的造价专业知识和经验以自己的名义对专业问题发表意见；建工律师则代表当事人进行诉讼，诉讼的结果由当事人承担。

（4）二者的诉讼权利不同。专家辅助人只在开庭对鉴定意见质证时发表意见，不参与其他庭审环节；建工律师则根据一般授权或特别授权，享有不同的权利与义务，并根据相应的权利与义务代表当事人实施诉讼行为。

（5）通常情况下，当事人都会聘请建工律师为其诉讼，但不是每个项目都会聘请专家辅助人为其服务。建工律师一般有丰富的庭审经验和抗辩技巧，在整个诉讼中也有详细周全的策略和计划，而专家辅助人往往更偏向于造价专业，对诉讼全局的把握略显不足。因此专家辅助人应当尊重建工律师的整体安排和分工，然后用自己的专业为建工律师的策略助力，最终全面为己方当事人服务，并最大限度维护共同当事人的合法权益。

3.4.3　二者的协同要点

如前所述，建工律师是当事人的诉讼代理人，专家辅助人则相当于当事人的专业代理人。专家辅助人与建工律师的关系密不可分，双方相互协作，共同"战斗"，一起为当事人服务，共同为维护当事人的合法权益而努力。

1. 合作的核心价值

（1）专业互补性。

专家辅助人：擅长工程量计算、成本分析、工期延误损失评估、结算争议处理等技术性问题，提供专业数据支持和量化结论。

建工律师：熟悉法律法规、合同条款、司法程序及证据规则，负责法律逻辑构建、诉讼策略制定及法律风险防控。

协同目标：将技术问题转化为法律语言，确保技术结论符合法律逻辑，增强案件说服力。

（2）证据链完善。

专家辅助人提供的专业意见、损失计算等数据需与建工律师梳理的证据链紧密结合，形成"技术+法律"的双重支撑。

2. 协同的关键要点

（1）案件前期协作。

①案件分析阶段。建工律师需明确案件争议焦点，如结算纠纷、工期索赔、质量修

复费用等，向专家辅助人提供案件背景、合同条款及关键证据；专家辅助人需协助建工律师快速识别技术漏洞如工程量清单错误、计价方式争议或对方主张的不合理之处。

②证据收集与固定。双方共同梳理技术性证据如施工日志、变更签证、验收记录，确保数据完整性与合法性。建工律师指导专家辅助人对关键证据如签证单签字效力进行法律合规性审查。

（2）技术结论与法律逻辑的衔接。

①技术结论的法律转化。专家辅助人需在报告中明确技术结论的法律关联性，例如合同约定的计价依据、行业规范是否被违反；建工律师需将技术结论嵌入法律框架如《民法典》《建设工程司法解释》，论证其与请求权基础的匹配性。

②争议焦点的协同应对。在工期索赔案件中专家辅助人需分析延误原因、责任划分及损失金额；建工律师需结合合同条款如索赔程序、免责条款判断法律可行性。

（3）诉讼阶段的配合。

①专家意见的呈现。专家辅助人出具的专家意见书需符合司法程序要求如签字盖章、资质证明；建工律师需提前与专家辅助人沟通庭审可能质询的问题如计算逻辑、行业惯例，确保专家辅助人出庭作证时表述清晰。

②交叉质证的协同准备。针对对方可能的质疑如数据来源、计算模型，建工律师与专家辅助人需预演攻防策略，避免技术结论被推翻。

（4）风险防控与合规性。

①合同条款的联合审查。在非诉阶段，如合同签订前，建工律师与专家辅助人可共同审查合同中的计价条款、变更索赔程序、违约金计算方式，预防潜在争议。

②行业规范的动态更新。双方需关注最新政策（如工程量清单计价规范、鉴定标准）及司法裁判趋势（如情势变更原则的适用）。

3. 协同的常见挑战与对策

（1）沟通壁垒。

建工律师需理解基本造价术语，如综合单价、措施费。专家辅助人需了解法律程序，如举证责任、证据效力。双方可以定期召开案情讨论会，使用可视化工具（如甘特图、费用分解表）辅助沟通。

（2）结论冲突。

技术结论可能因假设条件如工期延误责任比例与法律认定存在差异。建工律师需提前向专家辅助人说明案件法律背景，明确技术分析的前提条件。

（3）时间与成本压力。

复杂案件需大量时间进行数据核算，可能影响诉讼节奏。建工律师和专家辅助人双方可以制定阶段性工作计划，优先处理核心争议点。

专家辅助人与建工律师作为诉讼联合体，其协同需以"技术为基、法律为纲"为原则，通过以下方式实现高效协同：

①明确分工：技术问题由专家辅助人主导，法律问题由建工律师把控；

②动态互动：从案件启动到庭审结束全程保持信息同步；

③目标统一：确保技术结论服务于法律主张，避免"自说自话"。

专家辅助人与建工律师通过专业化分工与深度融合协同，提升建设工程案件的处理效果，为己方当事人争取最优解，最大限度确保合法权益。

第 4 章

基于工程造价专家辅助人视角的
工程造价鉴定介绍

无论是狭义还是广义的专家辅助人，最终的焦点都是鉴定意见。前者只是针对鉴定意见的结果进行质证或提问，而后者不但对结果进行质证和提问，还介入了整个诉讼过程。因此，作为专家辅助人必须精通工程鉴定，这样才能作为专业代理人为己方当事人做好造价专家服务工作。

4.1 工程造价鉴定概述

4.1.1 工程造价鉴定概念

1. 诉前鉴定

为规范诉前调解中的委托鉴定工作，促使更多纠纷实质性解决在诉前，做深做实诉源治理，切实减轻当事人诉累，最高人民法院根据《民事诉讼法》《人民法院在线调解规则》等法律和司法解释的规定，结合人民法院工作实际，制定了《最高人民法院关于诉前调解中委托鉴定工作规程（试行）》（法办〔2023〕275号）。根据本规程的规定，在诉前调解过程中，人民法院可以根据当事人申请依托人民法院委托鉴定系统提供诉前委托鉴定服务。诉前鉴定应当遵循当事人自愿原则。当事人可以共同申请诉前鉴定。一方当事人申请诉前鉴定的，应当征得其他当事人同意。人民法院以及接受人民法院委派的调解组织在诉前调解过程中，认为纠纷适宜通过鉴定促成调解，但当事人没有申请的，可以向当事人进行释明，并指定提出诉前鉴定申请的期间。

2. 诉中鉴定

《鉴定规范》第2.0.1条规定，工程造价鉴定指鉴定机构接受人民法院或仲裁机构委托，在诉讼或仲裁案件中，鉴定人运用工程造价方面的科学技术和专业知识，对工程造价争议中涉及的专门性问题进行鉴别、判断并提供鉴定意见的活动。对该规定可以从五个方面进行理解：第一，鉴定的时间是诉讼或仲裁活动过程中；第二，鉴定的主体是有相应资格的鉴定机构及鉴定人；第三，鉴定的对象是诉讼或仲裁过程中涉及的专门性问题；第四，鉴定的方法是运用造价科学技术或专门知识进行鉴别和判断；第五，鉴定的成果是鉴定意见。

本书所称造价鉴定，皆指诉中鉴定，诉前鉴定的内容可以参照《最高人民法院关于诉前调解中委托鉴定工作规程（试行）》（法办〔2023〕275号）和诉中鉴定的相关内容执行。

4.1.2　工程造价鉴定程序

造价鉴定程序从鉴定启动开始，至提交正式鉴定意见结束，如果当事人或人民法院认为需要出庭的，则出庭后结束，出庭后若需要，可以提交补充鉴定意见（若有）或对原鉴定意见进行补正（若有）。具体程序包含以下步骤。

（1）启动鉴定；

（2）选取鉴定机构；

（3）人民法院出具鉴定委托书；

（4）鉴定机构接受委托并回复人民法院（若拒绝，则步骤到此为止）；

（5）申请鉴定一方当事人预交鉴定费用；

（6）鉴定人提交补充证据资料清单；

（7）现场勘验；

（8）自行计量计价；

（9）邀请双方当事人核对；

（10）问题澄清及争议处理；

（11）出具鉴定意见书征求意见稿；

（12）当事人对征求意见稿提出书面疑问；

（13）鉴定人对双方当事人提出的疑问确认后出具正式鉴定意见书；

（14）庭审对鉴定意见质证；

（15）鉴定人出庭作证（由当事人申请且人民法院同意或当事人虽未申请但人民法院认为有必要，否则无此步骤）；

（16）出具补充鉴定意见书（若有）；

（17）对原鉴定意见书进行补正（若有）。

以上步骤中征求意见稿与核对没有绝对的先后顺序，鉴定人可根据项目的实际情况处理，但处理之前应提请人民法院同意。

若鉴定机构在接收到人民法院委托书后因正常原因拒绝承接鉴定业务，应以书面形式拒绝，且应说明拒绝原因，则鉴定步骤到此结束。鉴定步骤中鉴定人出庭作证不是必备程序，具体根据实际需要确定，若当事人提出鉴定人出庭作证且人民法院同意，同时申请一方当事人已缴纳出庭作证费用，则鉴定人必须出庭作证，有法定无法出庭的原因除外。补充鉴定意见书是在原有鉴定意见书的基础上出具的补充，亦根据实际情况确定。对原鉴定意见书进行补正是否存在，亦根据实际情况确定。

鉴定活动必须严格遵守相应的鉴定程序，鉴定程序是鉴定意见具备证据效力的首要条件。只有程序合法，才能进一步审查鉴定意见的证明力。一旦鉴定程序违法，其鉴定意见的可靠性与公正性必将受到质疑，服务和保障诉讼或仲裁活动的作用亦将无法实现。

为更好地确保程序合法，且流程可以追溯，鉴定人与人民法院联系鉴定工作时应制作鉴定工作联系函，同时做好鉴定工作流程信息表。

4.1.3　工程造价鉴定方法

鉴定人应遵循以事实为依据，以法律为准绳的原则，尊重当事人的合同约定、建设工程科学技术和造价专门知识，选择适合涉案项目的鉴定方法，对工程造价进行鉴别和判断，最终作出鉴定意见。鉴定事项所涉及的鉴定技术或方法争议较大的，应当先对鉴定技术和方法的可靠性进行审查。人民法院若发现鉴定技术和方法缺乏可靠性，则不应当委托造价鉴定。

1. 首选合同约定的计价原则和方法进行鉴定

在人民法院未告知鉴定人合同无效时，造价鉴定工作应选择当事人合同约定的计价原则和方法进行鉴定，这是当事人意思自治的充分体现，也是对当事人的充分尊重。当人民法院告知鉴定人合同无效时，鉴定人应按照人民法院确定的计价原则和方法进行鉴定。

2. 因证据不足导致无法根据合同约定的计价原则和方法进行鉴定的情况

因当事人提供的证据有限，鉴定人无法采用合同约定的计价原则和方法进行鉴定时，可以按照与合同约定方法相近的原则，选择适合鉴定项目的方法进行鉴定，如采用施工图预算、概算或估算等方法进行鉴定。鉴定人自己选择的方法需要征求当事人的意见，当事人同意后再提请人民法院决定。若当事人不同意，但鉴定人认为自己所选择的方法确实客观、公平、公正、合理的，也可提请人民法院决定。

鉴定机构及鉴定人应掌握多种鉴定方法或计量计价方法，并积累足够多的技术经济指标数据，避免因鉴定方法单一造成无法鉴定而退鉴的情况发生。当前有些鉴定机构或鉴定人思维单一，综合能力不足，且缺乏技术经济数据指标库的有力支撑，导致鉴定人仅仅只能按图算量，按定额计价。一旦证据有所缺失，便对鉴定无能为力、无从下手。最后，又把应由鉴定人运用专业知识解决的专门性问题踢给了人民法院，这样既不利于鉴定机构自身的发展，也不利于人民法院对案件的判决，最终可能导致审判不公或者当事人感觉不公。

鉴定人要持续研读《鉴定规范》，特别是第 5.4 条关于证据欠缺的鉴定内容，在证据欠缺的情况下根据自己的专业知识和综合能力为人民法院提供一份当事人适度认可但因其无法提供相应证据而难以反驳，不得不适度认可的鉴定意见。此种能力体现鉴定人的专业境界，其背后需依托深厚的专业功底、庞大的数据支撑和全面的综合能力。

虽然有些鉴定方法看似并不是最优的方法，但是在证据欠缺的情况下，该方法却是最科学、可靠，且唯一的方法。即使当事人对此方法有所异议，但因其负有举证责任，所以其对此方法也只能接受，这也为人民法院的审判提供了依据和参考，有利于提高诉讼的效率。比如，某鉴定项目中，因为双方当事人均无法提供项目的结构图纸，所以鉴定人无法准确计算钢筋工程量。鉴定人提出按当地定额中的混凝土体积含钢量进行测算，以近似确定钢筋工程量，双方当事人均表示同意，最后纠纷顺利解决。虽然该鉴定人用指标进行测算可能会导致某一方受损或受益，但双方当事人同意后，此方法就可以实现定分止争的目标，就是一种科学的好方法。

3. 造价鉴定过程中推动鉴定工作的一些方法

（1）鉴定人在鉴定过程中应按照人民法院的要求，把当事人的争议事项单独列出鉴定意见，便于人民法院在审判时使用。避免鉴定意见过于笼统，既不利于当事人质证，也不利于人民法院审判时使用。鉴定人作出的推断性意见，起到了弥补人民法院专业知识不足的重要作用，鉴定人务必对其作出详细的说明。

（2）鉴定过程中，鉴定人可以从专业的角度对双方当事人进行分析，争取促使当事人对一些争议事项达成妥协性意见，并及时将妥协性意见形成书面文件由当事人签字确认。鉴定人应将妥协性意见报告人民法院，并在最终的鉴定意见中进行详细说明。这个方法对鉴定人的专业知识素养和综合能力要求极高，但能显著提升鉴定时效，节约成本，并能促进案件的快速审理。

（3）鉴定人在鉴定过程中，应密切观察双方当事人的心理变化，当发现当事人的争议逐渐减少，有和解意向时，鉴定人应晓之以理、动之以情，以专业的见解和客观公正的站位促使当事人和解。一旦双方当事人达成和解，鉴定人应及时报告人民法院，便于争议快速、顺利解决。

实践工作中，随着鉴定金额的逐步确定，当事人对自己的诉讼请求也有一个正确的把握，于是有些当事人便产生了和解的想法，但是有时这种想法也可能稍纵即逝，所以鉴定人要善于分析观察，一旦发现即立刻行动，快速出手，以促成和解。通过鉴定人的努力，提高诉讼或仲裁时效，节约诉讼成本，也是对《最高人民法院关于人民法院进一步深化多元化纠纷解决机制改革的意见》（法发〔2016〕14号）相关规定的实践。同时，可以节约鉴定机构及鉴定人为项目付出的时间，从而提高经济效益。

鉴定人运用此方法时不能违背当事人的意愿，更不能用专业的知识将自身的意愿强加于当事人；在促使和解的过程中，鉴定人不得利用专业知识或信息的不对称，采用误导、欺骗等方式使当事人产生错觉而同意和解；诉讼过程中的和解涉及诸多法律问题，所以一旦双方当事人同意和解，鉴定人务必第一时间报告人民法院，由人民法院完成和解的相关工作。

和解是解决造价纠纷最节约也是最互利的方式。鉴定人在实施鉴定过程中，要随时有"劝和"的思维，引导当事人达成和解。这对鉴定人的综合能力也提出了更高的要求，但一旦此能力得到提升，也可以开拓建设项目的诉前调解业务，或成为优秀的建设项目造价纠纷调解员，或成为专家辅助人。

4.2 工程造价争议焦点及解决方法

4.2.1 工程造价争议焦点

建设工程案件中涉及工程造价的争议很多，归纳后主要可以分成以下九个方面。

（1）因合同争议导致的工程造价纠纷。

（2）因计量争议导致的工程造价纠纷。

（3）因计价争议导致的工程造价纠纷。

（4）因工期索赔争议导致的工程造价纠纷。

（5）因费用索赔争议导致的工程造价纠纷。

（6）因工程签证争议导致的工程造价纠纷。

（7）因合同解除争议导致的工程造价纠纷。

（8）因证据欠缺争议导致的工程造价纠纷。

（9）因工程质量争议导致的工程造价纠纷。

4.2.2　工程造价争议解决方法

1.因合同争议导致的工程造价纠纷

施工合同是当事人合作共赢的纽带，既是当事人的真实意思表示，也是当事人共同遵守的"法定文件"。依法成立的施工合同对当事人具有法律约束力，双方当事人应当按照约定履行自己的义务，不得擅自变更或解除。但有时可能存在主观或客观等种种问题，导致合同的效力可能存在争议、合同的条款可能发生矛盾、合同的约定可能不明确、合同的版本可能不一致等，从而在合同履行过程中或合同履行完毕后产生争议，最终可能诉诸司法程序。如果双方可以通过和解或寻找第三方进行调解来解决纠纷，则可以不用进行诉讼。具体选择哪种方式，需要根据合同中关于纠纷或争议的约定确定。当施工合同发生争议需要进行鉴定时，按以下原则实施鉴定。

（1）关于因合同效力发生争议的造价鉴定。

①人民法院认为合同有效的，鉴定人应按照合同约定的原则和方法进行鉴定。

合同是双方当事人的真实意思表示，只要合同的约定不违法，鉴定人均无权根据自己的主观臆断或专业技术方面的惯例来否定合同的约定，或者有选择、有取舍地使用合同的约定。另外，即使合同违法，也应由人民法院决定鉴定的依据。

②人民法院认为合同无效的，鉴定人应按照人民法院的决定进行鉴定。

合同无效的认定权或者合同的撤销权，均属于人民法院的审判权，由人民法院来作出判断，一旦人民法院认定合同无效，鉴定人必须按照人民法院认定的计价原则和方法进行鉴定。因人民法院缺乏工程造价的专业知识，在确定计价方法和原则时可能存在困难，鉴定人此时应主动辅助人民法院作出准确、公正的判断和决定。

（2）关于因合同有效但对计价原则和方法约定不明或没有约定发生争议的鉴定。

就建设工程而言，对计量计价原则和方法约定不明或没有约定其实本质是一样的，都需要当事人予以协商确定，但在诉讼阶段，当事人基本上是无法达成一致意见的。鉴定人遇到此类问题后，可以向人民法院提出参照"拟鉴定项目所在地同时期适用的计量计价依据、计量计价方法和签约时的市场价格信息进行鉴定"的专业性建议，待人民法院决定后可以使用；若人民法院不同意鉴定人的建议，鉴定人应按人民法院决定的计量计价原则和方法进行鉴定。

（3）关于因合同约定的计价原则和方法前后矛盾发生争议的造价鉴定。

鉴定项目的合同对计量计价原则和方法的约定出现前后矛盾的，鉴定人应提请人民法院，由人民法院决定使用哪一条款作为鉴定的依据。若人民法院暂时无法确定采用哪一条款，鉴定人应按照不同的约定内容分别作出鉴定意见，供人民法院判断使用。

鉴定人在鉴定过程中，对于当事人就矛盾条款提出的不同主张，不得根据自己的专业经验或行业习惯擅自作出采用某一种理解方式的决定，因为这个属于法律问题，是人民法院的审判权，不是鉴定机构和鉴定人的鉴定权。

对于此类争议问题的鉴定，若人民法院在鉴定前无法确定时，鉴定人应按不同理解分别出具鉴定意见，这样往往会加大鉴定机构和鉴定人的工作量，因此也会导致鉴定费用的增加，最终造成当事人诉讼成本的增加。所以鉴定人应当在鉴定之前尽量让人民法院作出明确的决定。

（4）关于当事人因各自提交的合同内容不一致发生争议的造价鉴定。

有时当事人会分别提出不同的签约合同，此时鉴定机构和鉴定人应提请人民法院决定本次鉴定适用的合同文本，若人民法院暂时无法确定，鉴定人可以按不同的合同文本分别作出鉴定意见，供人民法院判断适用。

本条通常涉及的就是"黑白合同"或"阴阳合同"的问题，这个问题的处理属于法律问题，是人民法院的审判权，不是鉴定机构和鉴定人的鉴定权，鉴定人不得越权，以免出现"以鉴代审"的乱象或怪象。

对于此类争议问题的鉴定，若人民法院在鉴定前无法确定时，往往也会加大鉴定机构和鉴定人的工作量，因此也会导致鉴定费用的增加，最终造成当事人诉讼成本的增加。所以鉴定人应当在鉴定之前尽量让人民法院作出明确的决定，但最终是否明确，以人民法院的最终决定为准。

2. 因计量争议导致的工程造价纠纷

工程量的精准计量是准确确定工程造价的必要条件，同时是确定工程造价过程中的重要环节，也是很容易产生争议或纠纷的环节。施工合同双方当事人对计量发生争议时，按以下原则实施鉴定。

（1）关于鉴定项目图纸等资料齐备且合同约定了计量方式，但仍存在计量争议的造价鉴定。

当事人双方对鉴定项目的工程量存在争议，但鉴定项目的图纸等证据资料齐备，且合同约定了计量方式并无争议，鉴定人应严格按照合同约定的计量方式进行计量。

（2）关于因鉴定项目图纸等资料齐备但合同未约定计量方式发生计量争议的造价鉴定。

当事人双方对鉴定项目的工程量存在争议，但鉴定项目的图纸等资料齐备，只是合同并未约定计量方式的，鉴定人应当提请人民法院确定，人民法院无法确定的，鉴定人可以建议人民法院按照国家现行的计量规范规定的计量方式进行确定。如果没有国家现行规范的，可以参照行业标准或拟鉴定项目所在地的地方标准进行确定。鉴定人应当按照人民法院确定的计量方式进行计量。

（3）关于当事人已签字确认工程量但仍存在计量争议的造价鉴定。

一方当事人对双方当事人已经签字确认的计量结果有争议的，鉴定人应按以下原则进行鉴定。

①当事人一方仅对计量结果提出异议，但未提供任何证据或提出的证据与计量结果无关联关系，则鉴定人应当按照双方签字确认的计量结果进行计量。

②当事人一方对计量结果提出异议后，同时提出了强有力的证据证明了计量结果是有误的，或者不是双方当事人的真实意思表示，鉴定人应当对计量结果进行复核，必要时应当提请人民法院同意前往现场进行勘验复核，鉴定人在现场勘验过程中做好勘验笔录，详细记载对计量结果的复核情况，现场勘验结束后应要求双方当事人合法代表和人民法院签字确认。现场勘验笔录经质证后可以直接作为鉴定的依据。

鉴定人在鉴定过程中，不能只重视书证，而忽略对书证真伪的判断，特别是一方当事人已经对书证质疑时，鉴定人更应对书证进行核实。做好双方当事人有异议书证的核实工作，是做好鉴定工作的前提条件，鉴定人必须引起重视，而且形成常态化的思维方式。核实意味着让事实说话，既体现了鉴定的客观、公正，也消除了提出异议的一方当事人的疑虑，最终会提高鉴定工作的效率。

（4）关于总价合同工程量发生计量争议的造价鉴定。

当事人对总价合同的工程量计量方式发生争议的，总价合同若约定了计量标准，鉴定人应按照合同约定的方式进行计量；若合同没有约定计量标准，鉴定人仅对变更部分进行鉴定。

鉴定人在鉴定总价合同时，应当严格按照合同约定的范围和内容进行鉴定，并分析合同的内容与性质，是属于不可调总价还是可调总价，工程量是否可以调整，并将分析的经过和结果写入鉴定意见书。

3.因计价争议导致的工程造价纠纷

单价和工程量是确定工程造价的两个变量，因此计价也是准确确定工程造价的必要条件。准确确定计价方法或标准不仅是确定工程造价过程中的重要环节，也是很容易产生争议或纠纷的环节。施工合同双方当事人对计价发生争议时，按以下原则实施鉴定。

（1）关于合同有效且对计价有约定情况下仍存在计价争议的造价鉴定。

人民法院认为合同有效，且合同中已明确约定计价原则和方法的，鉴定人应按照合同约定的计价原则和方法进行鉴定。合同是双方当事人的真实意思表示，只要合同的约定不违法，鉴定人就无权根据自己的主观臆断或专业技术方面的惯例来否定合同的约定，或者有选择、有取舍地使用合同的计价约定。

（2）关于因合同有效但对计价原则和方法约定不明或没有约定发生争议的造价鉴定。

就建设工程而言，对计价原则和方法约定不明或没有约定其实本质是一样的，都需要当事人予以协商确定。但在诉讼阶段，当事人基本上是无法达成一致意见的。

鉴定人遇到此类问题后，可以向人民法院提出参照"拟鉴定项目所在地同时期适用的计价依据、计价方法和签约时的市场价格信息进行鉴定"的专业性建议，待人民法院决定后可以使用；若人民法院不同意鉴定人的建议，鉴定人应按人民法院决定的原则和方法进行鉴定。

（3）关于当事人因合同约定的计价原则和方法前后矛盾发生争议的造价鉴定。

拟鉴定项目的合同对计价原则和方法的约定出现前后矛盾的，鉴定人应提请人民法院，由人民法院决定使用哪一条款作为鉴定的依据。若人民法院暂时无法确定采用哪一条款，鉴定人应按照不同的约定内容分别出具鉴定意见，供人民法院判断使用。

鉴定人在鉴定过程中，对于当事人就不同矛盾条款的主张，不得根据自己的专业经验或行业习惯擅自作出采用某一种理解方式的决定。因为这属于法律问题，涉及人民法院的审判权，而不是鉴定机构和鉴定人的鉴定权，鉴定人不得越权，以免出现"以鉴代审"的乱象或怪象。

对于此类争议问题的鉴定，若人民法院在鉴定前无法确定适用的合同条款时，往往会加大鉴定机构和鉴定人的工作量，也会导致鉴定费用增加，最终造成当事人诉讼成本增加。所以鉴定人应当在鉴定之前尽量让人民法院作出明确的决定。

（4）关于当事人因物价波动要求调整合同价款发生争议的造价鉴定。

①合同中约定了物价波动计价风险范围和幅度的，鉴定人应严格按照合同约定的内容进行鉴定。

②合同中约定了物价波动可以调整，但未约定调整的范围和幅度的，鉴定人应提请人民法院决定，人民法院无法决定时，鉴定人可以建议人民法院按现行国家标准计价规

范的相关规定进行鉴定，鉴定人最终按照人民法院的决定进行鉴定。对于已经采用价格指数法进行调整的项目，不再适用本内容进行调整。

③合同中约定物价波动不进行调整，但一方当事人主张调整的，鉴定人应提请人民法院决定，鉴定机构和鉴定人应当按照人民法院的决定执行，不得擅自做主决定是否可以调整。

（5）关于当事人因人工费调整文件要求调整合同价款发生争议的造价鉴定。

①合同中约定了人工费调整范围和幅度的，鉴定人应严格按照合同约定的内容进行鉴定。

②合同中对人工费调整的事项没有约定或约定不明确的，鉴定人应提请人民法院决定，人民法院无法决定时，要求鉴定人提出意见的，鉴定人可以根据涉案项目所在地工程造价管理部门发布的人工费综合调整系数进行调整，并作出鉴定意见供人民法院判断使用。如果当事人合同文件的价格形成并不是采用涉案项目所在地使用的造价软件制作，则无法直接计算人工费调整文件导致合同价款调整的金额，鉴定人可以按造价行业经验为人民法院测算调整合同价款的金额，供人民法院判断使用。

③合同中人工费不调整，但一方当事人主张调整的，鉴定人应提请人民法院决定，鉴定机构和鉴定人应当按照人民法院的决定执行，不得擅自做主决定是否可以调整。若人民法院需要鉴定人按照一方当事人的请求进行测算，鉴定人应按照人民法院的需求进行测算。

（6）关于当事人因材料价格发生争议的造价鉴定。

①合同中约定了材料价格的，鉴定人应严格按照合同约定的内容进行鉴定。

②承包人在采购材料前已经将价格上报给发包人或其聘请的其他代表，且已经签字认可的，鉴定人应按签字认可的材料价格进行鉴定。

③承包人在采购材料前未报发包人或其聘请的代表认质认价的材料，鉴定人应按双方合同约定的材料价格进行鉴定。

④发包人认为承包人采购的材料不符合质量要求的，鉴定人应当及时上报人民法院，当事人可以就质量方面的问题另行申请质量鉴定，质量鉴定结束后再进行鉴定；鉴定人也可以按照合格与不合格分别作出鉴定意见，待人民法院分清质量责任后选择使用。这样可以提高造价鉴定的时效。

（7）关于发包人以工程质量不合格为由拒绝办理工程结算发生争议的造价鉴定。

①已经验收合格或者虽未进行竣工验收，但发包人已经投入使用的工程，鉴定人应

按照合同约定的方式进行鉴定。

②对于已竣工但未验收且发包人未投入使用的工程，以及停工、停建等不再实施的未完工程，鉴定人应对质量无争议和质量有争议的项目分别按合同约定进行造价鉴定。若发包人认为工程质量有问题且需要申请质量鉴定，鉴定人应将此问题及时上报给人民法院，是否启动质量鉴定由人民法院决定。若人民法院同意发包人的质量鉴定申请，造价鉴定工作也可以继续进行，但鉴定意见应将质量合格与不合格部分分开列项，并作出详细说明，待人民法院通过质量鉴定划分清楚责任后，再按照分开列项的鉴定意见判断使用。

4. 因工期索赔争议导致的工程造价纠纷

工期是建设工程合同的实质性内容，工期延误往往会造成成本增加以及发包人无法按时投入使用或生产而导致重大投资损失。所以工期延误会对合同双方当事人的权利和义务造成重大影响。对工期索赔的争议按以下原则实施造价鉴定。

（1）关于当事人因涉案项目的开工日期发生争议的造价鉴定。

当事人对涉案项目的开工日期有争议的，鉴定人应提请人民法院决定，人民法院要求鉴定人提出建议的，鉴定人可以按以下规定提出建议，供人民法院判断使用。

①合同中约定了开工日期，但发包人或其委托的监理单位、项目管理单位又批准了承包人的开工报告或发出的开工通知的，应按批准的开工报告或发出的开工通知上记载的开工日期进行鉴定。

②合同中未约定开工日期，以发包人或其委托的监理单位、项目管理单位批准的开工报告或发出的开工通知上记载的开工日期进行鉴定。

③合同中约定了开工日期，但由于承包人的原因导致无法开工，承包人应及时给发包人报告。发包人接到承包人延期报告后同意承包人延期要求的，开工日期相应顺延；发包人接到承包人延期报告后不同意承包人延期要求的，开工日期不予顺延，应继续按照合同约定执行；承包人未在合同约定的期限内向发包人申请延期的，开工日期应继续按照合同约定执行。

④因非承包人原因以及因不可抗力原因导致无法按合同约定时间开工的，应按合同约定时间相应顺延。

⑤证据材料中，均无法证明是发包人还是承包人的原因导致实际开工日期提前或推后的，应采用合同约定的开工日期。

（2）关于当事人因涉案项目的工期发生争议的造价鉴定。

①合同中明确约定了工期的，鉴定人应以合同约定的工期进行鉴定。

②合同中对工期的约定不明确或没有约定的，鉴定人应提请人民法院确定，人民法院要求鉴定人提出建议的，鉴定人可以按涉案项目所在地相关专业主管部门的规定或国家相关工程的工期定额进行鉴定。由于建设项目的复杂性，其工期的确定也是一个复杂的问题，而且实际工期与承包人的施工组织有很大的关系，因此有时也不能直接简单地按工期定额进行计算。这个方法应征求双方当事人的意见和人民法院的同意。

③对于合同约定工期比较含糊的情形，可以按以下方式处理。

a. 合同中虽然约定了工期天数，但约定的工期天数与开工时间和结束时间之间持续的天数不一致，这种情形一般按约定的工期天数为准。

b. 合同中只约定了里程碑的完成时间，但未约定工期天数和开工日期，这种情形一般可以通过计算经审批的施工总进度计划中计划开工日期与完工里程碑之间的持续时间来确定合同工期。

c. 一般在分包合同中，可能对开工日期、竣工日期或工期天数都未约定，也没有施工总进度计划，这种情形可以参照承包人计划工期综合进行确定。

（3）关于当事人因涉案项目的实际竣工日期发生争议的造价鉴定。

当事人对涉案项目的竣工日期有争议的，鉴定人应提请人民法院决定，按照人民法院的决定进行鉴定。人民法院要求鉴定人提出建议的，鉴定人可以按以下规定提出建议，供人民法院判断使用。

①涉案项目已经竣工验收且验收合格的，以竣工验收之日为竣工日期。

②承包人已经提交竣工验收报告，发包人应在收到竣工验收报告之日起在合同约定的时间内完成竣工验收，但因发包人原因未完成验收的，以承包人提交竣工验收报告之日为竣工验收日期。

③涉案项目未经竣工验收，但发包人未经承包人同意而擅自使用的，以发包人占有涉案项目之日为竣工验收日期。

确定涉案项目的竣工日期，其法律意义在于以下几个方面：一是工期是否延误；二是给付工程款的本金与利息的起算时间；三是计算违约金；四是人工费、材料费等风险分配问题。

（4）关于当事人因涉案项目暂停施工、顺延工期发生争议的造价鉴定。

①因发包人原因造成暂停施工，承包人主张工期顺延的，应予以支持，相应顺延

工期。

②因承包人原因造成暂停施工，承包人主张工期顺延的，不予支持，工期不顺延。

③工程竣工验收之前，发包人与承包人对工程质量发生争议导致停工进行质量鉴定的，若质量合格，且承包人并无过错，鉴定期间为顺延工期；若质量不合格，鉴定期间影响的工期不顺延，由承包人自行承担损失。

④由于外部环境或因素导致的暂停施工需要具体分析。如政策法规导致的停建、缓建；政府部门要求的停工；不可抗力、异常恶劣的气候条件、不利物质导致的停工，甚至停建。以上因素一般均应顺延工期。但若是因为承包人与地方群众发生纠纷导致群众阻挠施工停工的，工期损失由承包人自行承担，发包人不予顺延。

⑤进行顺延工期计算时，只考虑关键线路上的延误事件，但同时应观察非关键线路的变化，一旦有些非关键线路因为延误反而改变为关键线路，则应重新分析计算。

（5）关于当事人因涉案项目设计变更导致顺延工期发生争议的造价鉴定。

当事人对涉案项目因设计变更导致顺延工期有争议的，鉴定人应参考经审批的施工进度计划，判断设计变更是否因增加工程量而增加关键线路的时间，如果增加了关键线路的时间，则应相应顺延工期，否则，工期不予顺延。

当设计变更增加的工程量并非关键线路的关键工作，鉴定人不能想当然地认为就不予延长工期，而应进行计算，避免非关键线路因设计变更的增加成为关键线路，此时计算结果截然不同。

（6）关于当事人因涉案项目工期索赔发生争议的造价鉴定。

当事人对工期索赔有争议的，鉴定人可以先根据本节前述内容计算出实际工期，再与合同工期进行对比，以此确认实际的工期延误时间。对工期延误责任的划分，鉴定人可以从专业的角度给予人民法院提供帮助与分析，最终由人民法院根据当事人的举证情况判断。因为工期延误时间的确定是专业问题，属于造价鉴定的鉴定权；工期延误的责任划分是法律问题，属于人民法院的审判权。

5.因费用索赔争议导致的工程造价纠纷

索赔是当事人的权利主张，也是建设项目合同双方风险责任再分配的方式。索赔争议的造价鉴定一般按以下原则实施。

（1）关于当事人因提出索赔发生争议的造价鉴定。

当事人对提出索赔发生争议的，鉴定人应提请人民法院对索赔事件的成因、损失等作出判断，人民法院明确索赔成因、索赔损失、索赔时效均成立的，鉴定人应运用专业的造价技术作出因果关系的判断，并作出鉴定意见，供人民法院判断使用。若人民法院在造价鉴定前无法明确索赔成因、索赔损失、索赔时效，鉴定人可以根据专业的造价技术作出因果关系的判断，并作出鉴定意见，供人民法院划分责任后判断使用。

逾期索赔是否失权由人民法院判断决定，鉴定人不得擅自给当事人作出任何答复或承诺。

（2）关于当事人因索赔事项协商不一致发生争议的造价鉴定。

①被索赔的一方当事人认为索赔事项不符合事实的，鉴定人应在梳理完证据资料后，对证据事实及索赔时间的因果关系进行分析判断，并以分析判断后的结果作出造价鉴定。

②被索赔一方当事人认为索赔事项存在，但索赔金额偏高或者认为根本就不应索赔的，鉴定人应根据相关证据和专业技术判断作出鉴定。

对于索赔的鉴定，需要鉴定人有丰富的工程技术、管理及造价知识，专业的分析及判断能力，以及公平、公正的鉴定立场。

（3）关于当事人因暂停施工导致费用索赔发生争议的造价鉴定。

①合同中对暂停施工导致费用承担有约定的，鉴定人应按合同约定作出相应的造价鉴定。

②因发包人原因引起的暂停施工，停工导致的费用增加应由发包人承担，主要包括：对已完工程进行保护的费用、运至现场而无法安装材料及设备的保管费、施工机具的租赁费或折旧费、现场生产工人及管理人员的工资、承包人为复工所花费的准备费用等。另外，因发包人原因导致停工后再复工时使承包人增加的额外费用，也应由发包人承担，如工期延长后遭遇的人工、材料及设备等的涨价，工期延长后遇到的恶劣天气增加的费用等。

③因承包人原因导致的暂停施工，费用由承包人自行承担。

④暂停施工期间，原施工合同并未解除，承包人有义务保护项目现场，若因承包人怠于自己的保护义务导致停工损失扩大的，增加的费用由承包人承担。

停工的后果大致有三种：一是临时停工，停工后很快就会开工；二是停工待命，停工后无法估计什么时候复工；三是停工后终止合同，施工单位撤场。对于不同的停工类型，鉴定人在计算损失范围时应特别注意。

A. 临时停工损失的计算。

临时停工多因临时停水、停电或处理地下障碍物等原因导致。这类停工若超过合同约定期限，可直接办理经济签证单。签证单应载明具体的停工原因、停工时间、复工时间、人员及设备数量等内容。人员停工费通常按停工期间现场的停工人数计取；机械停工费按台班计取，每日计一个台班，租赁设备可以按租赁费计算。

B. 停工待命的损失计算。

停工待命通常是由发包人原因引起的，如未按合同约定支付工程款，未按合同约定提供甲供材料、设备或图纸等技术资料以及其他原因导致承包人无法继续履约，只能在工地停工待命。承包人可以就停工待命期间发生的费用向发包人提出索赔。具体包括：

a. 停工窝工费用。因停工待命结束后还要继续履约且可能随时复工，承包人的生产人员和管理人员必须在现场待命，不能离开，因此停工待命期间会产生大量的停工窝工费用。

b. 停工期间周转材料费用。若周转材料系承包人自购，可以计算摊销费；如果周转材料系承包人租赁，可以计算租赁费。

c. 停工期间的机械费。若机械是承包人自有的，可以按台班计算；若机械系承包人租赁的，可以按租赁费计算。

d. 停工期间的其他费用。包括已完工工程的保护费、运至现场材料设备的保管费等。

C. 停工撤场的损失计算。

停工撤场本质上就是解除或终止施工合同，因此停工撤场的损失计算可以参照合同解除的计算方式鉴定。

鉴定人计算以上费用时，具体可参照涉案项目所在地的相关规定执行。

（4）关于因不利物质条件或异常恶劣气候条件导致承包人与发包人对增加费用和延误工期发生争议的造价鉴定。

①承包人及时通知发包人，经发包人同意并发出确认指示后，承包人及时采取合理措施所增加的费用和延误的工期应由发包人承担。发承包双方就该事项涉及的费用金额已达成一致意见的，鉴定人应直接采用双方同意的金额进行鉴定。若双方对涉及的金额未达成一致意见，则由鉴定人通过专业鉴别、判断作出鉴定。

②承包人及时通知发包人后，发包人未及时回复的，鉴定人可以从专业角度进行鉴别、判断作出鉴定。涉及是否计算造价或责任划分的问题时，应由人民法院决定。

③鉴定人在计算不利物质条件导致的费用增加时，应关注两点：一是不利物质的发生是有经验的承包人不可预见的；二是承包人采取克服不利物质条件的措施是得当合理

的。另外，面对不利物质条件的发生，承包人有两项义务：一是采取合理措施继续施工，若承包人未履行减损义务，则无权就损失扩大部分获得赔偿；二是通知发包人和监理人，并在通知中描述不利物质条件的内容及其无法预见的理由。

④鉴定人在分析计算因异常恶劣气候导致的费用增加时，应考虑遭遇恶劣气候条件是不是因承包人延误工期所致。若工期未被延误则不会遇到该恶劣气候条件的，承包人无权要求发包人赔偿工期及费用。

⑤鉴定人在鉴定此类索赔费用时，不应计算利润。

（5）关于因发包人删减合同项目发生争议的造价鉴定。

①因发包人原因，发包人删减了合同中某些项目内容，承包人提出应由发包人给予合理的管理费用及预期利润，人民法院认为该事项成立的，鉴定人进行鉴定时，其管理费用可按企业相关工程管理费的一定比例计算，预期利润可按相关工程报价中利润的一定比例或工程所在地统计部门发布的建筑企业统计年报的利润率计算。

②为维护合同公平，通常情况下不允许发包人擅自取消合同中约定的工作内容，或转交给其他施工单位实施，否则可能会使原承包人发生亏损，甚至可能导致工程停工或合同终止。因此，一般规定如果发生此类情况，发包人应向承包人赔偿损失。

6. 因工程签证争议导致的工程造价纠纷

工程签证一般包括工程经济签证、工程技术签证、工程工期签证等。签证与索赔不同，签证是双方协商的结果，而索赔是单方面的主张；签证涉及的利益已经确定，而索赔的利益需要未来协商确定；签证是一种协商的结果，而索赔是一种协商的过程。在工程实施过程中，由于超出工程合同约定范围以及合同条件的变化引起需要签证确认的事项等，都可以采用工程签证进行处理。对工程签证的争议按以下原则实施造价鉴定。

（1）关于当事人因工程签证费用发生争议的造价鉴定。

①工程签证中明确了人工、材料、机械台班数量和单价的，鉴定人按照工程签证中标明的数量和单价进行鉴定。

②工程签证中只有用工数量没有人工单价的，鉴定人可以参照投标文件中对应的人工单价；投标文件中没有的人工单价可以参照涉案项目所在地行业主管部门发布的人工单价；零星签证用工的成本一般高于通常的施工中的用工成本，所以，鉴定人在鉴定过程中，参照投标文件中的人工单价时，可以上浮一定比例，如 20% 左右，具体比例可以根据具体情况分析并与当事人协商确定。

③工程签证中只有材料和机械台班用量但没有相应单价的，鉴定人可以参照投标文

件中对应的材料或机械台班单价；投标文件没有的材料单价，鉴定人可以通过三家以上的市场询价来获取价格；投标文件没有的机械台班单价，鉴定人可以按照涉案项目所在地的现行计价定额或计价依据计算。如计价定额或计价依据缺项时，可参照市场价格确定。

④工程签证若只有总价而没有单价，鉴定人可以直接按总价进行鉴定。

⑤工程签证中若总价与其计算公式不一致，属于明显计算错误的，鉴定人应根据计算公式修正工程签证总价进行鉴定。

⑥工程签证中的零星工程数量与该工程实际完成的数量不一致时，鉴定人应本着实事求是的态度，按实际完成的数量进行鉴定。

不同的发承包模式下的工程签证计算模式是截然不同的。鉴定人在对工程签证进行鉴定时，需要根据项目的发承包模式区别对待。例如，在施工总承包模式中应计算费用的工程签证，在工程总承包模式中往往由总承包单位自行承担，不应另行计算费用。

（2）关于当事人因工程签证存在瑕疵发生争议的造价鉴定。

①工程签证发包人只签字证明收到，但未表示同意，承包人有证据证明该签证已经完成，鉴定人应将此内容在鉴定意见后单列，供人民法院判断使用。

②工程签证既无数量，又无价格，只有工程事项的，由当事人协商，协商不成的，鉴定人可根据工程合同约定的原则、方法对该事项进行专业分析，出具推断性意见，供人民法院判断使用。

③工程签证是当事人提交的证据，对其效力进行认定是人民法院的职权，能否作为造价鉴定的依据，应由人民法院的裁判确定，鉴定人应按人民法院的决定执行。鉴定人在鉴定过程中应多与人民法院沟通。

工程签证是否与待证事实存在关联，是鉴别专门性问题的重要内容，对其进行专业性的鉴别与判断，既体现造价鉴定价值和鉴定人的专业水平，更是司法追求公平正义的着力点。在造价鉴定过程中，鉴定人遇到有瑕疵的工程签证时，应运用专业的知识与技能、工程经验法则等对该工程签证所反映的零星工程是否在鉴定项目合同范围之外、签证的内容是否有实物证据、签证项目内容是否与该项目有关联性等作出专业的鉴别和判断，不应对有瑕疵、有争议的工程签证一概不管，一律以属于审判权决定的事项为由踢给人民法院。而应充分运用鉴定人的专业知识和技能为人民法院做好辅助或服务工作。

（3）关于当事人因口头指令发生争议的造价鉴定。

承包人仅以发包人口头指令完成了某项零星工程，要求发包人支付的，发包人不予认可，且承包人无法提出其他物证的，鉴定人应以法律缺失为由，作出否定性鉴定，即不予计算。因为造价鉴定必须以事实为依据，以法律为准绳。这个也倒逼承包人在施工过程中要么拒绝口头通知，要么口头通知之后及时去追补书面工程签证单。对于怠于行使自己权利的行为，一般很难得到支持。即使发包人不予认可口头通知的事项，若现场实际的状况与承包人主张的事项一致，鉴定人可以将承包人主张的事项单独列项鉴定，供人民法院审判时判断使用。

7. 因合同解除争议导致的工程造价纠纷

签订合同是为了履约并达到合同双方当事人的共同期望，所以解除合同不是常态，轻易解除合同也不利于社会发展，必须对其加以限制。合同解除对建设项目的发承包双方都是巨大的损失，但各自又想最大限度降低自己的损失，因此在解除过程中就存在各种争议。市场交易通常遵循诚信原则，相对保护守约方的利益，故在造价鉴定过程中也应选择有利于守约方的鉴定方式或鉴定原则。具体可以按以下原则实施造价鉴定。

（1）关于因合同解除后送鉴材料不满足鉴定要求发生的造价鉴定。

工程合同解除后，双方当事人就结算价款发生争议，如送鉴的证据满足造价鉴定要求，则按送鉴的证据进行鉴定；如果送鉴的证据不满足造价鉴定的要求，鉴定人应提请人民法院组织现场勘验，并在勘验过程中会同双方当事人采取以下措施获取证据，获取过程中应做好现场勘验笔录，并要求在场当事人及其合法代表、人民法院等签字确认。参加现场勘验的当事人代表若不是起诉书中的人员，应持授权委托书参加现场勘验工作并在勘验笔录上签字确认。

①清点已完工程部位，测量相应工程量。

②清点施工现场的材料和设备。

③核对签证、索赔所涉及的有关资料。

④将清点结果汇总成册并请当事人确认，当事人不签字确认的，及时报告人民法院，但不影响造价鉴定工作的正常进行。

⑤根据现场勘验的笔录进行造价鉴定。

⑥当事人对已完工程且已隐蔽的工程数量无法达成一致意见，且造价现场也无法核实的，应提请人民法院委托第三方专业机构进行现场勘验，鉴定人应按第三方勘验的结果进行鉴定。如聘请第三方机构通过钻芯取样获取道路路基及路面的厚度。

⑦若施工现场已经改变，后续施工单位已经进场施工，鉴定人无法通过现场勘验获取相关资料时，由人民法院按法律法规分配举证责任，然后由当事人举证。鉴定人应根

据当事人提供的证据材料以及人民法院认定的事项和内容进行造价鉴定。

（2）关于因发包人违约导致合同解除发生争议的造价鉴定。

人民法院通过责任划分，认为是由于发包人违约导致合同解除的，鉴定人在鉴定造价中应包含以下费用。

①已完成永久工程的价款，且包括配合永久工程的施工而发生的措施费。工程量按双方当事人签订的交接记录计算，没有交接记录的，应申请人民法院组织现场勘验。根据现场勘验笔录计算工程量。如工程已经重新开始后续施工导致无法现场勘验的，可以通过监理日志、后续施工资料等文件确认；仍然不能确定且当事人双方又无法达成一致的，鉴定人应提请人民法院根据工程撤场未能办理交接等因素分配举证责任，并根据人民法院的决定执行。

②承包人为本工程订购并已付款的材料、工程设备和其他物品的价款，以及承包人已签订购买合同但还未付款，若撤销合同应支付的违约金。

③临时设施费。临时设施费按计算基础 × 规定费率计算的，应全额计算后扣除未完工程专属部分的临时设施费（如有）；临时设施约定单价计量计价的，计算摊销费。

④工程签证、承包人索赔以及其他按合同约定应支付的费用。

⑤撤离现场及遣散承包人员的费用。其人数可按工程进度计划以及施工日志、监理日志等确定，其距离可按工程所在地至承包人基地计算，其费用包括交通费、误工费、管理费、人工费等。不论承包人采用何种遣散方式，均应以方便、快捷为考量，按实际发生情况核算一笔综合费用。

⑥发包人给承包人造成的实际损失（如承包人也有责任，按人民法院的决定分摊）。注意：不包括利息、违约金的计算，利息和违约金的计算由人民法院决定。

⑦其他应由发包人承担的费用。工程停工后直接移交给发包人时，由承包人负责工地安全保卫、仓库看管等费用。此费用按照发承包双方协商的人数及费用计算；若发承包双方未协商一致，人数应根据现场配置确认，费用参照合同中的人工单价执行。此外，工程停工至发承包双方确定的承包人撤离期间的停工费用、机械设备调迁的费用等均应由发包人承担。

（3）关于因承包人违约导致合同解除发生争议的造价鉴定。

人民法院通过责任划分，认为是由于承包人违约导致合同解除的，鉴定人在鉴定造价时应包含以下费用。

①已完成永久工程的价款，且包括配合永久工程的施工而发生的措施费。工程量按

双方当事人签订的交接记录计算，没有的，应申请人民法院组织现场勘验，根据现场勘验笔录计算工程量。如工程已经重新开始后续施工导致无法现场勘验的，可以通过监理日志、后续施工资料等文件确认；仍然不能确定且当事人双方又无法达成一致的，鉴定人应提请人民法院根据工程撤场未能办理交接等因素分配举证责任，并根据人民法院的决定执行。

②承包人为本工程订购并已付款的材料、工程设备和其他物品的价款。此部分金额纳入造价鉴定金额后，其所有权归发包人所有。

③临时设施费。临时设施费按计算基础 × 规定费率计算的，全额计算后扣除未完工程专属部分的临时设施费（如有）；临时设施约定单价计量计价的，计算摊销费。

④工程签证、承包人索赔以及其他按合同约定应支付的费用。

⑤承包人违约给发包人造成的损失（如发包人也有责任的，按人民法院的决定分摊）。注意：不包括利息、违约金的计算，利息和违约金的计算由人民法院决定。

⑥其他应由承包人承担的费用。如按发包人的要求完成承包人人员、机械设备的撤离发生的费用等。

（4）关于因不可抗力导致合同解除发生争议的造价鉴定。

人民法院认为是因不可抗力导致合同解除的，鉴定人应按合同约定进行鉴定；合同没有约定或约定不明的，鉴定人应提请人民法院认定不可抗力导致合同解除后适用的归责原则，也可建议按现行国家标准计价规范的相关规定进行鉴定。是否采纳鉴定人的意见由人民法院判断决定，鉴定人应按人民法院的决定进行鉴定。

由于发包人违约或承包人违约导致合同解除的，法律保护守约方，而不利于违约方；当合同的解除属于不可抗力原因导致时，发包人和承包人均无过错，所以处理方式也很适中，不偏不倚，一般按合同约定进行鉴定。

对于因合同一方当事人延迟履行义务期间发生不可抗力的，不免除其违约责任。由于延迟履约一方当事人过错在先，在其过错期间发生的不可抗力，仍需承担违约责任，赔偿守约方损失。

不可抗力发生后，合同当事人均有义务及时采取措施，避免损失的扩大，这是基于合同履行的附随义务，也是基于诚实守信的基本原则。如果一方坐视不管，任由损失扩大，应对扩大部分的损失承担责任。

（5）关于因单价合同解除发生争议的造价鉴定。

对于单价合同的解除，鉴定人应按以下原则进行鉴定。

①合同中有约定的，鉴定人应按合同约定进行鉴定。

②人民法院认定是承包人违约导致合同解除的，单价项目按已完工程量乘以约定的单价计算（其中，单价措施项目应考虑工程的形象进度），总价措施项目按与单价项目的关联度比例计算。

③人民法院认定是发包人违约导致合同解除的，单价项目按已完工程量乘以约定的单价计算（单价措施项目应考虑工程的形象进度）。总价措施项目已全部实施的，全额计算；未实施完的，按与单价项目的关联度比例计算。未完工程量与约定的单价计算后按工程所在地统计部门发布的建筑企业统计年报的利润率计算利润。

④鉴定人在鉴定之前应当向人民法院了解合同解除的原因，并提请人民法院确认。

⑤对于以每平方米建筑面积约定固定单价的，实际上是一种固定总价，鉴定人在进行鉴定时应按照总价合同解除后的鉴定规则进行鉴定。

（6）关于因总价合同解除发生争议的造价鉴定。

对于总价合同的解除，鉴定人应按下述原则进行鉴定。

①合同中有约定的，鉴定人应按合同约定进行鉴定。

②人民法院认定是承包人违约导致合同解除的，鉴定人可参照工程所在地同时期适用的计价依据计算出未完工程价款，再用合同约定的总价款减去未完工程价款计算。

③人民法院认定是发包人违约导致合同解除的，承包人请求按照工程所在地同时期适用的计价依据计算已完工程价款，鉴定人应予以支持，并采用这一方式鉴定，供人民法院判断使用。如果承包人并未请求按此方式进行鉴定，当人民法院需要鉴定人给出建议时，鉴定人也可以给出这样的鉴定方式。

④《最高人民法院公报》（2015 年第 12 期，总第 230 期）载明：对于约定了总价但未能履行完成的，不能简单地进行计算鉴定，而应综合考虑案件的实际履行情况，并特别注意双方当事人的过错程度和司法判决的价值取向等因素来确定。

⑤鉴定人遇到总价合同解除的鉴定时，首先要了解合同解除的原因，以选择正确的鉴定方法；其次需要了解总价合同的范围和基础，如工程总承包、施工总承包等。

8. 因证据欠缺争议导致的工程造价纠纷

在诉讼案件中，一方当事人或双方当事人同意进行造价鉴定，但因证据存在瑕疵，如因管理不善造成施工图欠缺或丢失、隐蔽资料不全或丢失、工程签证不全或丢失等，导致鉴定受阻时，鉴定人应充分运用自己的专业知识和造价经验进行专业判断，并采用多种方法确保造价鉴定的顺利进行，为人民法院的审判提供有力的参考。

在工程建设纠纷案件中，证据资料缺失的情况时有发生，而有些鉴定人因能力欠缺、经验不足或意识不够，往往在面对证据不完整的情形时，未能运用经验法则和逻辑推理就鉴定事项的专门性问题作出推断性意见，这些鉴定项目被鉴定人以"证据不足无法鉴定"为由放弃并退回鉴定，给审判造成更大的困难。特别是在索赔、违约损失方面更是显出了鉴定机构和鉴定人专业知识和综合能力的不足。

（1）关于因施工图或竣工图缺失情况下发生争议的造价鉴定。

涉案项目施工图或竣工图缺失时，鉴定人可以按以下规则进行鉴定。

①建筑标的物存在的，鉴定人可以提请人民法院组织现场勘验并根据现场勘验笔录选择适宜的计算方法进行造价鉴定。

②建筑标的物已经隐蔽，鉴定人可以根据工程的性质、是否为其他工程的组成部分等，并结合自身的专业经验和逻辑分析能力作出专业的判断，最后作出推断性鉴定意见，供人民法院判断使用。

③建筑标的物已经灭失，鉴定人应提请人民法院对不利后果的承担主体作出认定，再根据人民法院的决定进行造价鉴定。

④对于资料欠缺严重的鉴定项目，鉴定人也可以根据个人或鉴定机构内部积累的类似项目数据指标为人民法院提供造价金额参考，由人民法院判断使用。但是否采用类似指标进行判决，由人民法院决定。

（2）关于因缺少书证的零星工程发生争议的造价鉴定。

承包人在涉案项目施工图或合同约定范围以外实施的零星工程，在主张结算价款时但未能提供发包人认可的工程签证或书面文件的情况下，鉴定人可以按以下原则进行鉴定。

①发包人认可或承包人提供其他证据可以证明的，鉴定人应作出确定性的意见，供人民法院判断使用。

②发包人不认可，但该零星工程可以进行现场勘验，鉴定人应提请人民法院组织现场勘验，然后根据现场勘验笔录选择适宜的鉴定方法进行鉴定。

鉴定人在对施工图或合同约定以外的零星工程进行造价鉴定之前，应熟悉发承包的范围和合同的约定，施工图发包、初步设计发包以及方案发包对零星工程的约定是大不相同的，需要区别对待。

9. 因工程质量争议导致的工程造价纠纷

在承包人主张工程款支付的诉讼中，发包人常以工程质量问题提起反诉。那么，当发包人提出反诉后应如何处理呢？发包人提出质量问题后，人民法院释明是否需要引入质量鉴定，如果需要，则按以下程序进行：第一，由发包人提出质量鉴定申请，提交人民法院审查，经人民法院审查批准后，通过合法程序确定质量鉴定机构；第二，质量鉴定机构出具鉴定意见且经过质证后，决定是否需要引入修复方案设计机构，如果需要，通过合法程序选定修复方案设计机构；第三，由修复方案设计机构出具修复方案且经过质证；第四，将修复方案移交给造价鉴定机构；第五，造价鉴定机构根据造价专业知识对修复方案对应的造价进行鉴定。

4.3 工程造价鉴定意见书

4.3.1 工程造价鉴定意见书的内容

根据《建设工程造价鉴定意见书编审规程》（T/SCCEA 001—2024）内容可知，鉴定意见书一般包含12项内容：封面、目录、鉴定声明、基本情况、案情摘要、鉴定过程、分析说明、鉴定意见、附注、附件目录、落款、附件。

（1）封面，应当载明鉴定项目名称、鉴定意见书的编号（鉴定机构根据企业制度自主编号）、鉴定机构名称及公章、编制完成鉴定意见书的日期。

（2）目录，应当从目录后第一页开始逐页连续编码，避免按照鉴定意见书各个部分内容编码。

（3）鉴定声明，是鉴定机构和鉴定人对出具鉴定意见书做出的声明。

（4）基本情况，应当载明人民法院、涉案项目、委托日期、鉴定事项及范围、送鉴资料、送鉴日期、鉴定期限、当事人、鉴定人等内容。

（5）案情摘要，主要描述与委托鉴定事项有关的案情。鉴定人在描述时应以第三方立场，客观、综合、简明扼要、公正地叙述案件的实际情况，不得掺杂鉴定人个人的主观意见或看法。案情描述应避免以下情况：

①未抓住整个案件的争议重点，只罗列一些与造价鉴定关系不大，甚至无关紧要的"故事性情节"；

②过于简单，不能系统全面地反映整个案情；

③先入为主，只摘要有助于本鉴定意见的情节，或片面地引用当事人的一面之词；

④断章取义，未能反映某句话、某个事情出现的前提。

（6）鉴定过程，写明鉴定的实施过程和科学依据，包括鉴定程序、所用技术方法、标准和规范等；分析说明根据证据材料形成鉴定意见的分析、鉴别和判断过程。鉴定过程是整个造价鉴定工作的记录，必须详细描述。

①说明鉴定人对人民法院委托的鉴定范围、事项有无异议，是否向人民法院释明；鉴定人对当事人关于鉴定范围、事项的异议是否向人民法院报告；人民法院对上述异议的处理意见。

②是否制定造价鉴定方案，并注明方案主要内容。

③人民法院移交的证据材料是否经过质证，人民法院对证据的认定情况。

④鉴定过程中是否书面函请人民法院，需要当事人补充证据；是否报告人民法院召开调查会，询问当事人就调查的事实形成询问笔录或会议纪要；是否提请人民法院批准现场勘验；是否参加人民法院组织的现场勘验，并形成现场勘验笔录。

⑤鉴定过程中是否邀请当事人参加造价鉴定核对工作；是否将造价鉴定意见书初稿征求当事人意见，对当事人异议如何回复。

⑥出具鉴定意见书。

⑦鉴定过程中与人民法院对重要事项的沟通及人民法院的处理意见。

（7）分析说明，应当详细描述根据证据材料形成鉴定意见的分析、鉴别和判断的过程，包含但不限于以下内容：

①分列当事人的主张。

②鉴定人意见，根据造价鉴定证据并结合案情，应用科学原理进行鉴别和判断形成鉴定意见的分析。应紧紧围绕委托鉴定的事项，根据鉴定证据，通过逻辑推理和科学分析，为最终的鉴定意见提供充分的依据。分析说明应根据相应的标准、规范、规程，也可以引用业内众所周知的观点或资料，但引用的观点或资料应注明出处。分析说明应侧重于推断性意见的形成和鉴定事项争议的处理及选择性意见的形成。

③其他分析说明。

（8）鉴定意见，分别对确定性鉴定意见、推断性鉴定意见进行汇总；选择性意见金额尽量分模块细化，由人民法院选择使用后自行汇总。

（9）附注，对鉴定意见书中需要解释的内容，可以在附注中作出说明。

附注位于落款之前，是对鉴定意见书中需要解释的内容进行的说明，有多处需要进行说明的地方，应在附注中按顺序进行说明。附注的内容需和以下内容相近：本鉴定意见书仅对鉴定项目的造价进行了鉴别和判断，并作出了独立、客观、公正的鉴定意见，而未考虑鉴定项目当事人签订的工程合同中可能涉及的违反规定的条款及其他问题，也不涉及合同履行过程中当事人之间往来的财务费用。

（10）附件目录，对鉴定意见书正文后面的附件，应按其在正文中出现的顺序，统一编号形成目录。特别注意该目录不单独编制页码，其页码根据鉴定意见书全文统一编码。

（11）落款，鉴定人应在鉴定意见书上签字并加盖执业专用章，日期上应加盖鉴定机构的印章。考虑到每个造价鉴定项目至少应由两名及以上鉴定人共同进行鉴定，并由有本专业高级专业技术职称的鉴定人复核，鉴定意见书落款鉴定人应签名和加盖一级造价工程师执业专用章。落款中的"负责人"指鉴定机构有权签署鉴定意见书的责任人，一般指法定代表人或其授权代表。鉴定意见书除以上位置需要盖章外，还应在各页之间加盖公章作为骑缝章。

（12）附件，主要包括造价鉴定的明细及汇总表、造价鉴定委托书、鉴定人承诺书、送鉴证据材料（注明证据收到时间）、质证记录、庭审记录、现场勘验笔录及现场勘验签到表、询问笔录及案情调查中形成的会议记录、鉴定机构出具的工作联系函件、鉴定过程中当事人参与鉴定核对的记录、相关的照片、鉴定机构营业执照、鉴定人职业资格证书复印件等。

4.3.2　工程造价鉴定意见书的补充与补正

1. 鉴定意见书的补充

补充鉴定是对原鉴定意见书的继续，是对原鉴定意见书进行补充、修正、完善的再鉴定活动。补充鉴定一般由原人民法院委托，仍由原鉴定机构和原鉴定人实施鉴定。补充鉴定是原鉴定意见书的组成部分。

（1）一般应当对原鉴定意见书进行补充的情形。

①人民法院增加了新的鉴定要求。

②人民法院发现委托的鉴定事项有遗漏，需要补充。

③人民法院就同一委托鉴定事项又提供或者补充了新的证据材料。

④鉴定人通过出庭作证或自行发现原鉴定意见书有缺陷。

⑤其他需要补充鉴定的情形。

在工程造价鉴定实践中，当鉴定情形发生变化时，进行补充鉴定是保障整个造价鉴定客观真实的需要。

（2）补充鉴定意见书和原鉴定意见书的关系。

补充鉴定意见书是原鉴定意见书的组成部分。补充鉴定意见书中应注明与原委托鉴定事项相关联的鉴定事项；补充鉴定意见书与原鉴定意见书不一致的地方，应说明理由，并注明应采用哪一个鉴定意见，便于当事人质证和人民法院使用。

2. 鉴定意见书的补正

应人民法院、当事人的要求或者鉴定人自行发现鉴定意见书存在瑕疵或缺陷时，鉴定人应对这些瑕疵或缺陷进行补正，并由人民法院决定如何补正。鉴定机构和鉴定人应严格执行人民法院的决定。

（1）一般应当对原鉴定意见书进行补正的情形。

①鉴定意见书的图像、表格、文字不清晰。

②鉴定意见书的签名、盖章或编号不符合制作要求。

③鉴定意见书文字表达有瑕疵或有错别字，但不影响鉴定意见的本质内容。

（2）补正鉴定意见书和原鉴定意见书的关系。

对已经发出的鉴定意见书的补正，如以追加文件的形式进行补正，应包括如下声明：对《××××号鉴定意见书》的补正。鉴定意见书的补正应满足相关规定对鉴定意见书的相关要求。补正如以更换原鉴定意见书的形式实施，应经人民法院同意，在全部收回原有鉴定意见书的情况下更换。重新制作的鉴定意见书除补正内容外，其他内容应与原鉴定意见书保持一致。如《司法鉴定程序通则》（司法部令第 132 号）第四十一条规定，对司法鉴定意见书进行补正，不得改变司法鉴定意见的原意。

（3）鉴定机构或鉴定人发现鉴定意见书存在错误时的处理方式。

鉴定意见书正式提交给人民法院之后，鉴定机构或鉴定人发现鉴定意见书存在错误的，应及时采取补救措施，向人民法院作出书面说明，由人民法院决定如何补救，鉴定机构或鉴定人应及时按照人民法院决定的补救措施进行补救。

4.3.3　工程造价鉴定意见的分类及适用范围

鉴定意见书中的鉴定意见一般包含四种，即确定性意见、推断性意见、选择性意见及单列说明意见。

（1）确定性意见。

当鉴定项目或鉴定事项的内容清楚、证据充分时，鉴定人应对此部分作出确定性意见。确定性意见是对被鉴定事项的待证事实作出的断然性结论，包括对被鉴定事项的待证事实的专门性问题的"肯定"或"否定"、"是"或"不是"、"有"或"没有"等。由于确定性意见是明确回答造价鉴定要求的意见，评断其客观性和关联性的难度较小，其证明作用也相对较大。

（2）推断性意见。

当鉴定项目或鉴定事项内容客观、事实清楚，但证据不够充分时，鉴定人应对此部分内容根据造价专门技术和经验及专业能力作出推断性意见。被鉴定事项的待证事实的专门性问题虽然条件较差但又具备一定的鉴定条件，或者被鉴定事项的待证事实本身技术难度较大，经过鉴定难以形成确定性意见。从科学认识方法和证据要求角度来讲，鉴定人出具推断性意见是合理的，也是正常的。

该部分问题的处理，需要鉴定人具备超强的工程技术能力、合同管理能力、造价综合能力、法律认知能力以及逻辑思维能力等综合素质才能完成。

（3）选择性意见。

当鉴定项目合同约定矛盾或鉴定事项中部分内容证据矛盾，人民法院暂不明确取舍，要求鉴定人分别鉴定的，鉴定人应分别按不同的合同约定或证据进行鉴定，并作出选择性意见，供人民法院判断使用。

选择性鉴定意见主要适用于合同约定矛盾或当事人对证据存在争议，且人民法院在造价鉴定之前又无法对证据效力进行认定的情形。为正常推动造价鉴定项目的进程，鉴定人只能分别按不同的合同约定方式和双方当事人对证据的不同理解分别作出鉴定意见，供人民法院在审判时根据双方举证的情况判断使用。

鉴定机构出具选择性意见的弊端：当合同存在矛盾或证据存在争议时，鉴定机构出具的选择性鉴定意见让每种理解产生的价值更加明晰，此时人民法院在选择时难以让当事人接受，反而增加了困难。如果在鉴定意见出来之前就作出判断，因造价鉴定之前两种解释的价值并不明晰，双方相对容易接受。因此，一般对于此类问题需要作出选择性意见时，鉴定机构应先向人民法院作出说明，人民法院同意之后再作出选择性意见。如江苏省高级人民法院《建设工程施工合同纠纷案件委托鉴定工作指南》（2019年12月27日第35次会议通过）第十条规定，鉴定机构认为只能出具选择性鉴定意见的，应及时以书面方式与委托法院进行沟通。委托法院同意出具选择性鉴定意见的，鉴定机构方可出具选择性鉴定意见。

（4）单列说明意见。

鉴定意见中除确定性意见、推断性意见和选择性意见外，根据《鉴定规范》第4.7.6

条和第 4.7.8 条的规定，还可以再分为单列说明意见。

《鉴定规范》第 4.7.6 条规定，同一事项当事人提供的证据相同，一方当事人对此提出异议但又未提出新证据的；或一方当事人提供的证据，另一方当事人提出异议但又未提出能否认该证据的相反证据的，在委托人未确认前，鉴定人可暂用此证据作为鉴定依据进行鉴定，并将鉴定意见单列，供委托人判断使用。第 4.7.8 条规定，一方当事人不参加按本规范第 4.3.4 条和第 4.3.5 条规定组织的证据交换、证据确认的，鉴定人应提请委托人决定并按委托人的决定执行；委托人未及时决定的，鉴定人可暂按另一方当事人提交的证据进行鉴定并在鉴定意见书中说明这一情况，供委托人判断使用。

4.3.4 造价鉴定过程中对当事人相互妥协事项的处理

（1）在造价鉴定过程中，随着造价的逐步明朗，加上其他各方面原因，双方当事人可能会对一些原来争议的问题互相协商一致，达成书面的妥协性意见，鉴定人应将妥协性意见纳入确定性意见，但应单独对其进行说明，以便于人民法院在审判时对整体案件进行判断与把握。

（2）若鉴定机构承接的造价鉴定任务为重新鉴定，鉴定人在鉴定时不能直接把原鉴定意见中的妥协性意见作为重新鉴定的依据使用，必须再次征求双方当事人的意见，若双方当事人继续相互妥协，认可原妥协性意见，则鉴定人可以使用原妥协性意见，否则，鉴定人不得直接把原妥协性意见作为造价鉴定的依据。

4.4 工程造价鉴定中鉴定权与审判权的界限划分

造价鉴定属于准司法行为，其在实施过程中遇到的有些专门性问题同时涉及法律问题和造价专业问题，而且关系错综复杂，不容易识别。因此对于不熟悉造价知识的法官和不熟悉法律的鉴定人来讲，有时会不经意间侵犯对方的职权，造成权力的越位。一旦这种权力之间互相越位或侵犯，就会导致"以鉴代审"或"以审代鉴"的怪象出现。所以，作为专家辅助人，必须清楚什么是造价鉴定中的鉴定权和审判权，才能清楚地知道什么问题找什么人，然后快速便捷地解决问题。

4.4.1 鉴定权与审判权的基本概念

1.鉴定权的基本概念

（1）工程造价鉴定权的来源。

《全国人民代表大会常务委员会关于司法鉴定管理问题的决定》（2015年4月24日修正）第一条规定，司法鉴定是指在诉讼活动中鉴定人运用科学技术或者专门知识对诉讼涉及的专门性问题进行鉴别和判断并提供鉴定意见的活动。这个是鉴定权的法律渊源。

《民事诉讼法》第七十九条规定，当事人可以就查明事实的专门性问题向人民法院申请鉴定。当事人申请鉴定的，由双方当事人协商确定具备资格的鉴定人；协商不成的，由人民法院指定。当事人未申请鉴定，人民法院对专门性问题认为需要鉴定的，应当委托具备资格的鉴定人进行鉴定。《民事证据规定》第三十二条规定，人民法院准许鉴定申请的，应当组织双方当事人协商确定具备相应资格的鉴定人。当事人协商不成的，由人民法院指定。人民法院依职权委托鉴定的，可以在询问当事人的意见后，指定具备相应资格的鉴定人。人民法院在确定鉴定人后应当出具委托书，委托书中应当载明鉴定事项、鉴定范围、鉴定目的和鉴定期限。以上法律规定是造价鉴定权的直接来源。

鉴定机构接到人民法院发出的造价鉴定委托书并按要求回复同意实施后，便有了对拟鉴定项目的造价鉴定权，即在受理鉴定、组织鉴定和实施鉴定等方面，享有的能够作出某种行为或者不作出某种行为的权利。

（2）工程造价鉴定权的构成。

从法律层面来讲，一项权利的构成要素通常包含权利主体、权利客体和权利内容三方面。造价鉴定权作为一种权利，同样存在上述三个要素。

①造价鉴定权的权利主体。

权利主体一般指由谁来行使这个权利。《鉴定规范》第2.0.1条规定，工程造价鉴定指鉴定机构接受人民法院或仲裁机构委托，在诉讼或仲裁案件中，鉴定人运用工程造价方面的科学技术和专业知识，对工程造价争议中涉及的专门性问题进行鉴别、判断并提供鉴定意见的活动。第2.0.5条规定，鉴定机构指接受委托从事工程造价鉴定的工程造价咨询企业。第2.0.6条规定，鉴定人指接受鉴定机构指派，负责鉴定项目工程造价鉴定的注册造价工程师。《鉴定规范》中注册造价工程师已对应修改为一级造价工程师。

《工程造价咨询企业管理办法》（2020年中华人民共和国住房和城乡建设部令第50号）第二十条规定，工程造价咨询业务范围包括：……（四）工程造价经济纠纷的鉴定和仲裁的咨询。《注册造价工程师管理办法》（2020 年中华人民共和国住房和城乡建设部令第 50 号）第十五条规定，一级注册造价工程师执业范围包括建设项目全过程的工程造价管理与工程造价咨询等，具体工作内容：……第（五）建设工程审计、仲裁、诉讼、保险中的造价鉴定，工程造价纠纷调解。《国务院关于深化"证照分离"改革进一步激发市场主体发展活力的通知》（国发〔2021〕7 号）实施后，造价咨询企业不再需要造价咨询资质即可执业，对于鉴定机构的门槛将会带来影响，但不影响鉴定机构及鉴定人的权利主体地位。

②造价鉴定权的权利客体。

权利客体一般指权利所指向的对象，造价鉴定的权利客体一般指造价鉴定所要鉴定的对象，即诉讼过程中的专门性问题。《最高人民法院关于审理建设工程施工合同纠纷案件适用法律问题的解释（一）》（法释〔2020〕25 号）（以下简称《建设工程合同司法解释一》）第三十一条规定，当事人对部分案件事实有争议的，仅对有争议的事实进行鉴定，但争议事实范围不能确定，或者双方当事人请求对全部事实鉴定的除外。实际中，鉴定对象的具体内容根据人民法院的委托书内容确定，遵循节约当事人费用、缩短案件审理时间及提高诉讼效率的原则，具体根据案件的实际情况确定。

③造价鉴定权的权利内容。

权利内容是权利主体作用于权利客体的具体表现形式。由于造价鉴定权的权利主体分为鉴定机构和鉴定人两类，因此鉴定权的权利内容也包含两种，即鉴定机构的权利内容和鉴定人的权利内容。

a. 鉴定机构有接受鉴定委托的权利。

《全国人民代表大会常务委员会关于司法鉴定管理问题的决定》（2015 年 4 月 24 日修正）第九条规定，鉴定人从事司法鉴定业务，由所在的鉴定机构统一接受委托。

b. 鉴定机构有委派鉴定人的权利。

《全国人民代表大会常务委员会关于司法鉴定管理问题的决定》（2015 年 4 月 24 日修正）第八条规定，鉴定人应当在一个鉴定机构中从事司法鉴定业务。因此，接受了造价鉴定业务的鉴定机构有权将造价鉴定业务委派给鉴定机构内部合适称职的一级造价工程师对拟鉴定项目进行造价鉴定。

c. 鉴定机构与鉴定人有在鉴定意见上加盖公章及执业印章的权利。

《最高人民法院关于民事诉讼证据的若干规定》（法释〔2019〕19 号）第三十六条规定，鉴定书应当由鉴定人签名或者盖章，并附鉴定人的相应资格证明。委托机构鉴定的，鉴定书应当由鉴定机构盖章，并由从事鉴定的人员签名。

d. 鉴定人有获得鉴定材料的权利。

鉴定材料是开展鉴定工作的前提，否则鉴定人也是"巧妇难为无米之炊"，鉴定工作将无法开展。《中华人民共和国民事诉讼法》（2023 年 9 月 1 日第五次修正）第八十条规定，鉴定人有权了解进行鉴定所需要的案件材料，必要时可以询问当事人、证人。《最高人民法院关于民事诉讼证据的若干规定》（法释〔2019〕19 号）第三十四条规定，人民法院应当组织当事人对鉴定材料进行质证。未经质证的材料，不得作为鉴定的根据。经人民法院准许，鉴定人可以调取证据、勘验物证和现场、询问当事人或者证人。

鉴定人有权要求人民法院或当事人提供与造价鉴定有关的资料，人民法院或当事人有义务为鉴定人提供。

e. 鉴定人有出庭作证的权利。

《全国人民代表大会常务委员会关于司法鉴定管理问题的决定》（2015 年 4 月 24 日修正）第十一条规定，在诉讼中，当事人对鉴定意见有异议的，经人民法院依法通知，鉴定人应当出庭作证。出庭作证是鉴定人的权利，也是鉴定人的义务，且义务大于权利。鉴定人接到人民法院的出庭作证通知后，无法定原因时，则必须出庭作证。

f. 鉴定机构与鉴定人有请求人民法院协助的权利。

鉴定机构接受人民法院的委托，鉴定人接受鉴定机构的委派，所以鉴定人有以鉴定机构名义请求人民法院给予协助的权利。

（3）造价鉴定权的基本特征。

①造价鉴定权具有专业性。

《全国人民代表大会常务委员会关于司法鉴定管理问题的决定》（2015 年 4 月 24 日修正）第一条规定，司法鉴定是指在诉讼活动中鉴定人运用科学技术或者专门知识对诉讼涉及的专门性问题进行鉴别和判断并提供鉴定意见的活动。本条所指的专门性问题是指超出了正常人的理解和认知的问题，必须借助于专业的科学技术或专门的知识。工程造价争议就是一个专门性的问题，人民法院和律师都不能准确地对工程造价争议作出判断，于是委托给鉴定机构，鉴定机构委派专业的造价鉴定人，即一级造价工程师负责实施造价鉴定工作。鉴定人仅对工程造价及其相关问题发表自己的意见，工程造价专业之外或者无法通过工程造价专业技术确定的内容，鉴定人不得发表意见，否则属于越权，越权后的意见也不能被采信。

②造价鉴定权具有独立性。

《全国人民代表大会常务委员会关于司法鉴定管理问题的决定》（2015 年 4 月 24 日修正）第十条规定，司法鉴定实行鉴定人负责制度。鉴定人应当独立进行鉴定，对鉴定意见负责并在鉴定书上签名或者盖章。多人参加的鉴定，对鉴定意见有不同意见的，应当注明。鉴定机构和鉴定人按照法律赋予的权利和义务独立地进行造价鉴定活动，依据的是自己的专业知识和行业经验，其有权拒绝其他人员或组织对造价鉴定活动的过程或结果进行干扰。

③造价鉴定权具有有限性。

鉴定机构和鉴定人的鉴定权必须在人民法院委托的范围内执行，超出或缩小委托范围的事项或内容的，均为无效鉴定意见。《最高人民法院关于民事诉讼证据的若干规定》（法释〔2019〕19 号）第三十四条规定，人民法院应当组织当事人对鉴定材料进行质证。未经质证的材料，不得作为鉴定的根据。《最高人民法院关于人民法院民事诉讼中委托鉴定审查工作若干问题的规定》（法〔2020〕202 号）第二条规定，未经法庭质证的材料（包括补充材料），不得作为鉴定材料。当事人无法联系、公告送达或当事人放弃质证的，鉴定材料应当经合议庭确认。对当事人有争议的材料，应当由人民法院予以认定，不得直接交由鉴定机构、鉴定人选用。

非经人民法院同意，鉴定机构和鉴定人不得私自与当事人或其律师联系，更不能私自接受任何一方当事人提交的证据材料。

鉴定人应明确自身权限，在造价鉴定工作中认真负责地做好自己的工作，既不推卸责任，又不越权行事，充分发挥自己在造价专业上的经验与特长，做好造价鉴定工作。鉴定机构和鉴定人只进行技术性计算，不得对证据材料进行法律评判，不得在鉴定过程中接受任何一方当事人提交的证据材料，在鉴定过程中认为需要对证据材料作出评判时，应提交审判法庭解决。

④造价鉴定权具有客观公正性。

鉴定机构出具的鉴定意见应满足公信力和客观公正性要求，这是诉讼追求的基本要求。公正包括鉴定人的立场、行为、鉴定程序、鉴定方法以及其出具的鉴定意见客观公正。

2. 审判权的基本概念

（1）造价鉴定审判权的来源。

《中华人民共和国宪法》（2018 年 3 月 11 日修正）第一百二十八条规定，中华人民共和国人民法院是国家的审判机关。人民法院依照法律独立行使审判权。

审判权的范围与限度体现在两个方面，一是法律的解释权，二是裁量权。法律赋予了法官审判权，就意味着法官在行使审判权时，主要通过法律的解释权和裁量权来实现。法官应在法律规定的范围内对法律进行解释，并在合法的范围内对案件进行公正判决。审判权作为一种权力存在，它的限度与范围只取决于它的赋予者和实施者，那就是法律和法官。要对审判权限度和范围划分和辨认，只能通过分析审判权的性质及其表现形式来实现。法律解释权、裁判权是审判权实现的表现形式。

（2）造价鉴定审判权的构成。

在造价鉴定过程中，对鉴定证据的认定、法律适用、作出裁判的权力均属于审判权，由人民法院行使。在造价鉴定过程中，建设工程施工合同所约定的计价方法、哪些工程资料能用于造价鉴定工作也属于法律问题，均属于人民法院审判权的范畴。

①鉴定范围的确定权属于司法审判权。

《最高人民法院关于民事诉讼证据的若干规定》（法释〔2019〕19号）第三十二条第三款规定，人民法院在确定鉴定人后应当出具委托书，委托书中应当载明鉴定事项、鉴定范围、鉴定目的和鉴定期限。造价鉴定委托书由人民法院制作，其内容也由人民法院确定，鉴定机构和鉴定人不得擅自扩大鉴定的事项、范围和目的等内容。这与鉴定权的有限性相互对应。

《建设工程合同司法解释一》第三十一条规定，当事人对部分案件事实有争议的，仅对有争议的事实进行鉴定，但争议事实范围不能确定，或者双方当事人请求对全部事实鉴定的除外。本条规定足以体现人民法院在确定鉴定范围时拥有的司法审判权。

②鉴定依据的确定权属于司法审判权。

造价鉴定依据对于鉴定工作尤为重要。实际鉴定工作中鉴定依据除了包括当事人合同中约定的计量计价依据之外，还涉及合同中未约定的计价依据，但合同中未约定的计量计价依据只有人民法院才能决定是否适用。

《建设工程合同司法解释一》第十九条规定，当事人对建设工程的计价标准或者计价方法有约定的，按照约定结算工程价款。因设计变更导致建设工程的工程量或者质量标准发生变化，当事人对该部分工程价款不能协商一致的，可以参照签订建设工程施工合同时当地建设行政主管部门发布的计价方法或者计价标准结算工程价款。建设工程施工合同有效，但建设工程经竣工验收不合格的，依照民法典第五百七十七条规定处理。上述司法解释中的适用权力归属于人民法院，对计量计价方式的裁量属于审判权的行使范畴。

③造价鉴定过程中对合同理解争议的确定权属于司法审判权。

合同双方当事人约定了计量计价的方式，但对于约定的内容有两种或多种解释的，可以按《民法典》第一百四十二条的规定执行：有相对人的意思表示的解释，应当按照所使用的词句，结合相关条款、行为的性质和目的、习惯以及诚信原则，确定意思表示的含义。无相对人的意思表示的解释，不能完全拘泥于所使用的词句，而应当结合相关条款、行为的性质和目的、习惯以及诚信原则，确定行为人的真实意思。显然，关于合同的解释属于法律问题，需要依法解释，所以属于司法审判权的范畴，应由人民法院依法行使。

④鉴定资料的确定权属于司法审判权。

在造价鉴定过程中，鉴定资料往往会决定工程造价的量和价，也决定最终的造价金额。但哪些资料可以使用，哪些资料不能使用，不能由鉴定机构和鉴定人决定。所有工程资料是否作为鉴定资料，必须经过当事人质证，然后由人民法院来决定其是否与造价有关联性，是否纳入鉴定资料。这些权力显然就是司法审判权。

⑤工程资料相互矛盾的确定权属于司法审判权。

工程项目往往时间长久、内容复杂，加之有些施工单位的工作人员变动频繁，导致工程资料经常会出现前后矛盾、总分矛盾的情形。一旦发生纠纷，在造价鉴定过程中会令鉴定机构或鉴定人非常头疼，因为这已经超出了造价技术的专业范畴。此时，人民法院要根据双方的过错多少、行业的处理习惯来判断到底谁对此承担更大的责任。这些鉴定机构或鉴定人是无法作出决定的，鉴定权此时已无能为力，只有人民法院运用其审判权才能作出公平公正的判断。

⑥事实争议的认定权属于司法审判权。

鉴定人经常纠结的事实确定属于审判权的范畴，如未完工程中对工作界面的划分，只能双方举证，由人民法院来认定，鉴定人不能擅作主张；现场已经施工的项目，具体由哪个承包人实施的，也是需要由当事人自己去举证，鉴定人依然不能自行判断。以上关于事实的认定权限都属于人民法院的审判权权限范围，鉴定人既无法判断，也不能判断，否则就侵犯了人民法院的审判权。

⑦鉴定方法的确定权属于司法审判权。

造价鉴定方法一般应当遵照合同的约定，若合同约定的方法无法执行，鉴定人应当提请人民法院作出决定，并根据人民法院决定的鉴定方法进行鉴定。鉴定人提请人民法院确认时，可以根据项目的实际情况结合造价专业的经验，提出一些相对合理的鉴定方法，供人民法院在决定时参考。

（3）造价鉴定审判权的基本特征。

①造价鉴定审判权具有独立性。

造价鉴定审判权必须独立，人民法院只有独立审判，才能做到中立、公正。

②造价鉴定审判权具有中立性。

审判的目的在于解决对立的双方之间的争议，所以在审判过程中，法官必须严守中立，偏向任何一方都会使审判失去其本来的意义，损害司法公信力。审判权的这种权力属性，不仅要求法官要树立"坐堂问案、居中裁判"的司法理念，而且意味着在审判程序的设置上，必须时时处处体现法官中立性要求。

③造价鉴定审判权具有抗辩性。

作为案件信息掌握者的双方当事人，应各自积极而充分地提出有利于自己的证据和主张，反驳对方的立论，进行交叉询问和辩论，从而向法官提供和展示最丰富的案件信息，使法官的裁判真正地"以事实为根据"。同时，法官处于中立的第三者的地位来裁决，有助于避免其因积极收集证据而产生先入为主的价值判断。抗辩性规律要求，在审判程序设置上要充分体现当事人地位平等、权利对等、权利义务相统一的原则。

（4）人民法院鉴定管理部门及审判部门的工作重点。

①人民法院鉴定管理部分的工作重点。

a. 选择、确定鉴定机构并审查鉴定人的资质。

b. 办理造价鉴定委托手续并移交鉴定资料。

c. 对造价鉴定工作进行跟踪协调，了解造价鉴定的相关情况，处理可能影响造价鉴定的问题。

d. 鉴定意见征求意见稿和正式稿的送达工作。

e. 组织现场勘验。

f. 监督鉴定机构合理收取造价鉴定费用，按时完成造价鉴定工作。

g. 收集审判部门对鉴定意见和鉴定机构的评价。

h. 处理违法、违规的鉴定机构。

i. 协助审判部门在委托造价鉴定工作中的其他事项。

②人民法院审判部分的工作重点。

a. 启动造价鉴定程序。

b. 确定造价鉴定的事项、依据、范围并确定鉴定思路。

c. 组织质证及确定鉴定材料。

d. 决定已选定的鉴定机构及其委派的鉴定人是否需要回避。

e. 决定是否延长造价鉴定期限。

f. 决定撤回、暂缓、中止或终结造价鉴定。

g. 对鉴定意见征求意见稿进行预审查。

h. 对鉴定意见正式稿进行审查、采信。

i. 掌握造价鉴定工作进程，必要时向鉴定机构发出督促警告。

j. 其他应当由审判部门负责的事项。

4.4.2 厘清鉴定权与审判权的目的和意义

1. 混淆工程造价鉴定中鉴定权与审判权的目的

造价鉴定中鉴定权与审判权紧密关联，有时候甚至难以区分。由于大多鉴定人缺乏专业的法律知识，导致其在行使造价鉴定权的同时经常无意识地越权，行使了部分审判权，如合同有多种解释时按自己行业经验处理、工程资料前后矛盾时按自己行业经验处理、鉴定过程中哪些资料可以作为鉴定资料也按自己行业经验处理等。加之审判法官缺乏造价专业知识，过于依赖鉴定意见，所以经常导致"以鉴代审"等怪象频频发生。区分鉴定权和审判权的关键是区分好法律问题和专业问题，法律问题必须由人民法院负责，专业问题必须由鉴定人负责。对于法律问题和专业问题错综复杂交织在一起的，鉴定人应协助人民法院厘清，厘清后再各司其职。

2. 分清工程造价鉴定中鉴定权与审判权的意义

分清造价鉴定权和审判权会让鉴定机构、鉴定人、人民法院及建工律师在自己的权限内做好分内工作，做到既不越位，又能各司其职，完美配合，为工程案件的顺利审理奠定基础。

（1）鉴定机构和鉴定人分清鉴定权与审判权的边界后，能专注于运用专业工程造价技术与行业经验，准确地确定鉴定项目的造价金额，避免陷入当事人纠纷的困扰。

（2）人民法院分清鉴定权与审判权的边界后，就可以充分审判职能，同时避免以鉴代审的情况发生。如鉴定范围的界定、鉴定依据的采信、鉴定材料的确定、合同争议的理解、资料矛盾的解决等都属审判权，都应由人民法院根据实际情况判断决定，而不是由鉴定机构或鉴定人决定。对于是否启用造价鉴定，也是由法官的审判权决定的。

（3）建工律师分清鉴定权和审判权的边界后，在质证鉴定意见或遇到程序不当时，可以准确提出哪些是人民法院的问题，哪些是鉴定机构的问题，这样便于要求人民法院或鉴定机构及鉴定人进行改正。既能提高自己的代理能力，又能更好地维护当事人的合法权益。

4.4.3　鉴定权与审判权在实务中的应用

（1）某鉴定意见载明，大棚竣工图基底标高 –1.8m，隐蔽资料显示基地标高 –3.6m。双方对隐蔽资料真实性存在争议，鉴定意见将竣工图标高 –1.8m 计算的工程量列入确定性意见，这个就是鉴定权。而将按收方单 –3.6m 标高计算而增加的工程量列入选择性意见。准确计算该部分费用属于鉴定权，如何采信属于审判权。

（2）某鉴定意见载明，厂房外现场地面比竣工图工程量范围更大，由于增加部分无设计变更，鉴定机构将其列入选择性意见。准确计算该部分费用属于鉴定权，如何采信属于审判权。

（3）某鉴定意见载明，技术签证核定单变更增加费用 93 万元，但双方对技术签证核定单的真实性存在争议，因此将该部分费用列入选择性鉴定意见。准确计算技术核定单增加的费用即 93 万元属于鉴定权，如何采信属于审判权。

（4）某鉴定意见载明，训练场的采光板设计图中未明确详细做法，现场已实际施工，但双方就由谁施工没有达成一致意见，该部分列入选择性意见。根据现场准确计算出采光板造价属于鉴定权，如何采信属于审判权。

（5）（2019）吉民终 461 号案件中，合同约定造价按《吉林省市政工程计价定额》《吉林省房屋修缮及抗震加固工程计价定额》执行。鉴定机构根据现场勘验，自行决定采用《吉林省房屋修缮及抗震加固工程计价定额》计算工程造价。鉴定机构的做法属于典型的"以鉴代审"，侵犯了人民法院的审判权。

第 5 章

工程造价专家辅助人与鉴定人的
联系与差异

专家辅助人以超强的专业能力为当事人服务，其工作的核心是在造价专业领域与鉴定人进行博弈。所以就有了专家辅助人是鉴定人"克星"的说法。但二者不是完全对立，而是呈现出既相互关联又有所区别、既存在共性又保持特性的复杂互动关系。

5.1 工程造价专家辅助人与鉴定人的联系

客观、公平、公正地做好造价鉴定工作，让每一个建设工程案件的当事人感到公平正义，是鉴定人的目标所向，也是职责所在，所以鉴定人必须把造价鉴定工作做好，以达到定分止争、案结事了的作用。专家辅助人的出现是因为当事人缺乏对鉴定意见质证和对专业问题提问的能力，法律为让当事人实现其权利而为其设置的救济渠道，最终是让当事人合法维护自己的合法权益。基于上述内容，从实现公平正义的目标来看，专家辅助人与鉴定人具有基本一致性。

由于专家辅助人由当事人聘请，费用也由当事人支付，其在庭审中的发言视为当事人陈述。正所谓各为其主，所以专家辅助人在维护公平正义的基础上，还要用自己的造价专业能力在专业问题方面为当事人争取更大的权益。而鉴定人则不受当事人的约束，虽然造价鉴定费用由当事人承担，但鉴定人并不受雇于当事人。鉴定人只忠于专业、忠于法律，只为鉴定意见的合法性、真实性、准确性负责。

5.2 工程造价专家辅助人与鉴定人的差异

5.2.1 启动方式的差异

专家辅助人的启动是当事人的一种主动行为。当当事人或其建工律师认为自己在造价鉴定过程中面对造价专业问题很难甚至无法与鉴定人抗衡，也无法对鉴定意见进行质证或对专业问题进行提问时，可以根据《民事诉讼法》《民事诉讼法解释》及《民事证据规定》中的规定，结合自身的经济状况和专业能力聘请狭义或广义的专家辅助人，为其提供造价专业服务。如果需要专家辅助人出庭，则需要向人民法院提出申请，并提交书面申请书，人民法院审查批准后，专家辅助人即可出庭作证。一般一方当事人聘请专家辅助人且经法官批准之后，法官会通知另外一方当事人，大概率也会鼓励另外一方当事人聘请专家辅助人。人民法院不得主动启动专家辅助人。专家辅助人启动后，一般不需要回避。

造价鉴定的启动既可能是主动行为，也可能是被动行为。当一方当事人主动申请造价鉴定时，造价鉴定的启动就是主动行为，由当事人申请，法官进行审批同意后，先通过当事人协商选择鉴定机构，确实无法达成一致时人民法院一般采用随机摇号等方式确定鉴定机构。当双方当事人均不申请启动造价鉴定时，法官一般会根据举证责任的分配规则将造价鉴定的申请分配给一方当事人，此时造价鉴定就是一种被动行为。如果被分配了举证责任的一方当事人不申请造价鉴定，则需要承担举证不能等法律责任。《民事诉讼法》《民事诉讼法解释》及《民事证据规定》也规定了人民法院可以依职权启动造价鉴定。造价鉴定启动后，鉴定机构和鉴定人都需要根据各自的回避原则进行回避，该回避而未回避的，会直接影响鉴定意见的效力。

5.2.2　主体资格的差异

专家辅助人只要求有专门的造价知识，可以针对鉴定意见提出问题，协助己方当事人实现质证权，同时可以接受另外一方当事人或法官的专业询问，并没有对其应具备什么执（职）业资格或技术职称作出相应规定，这个内容在《民事诉讼法》《民事诉讼法解释》及《民事证据规定》中有明确的规定，即"有专门知识的人"。但在诉讼案件实务中，当事人选择或法官审批专家辅助人的条件一般为同时具备一级造价工程和造价及相关专业高级技术职称，且专业与涉案项目内容相符。若拟申请的专家辅助人是造价行业内的权威人士或同时具备其他资格或荣誉，如具备与涉案项目相关的其他执（职）业资格证书、已发表过与涉案项目问题类似的论文或撰写过类似的著作、是业内优秀的鉴定人、担任过建设工程案件仲裁员等，这些会在一定程度上提高法官对专家辅助人发言的信任度。

造价鉴定的主体资格包含两类，一是鉴定机构的资格，二是鉴定人的资格。《鉴定规范》第 2.0.5 条规定，鉴定机构指接受委托从事工程造价鉴定的工程造价咨询企业。从事造价鉴定工作的前提是工程造价咨询企业进入各级人民法院的鉴定机构信息平台，且营业范围与涉案专业相一致。《鉴定规范》第 2.0.6 条规定，鉴定人指受鉴定机构指派，负责鉴定项目工程造价鉴定的注册造价工程师。根据 2020 年 2 月 19 日中华人民共和国住房和城乡建设部令第 50 号《住房和城乡建设部关于修改〈工程造价咨询企业管理办法〉〈注册造价工程师管理办法〉的决定》可以看出，将原注册造价工程师分为两级，即一级注册造价工程师和二级注册造价工程师，其中一级注册造价工程师等同于原注册造价工程师，因此目前从事工程造价鉴定业务的鉴定人的主体资格就是一级注册造价工程师。二级注册造价工程师只能作为鉴定人助理，协助鉴定人从事一些相关的辅助工作。鉴定人持有的一级注册造价工程师专业一般应与涉案项目的专业相一致，鉴定人资格中对其是否有职称并没有作出硬性的规定。

5.2.3 出庭内容和目的的差异

根据《民事诉讼法》《民事诉讼法解释》及《民事证据规定》的规定，专家辅助人出庭的主要内容是就鉴定人作出的鉴定意见或者专业问题提出意见，同时接受法官的询问，如果法官同意，也需要接受对方当事人的询问。专家辅助人出庭的目的是通过质证或提问促使鉴定人出具对己方有利的补充鉴定意见，或者彻底推翻鉴定意见，从而重新启动鉴定。具体目的要根据实际情况确定。专家辅助人出庭前务必要与当事人及建工律师做好沟通工作，用目标控制行为，避免行为过度，反而影响目标。在通过补充鉴定就可实现维护合法权益目的时，应谨慎避免推翻原鉴定意见。曾经有建工律师和专家辅助人因为没有掌握好局势，逞口舌之快，结果将鉴定意见推翻，重新启动鉴定后，最终结果还不如第一次结果对己方当事人有利。

《全国人民代表大会常务委员会关于司法鉴定管理问题的决定》（2015 年 4 月 24 日修正）第十一条规定，在诉讼中，当事人对鉴定意见有异议的，经人民法院依法通知，鉴定人应当出庭作证。《民事诉讼法》第八十一条规定，当事人对鉴定意见有异议或者人民法院认为鉴定人有必要出庭的，鉴定人应当出庭作证。经人民法院通知，鉴定人拒不出庭作证的，鉴定意见不得作为认定事实的根据；支付鉴定费用的当事人可以要求返还鉴定费用。《民事证据规定》第八十一条规定，鉴定人拒不出庭作证的，鉴定意见不得作为认定案件事实的根据。人民法院应当建议有关主管部门或者组织对拒不出庭作证的鉴定人予以处罚。当事人要求退还鉴定费用的，人民法院应当在三日内作出裁定，责令鉴定人退还；拒不退还的，由人民法院依法执行。当事人因鉴定人拒不出庭作证申请重新鉴定的，人民法院应当准许。根据以上规定可以看出，鉴定人出庭主要内容是针对当事人的异议进行回答，或者解答法官对鉴定意见的疑问，主要目的是让鉴定意见顺利作为认定事实的根据。因此，出庭作证既是鉴定人的一项重要的权利，也是一项重要的义务。

《中华人民共和国人民法院法庭规则》（2016 年修正）第九条规定，下列人员不得旁听：（一）证人、鉴定人以及准备出庭提出意见的有专门知识的人。《浙江省高级人民法院关于民事案件鉴定人、有专门知识的人出庭若干问题的规定》第十七条规定，鉴定人、有专门知识的人不得旁听对案件的审理。人民法院可将鉴定人、有专门知识的人出庭的庭审记录部分先行打印，方便鉴定人及时签署笔录及退庭。因此，专家辅助人和鉴定人均不得旁听对案件的审理，仅出现在对鉴定意见质证阶段。《民事诉讼法》《民事诉讼法解释》及《民事证据规定》中对不得旁听也做了相应的规定。

5.2.4 出庭费用承担主体的差异

《民事诉讼法解释》第一百二十二条规定，当事人可以依照民事诉讼法第八十二条的规定，在举证期限届满前申请一至二名具有专门知识的人出庭，代表当事人对鉴定意见进行质证，或者对案件事实所涉及的专业问题提出意见。具有专门知识的人在法庭上就专业问题提出的意见，视为当事人的陈述。人民法院准许当事人申请的，相关费用由提出申请的当事人负担。因此，专家辅助人的费用由提出申请的当事人自行承担，具体标准由双方协商约定，遵循双方自愿的原则。

《民事证据规定》第三十八条规定，当事人在收到鉴定人的书面答复后仍有异议的，人民法院应当根据《诉讼费用交纳办法》第十一条的规定，通知有异议的当事人预交鉴定人出庭费用，并通知鉴定人出庭。有异议的当事人不预交鉴定人出庭费用的，视为放弃异议。由此可见，鉴定人出庭的费用应由有异议的当事人预交，最终由法官判决该由哪一方当事人承担。如果有异议的当事人未预交鉴定人出庭费用，视为放弃申请，鉴定人可以不出庭。鉴定人出庭费用一般由差旅费、就餐费、误工费等组成，若鉴定人在计算鉴定费用时已经包含出庭费用，则可以不单独收取。出庭费用一般以满足鉴定机构的成本为原则，不可过高，适中即可。

5.2.5 未出庭后果的差异

当事人申请专家辅助人被人民法院准许后，专家辅助人必须按照要求出庭，若因专家辅助人自身原因未出庭，则专家辅助人的陈述将无法被作为证据使用，同时委托的当事人可根据双方的合同或协议向其主张违约责任。实务中人民法院有时也会接受专家辅助人的书面专家意见，这个需要视具体情况而定。如本书第 7 章第 7.1 节案例中人民法院只要求专家辅助人出具书面评析意见，不用出庭。

鉴定人拒绝出庭，一般需要承担三种后果，一是鉴定意见不得作为认定案件事实的根据；二是返还已预收的造价鉴定费用；三是被有关主管部门或者组织给予处罚。应出庭的鉴定人若遇到不可抗力因素导致无法出庭作证，则需要及时与人民法院联系，经过批准后可不承担以上后果。

5.2.6 其他差异

1. 关于承诺的差异

专家辅助人作为当事人聘请的专业代理人，其专家意见视同当事人的陈述，由于当事人已签署保证书，因此专家辅助人一般不签署保证书。《最高人民法院关于人民法院民事诉讼中委托鉴定审查工作若干问题的规定》法〔2020〕202号规定鉴定人必须签署承诺书。承诺书主要包含七项内容：一、遵循科学、公正和诚实原则，客观、独立地进行鉴定，保证鉴定意见不受当事人、代理人或其他第三方的干扰。二、廉洁自律，不接受当事人、诉讼代理人及其请托人提供的财物、宴请或其他利益。三、自觉遵守有关回避的规定，及时向人民法院报告可能影响鉴定意见的各种情形。四、保守在鉴定活动中知悉的国家秘密、商业秘密和个人隐私，不利用鉴定活动中知悉的国家秘密、商业秘密和个人隐私获取利益，不向无关人员泄露案情及鉴定信息。五、勤勉尽责，遵照相关鉴定管理规定及技术规范，认真分析判断专业问题，独立进行检验、测算、分析、评定并形成鉴定意见，保证不出具虚假或误导性鉴定意见；妥善保管、保存、移交相关鉴定材料，不因自身原因造成鉴定材料污损、遗失。六、按照规定期限和人民法院要求完成鉴定事项，如遇特殊情形不能如期完成的，应当提前向人民法院申请延期。七、保证依法履行鉴定人出庭作证义务，做好鉴定意见的解释及质证工作。如果鉴定人违反了承诺书的内容，则会受到相应的惩罚。

2. 关于中立性的差异

专家辅助人和鉴定人有所不同，专家辅助人接受当事人的委托，用自己掌握的造价专业技术为己方当事人服务，对鉴定意见进行质证或对专业问题发表意见，从当事人处收取专家服务报酬。因此，倾向性是专家辅助人的必然，如果要求专家辅助人完全保持中立性，则这个制度可能会慢慢失去意义。但专家辅助人应明确，即使自己有倾向性，也不能像建工律师和当事人的造价人员那样去争取，而是需要充分发挥专业，用卓越的专业知识和技术能力去为当事人赢得胜利、保障权益。

鉴定人接受人民法院委托，对涉案项目的造价进行鉴定，虽然鉴定费由当事人承担，但鉴定人只为法律服务，因此中立性是鉴定人必须遵守的原则。

第 6 章

工程造价专家辅助人的服务方式、服务内容及获客方式

专家辅助人的服务方式与其定义息息相关，即诉讼阶段的狭义专家辅助人和广义专家辅助人。狭义专家辅助人主要提供诉讼阶段的质证咨询服务，广义专家辅助人主要提供诉讼阶段的全流程造价咨询服务，其中也包含狭义专家辅助人的咨询服务内容。专家辅助人除在诉讼阶段提供质证咨询服务和全流程造价咨询服务外，还可以在非诉阶段提供索赔与反索赔等造价专项咨询服务。因此，专家辅助人的服务方式可以概括为三大类，即诉讼阶段的质证咨询服务、全流程造价咨询服务和非诉阶段的造价专项咨询服务。

专家辅助人在服务过程中一般应遵循以下四个原则：

（1）全面原则。专家辅助人不能仅仅局限于造价专业本身，其必须具备第2章第2.2节知识体系中的七大知识内容和第2.3节能力素养中的两大能力素养，才能做好专家辅助人工作，否则只靠造价专业知识可能无法实现当事人预期的目标，特别是对涉案项目缺乏全盘的把握。单一知识体系的人往往在分析问题时比较偏执，只觉得自己是对的，不容易换位思考，也听不进去别人的建议或意见。

（2）专业性原则。专家辅助人既要有专业的广度，即上述的全面性，还要有专业的深度，即本条所述的专业性。专家辅助人不但要和鉴定人进行博弈，还要博弈成功，同时要把专业问题用通俗易懂、深入浅出的语言向法官解释清楚，以使法官对专业问题产生心证。所以专家辅助人必须足够专业并且能够灵活表达，这样才能占据领先或有利位置。

（3）诚信原则。专家辅助人要充分利用自己的专业能力最大限度地维护己方当事人的合法权益，但在维护的过程中必须诚实守信，坚守自己的职业道德和法律红线。如果当事人的诉求不符合专业规定，或者不符合合同约定及法律规定，专家辅助人必须实事求是地向当事人进行说明，不得引导或诱导当事人提供或制造虚假证据。

（4）独立性原则。专家辅助人若遇到当事人提出无理要求，应保持造价专业咨询人士的独立性，既不能为当事人提供非法的思路与方法，更不能与当事人同流合污，以确保自己的专业地位和社会信誉。

6.1　诉讼阶段的质证咨询服务

《民事诉讼法》第六十六条规定，证据包括：（一）当事人的陈述；（二）书证；（三）物证；（四）视听资料；（五）电子数据；（六）证人证言；（七）鉴定意见；（八）勘验笔录。《建设工程合同司法解释一》第三十四条规定，人民法院应当组织当事人对鉴定意见进行质证。根据上述规定，鉴定意见属于证据，所以鉴定机构出具正式鉴定意见书后，人民法院应当组织当事人对鉴定意见进行质证。由于有些当事人及建工律师欠缺造价专业知识与能力，无法实现质证等合法权利，在法律法规允许的情况下，他们可以聘请专家辅助人代表自己对鉴定意见进行质证，或者对案件事实所涉及的专业问题提出意见。专家辅助人提供的上述服务就是诉讼阶段的质证咨询服务。实务中有些质证服务会提前至鉴定意见书征求意见稿阶段，此时，可能还需要配置专业的造价工程师团队，对涉案项目重新进行计量计价，然后与鉴定人进行核对，具体服务需求需要根据当事人的需求决定。质证服务的目标是专家辅助人要在几十分钟时间内用造价专业知识和能力让法官认为鉴定意见确实存在问题，从而作出补充鉴定或重新鉴定的决定。

6.1.1　质证服务的内容

1. 质证服务的目的

当事人及建工律师聘请专家辅助人对鉴定意见进行质证的目的一般有两个，第一，部分否定，促使鉴定机构出具补充鉴定意见，期望以补充鉴定意见的方式实现自己的合法权益。第二，全盘否定，重新启动造价鉴定，期望以重新鉴定的方式实现自己的合法权益。对鉴定意见的补正只是对形式瑕疵进行补救，一般不涉及权益的增减，因此本书不讨论鉴定意见书的补正。

（1）部分否定，出具补充鉴定意见。

当事人、建工律师及专家辅助人对鉴定意见整体比较满意，只是认为局部内容或个别事项的处理结果损害了自己的合法权益，此时专家辅助人需要将主要精力聚焦在上述内容，通过出庭对鉴定意见进行质证和通过对上述问题进行提问或询问的方式，让法官产生心证，相信鉴定意见确实存在错误或问题，进而要求鉴定机构对上述问题出具补充鉴定意见。关于这个问题，建工律师和专家辅助人在出庭前需要深入沟通，形成默契，防止无法形成合力或者力量过大，把本想通过补充鉴定意见维护合法权益的事情升级为重新鉴定，最终既浪费了时间，又让造价鉴定回到了未知，谁都无法预料到第二次的结果是否有利于自己。这样的案例在实务工作中并不少见。

（2）全盘否定，重新启动造价鉴定。

当事人、建工律师及专家辅助人认为鉴定机构出具的鉴定意见完全不能实现自己的合法权益或者严重损害了自己的合法权益，因此想通过否定原鉴定意见，重新启动造价鉴定来维护自己的合法权益。不过这个方案也存在不确定性，或许下一个鉴定意见还不如这个，所以当事人在决定采用此方案时，一定要仔细研读原鉴定意见，慎重行事。

《民事证据规定》第四十条规定，当事人申请重新鉴定，存在下列情形之一的，人民法院应当准许：（一）鉴定人不具备相应资格的；（二）鉴定程序严重违法的；（三）鉴定意见明显依据不足的；（四）鉴定意见不能作为证据使用的其他情形。存在前款第一项至第三项情形的，鉴定人已经收取的鉴定费用应当退还。拒不退还的，依照本规定第八十一条第二款的规定处理。对鉴定意见的瑕疵，可以通过补正、补充鉴定或者补充质证、重新质证等方法解决的，人民法院不予准许重新鉴定的申请。重新鉴定的，原鉴定意见不得作为认定案件事实的根据。因此，当当事人认为原鉴定意见确实存在重大问题或重大错误而需要重新启动造价鉴定时，专家辅助人需要从鉴定主体、鉴定程序、鉴定依据及其他相关可以满足重新鉴定事由的事项着手进行研究分析，去发掘、整理相关资料，然后用造价专业术语进行完整表达，以达到重新鉴定的目的。

专家辅助人接到当事人重新鉴定的要求之后，需要对鉴定意见进行深入的专业分析。分析之后如果认为涉案项目鉴定意见虽然有诸多问题，但整体上对己方当事人相对还比较有利，应当主动向当事人及建工律师进行说明，并建议按照出具补充鉴定意见的方式进行博弈。

2. 质证服务的内容

质证服务一般会围绕鉴定主体的资格、鉴定材料、鉴定依据、鉴定程序、鉴定方法、鉴定内容、鉴定意见等内容进行。具体内容有时候会因为项目不同而存在差异，所以专家辅助人应视具体情况进行分析。

（1）鉴定启动是否合法？

《建设工程合同司法解释一》第二十八条规定，当事人约定按照固定价结算工程价款，一方当事人请求对建设工程造价进行鉴定的，人民法院不予支持。第二十九条规定，当事人在诉讼前已经对建设工程价款结算达成协议，诉讼中一方当事人申请对工程造价进行鉴定的，人民法院不予准许。如果人民法院在审查时准许了一方当事人的鉴定申请，则启动违法，但双方当事人都同意的除外，如中华人民共和国最高人民法院（2020）最高法民再360号案件中，虽然已经存在双方共同确认的结算书，但在双方当事人都同意的情况下，人民法院没有采信双方已签字的结算书，而启动了造价鉴定。

另外，《重庆市高级人民法院 四川省高级人民法院关于审理建设工程施工合同纠纷案件若干问题的解答》中第五个问题：

五、当事人请求以审计单位的审计意见作为确定工程造价依据的，如何处理？

答复：建设工程施工合同未约定工程造价以审计单位的审计意见或者财政评审机构作出的评审结论为准，当事人请求以审计单位作出的审计意见、财政评审机构作出的评审结论作为确定工程造价依据的，人民法院不予支持。

建设工程施工合同约定工程造价以审计意见为准，但审计单位未能出具审计意见的，人民法院应当对审计单位未能出具审计意见的原因进行审查，区分不同情形分别作出处理：

（一）因承包人原因导致未能及时进行审计的，如承包人未按照约定报送审计所需的竣工结算资料等，承包人请求以申请司法鉴定的方式确定工程造价的，人民法院不予支持；

（二）因发包人原因导致未能及时进行审计的，如发包人收到承包人报送的竣工结算资料后未及时提交审计或者未提交完整的审计资料等，可视为发包人不正当地阻止条件成就，承包人请求以申请司法鉴定的方式确定工程造价的，人民法院予以支持；

（三）因审计单位原因未及时出具审计意见的，人民法院可以函告审计单位在合理期间内出具审计意见。审计单位未在合理期间内出具审计意见又未能作出合理说明的，承包人请求以申请司法鉴定的方式确定工程造价的，人民法院予以支持。

如果人民法院面对该问题时没有区分原因进行审查，盲目启动或不启动造价鉴定，都有可能会出现启动有误或存疑的情形。

根据《民事诉讼法》第七十九条、《中华人民共和国仲裁法》第四十四条、《民事证据规定》第四十一条以及《建设工程合同司法解释一》第三十条、第三十二条的规定，当事人有权就查明事实的专门性问题向人民法院提出造价鉴定申请。另外，如果当事人未申请造价鉴定，人民法院对专门性问题认为需要进行造价鉴定的，应当委托具备专业资格的鉴定机构进行鉴定。由此可见，启动造价鉴定的主体一般包含两个：一是任何一方当事人；二是人民法院。

（2）鉴定机构的选择是否合法？

《民事诉讼法》第七十九条规定，当事人可以就查明事实的专门性问题向人民法院申请鉴定。当事人申请鉴定的，由双方当事人协商确定具备资格的鉴定人；协商不成的，由人民法院指定。《民事诉讼法解释》第一百二十一条规定，当事人申请鉴定，可以在举证期限届满前提出。申请鉴定的事项与待证事实无关联，或者对证明待证事实无意义的，人民法院不予准许。人民法院准许当事人鉴定申请的，应当组织双方当事人协商确定具备相应资格的鉴定人。当事人协商不成的，由人民法院指定。由此可以看出，选择鉴定机构的第一步是由双方当事人协商确定，协商不成的，才由人民法院确定。如果人民法院绕过让双方当事人协商的环节，直接进行确定，则程序不合法。另外，人民法院在确定时采用的方法必须经过双方当事人的认可，比如目前较为流行和通用的方法是随机摇号抽取。同时，为保证造价鉴定的质量和进度，人民法院可让双方当事人各推荐 3 ~ 5 家在行业内比较优秀的鉴定机构，然后在这个范围内随机抽取，这个做法在实务中也被称为"短名单"，对造价鉴定和司法审判都有正向的推动作用。

（3）造价鉴定主体资格是否合法？

造价鉴定的主体有两个，即鉴定机构和鉴定人。只有这两个主体都合法，造价鉴定的主体资格才合法。

鉴定机构如果是双方当事人协商确定的，则一般合法性不会出现问题；鉴定机构如果是由人民法院确定的，则一般只要可以在人民法院对外委托专业机构电子信息平台上顺利抽取的，抽取之后需要由当事人确定是否回避，如果没有回避事由，则都是可以的。专家辅助人在判断鉴定机构主体资格是否合法时，还需要结合其实际营业范围和在电子信息平台上登记的营业范围是否存在差异。

如某中级人民法院关于原告与被告建设用地使用权出让合同纠纷一案造价鉴定委托书中对造价鉴定范围作如下描述：对因生活污水排放管道的存在，某小区车库减少而给原告造成的经济损失；计算原告维护生活污水排放通道所支出的费用进行司法鉴定。上述鉴定委托书为造价鉴定委托书，抽取的也是鉴定机构，但鉴定范围第一条为经济损失，应为评估类，而非造价鉴定类。该鉴定机构向人民法院进行了释明，人民法院重新起草鉴定委托书，分别委托造价鉴定和评估鉴定两家鉴定机构对涉案项目进行鉴定。该项目鉴定机构如果没有向人民法院释明，而是直接按照专业经验进行鉴定，就存在执业范围与实际鉴定项目不符的情形。

另某基层人民法院委托某厂房墙面防水修复费用的造价鉴定，委托内容有两项：对房屋墙面修复费用进行评估；对案涉房屋内墙造价进行评估。该项目为未完工程，且建设单位认为已实施部分的防水存在质量问题，需要修复。鉴定机构提出，未完部分根据图纸和现场可以确定，但鉴定修复费用则需要修复方案，而双方当事人并未对修复方案形成合意，因此无法计算修复费用。人民法院最后决定先启动质量鉴定，再由设计单位根据质量鉴定单位出具的质量鉴定意见出具修复方案，鉴定机构则根据经双方当事人质证的修复方案计算修复费用。

鉴定机构的营业范围一般也不包含质量鉴定和修复方案的设计。

《注册造价工程师管理办法》第二十条规定，注册造价工程师不得有下列行为：……（九）超出执业范围、注册专业范围执业。因此，鉴定人是否合法主要是看其是否满足以下几个要素：第一，是否有一级造价工程师资格；第二，注册专业是否与涉案项目一致；第三，是否注册在鉴定机构；第四，鉴定人的社保与鉴定机构是否为同一单位；第五，一级造价师是否有效。其中第一、第二、第三、第五项可以在中华人民共和国住房和城乡建设部网站"全国建筑市场监管公共服务平台"中查询，也可以到当地住房和城乡建设厅网站查询；第四项可以在社保管理机构相关网站查询。

一级造价工程师的注册专业是否与涉案项目一致？一般如何判断呢？目前一级造价工程师的专业分为土木建筑工程、安装工程、交通运输工程、水利工程，其中交通运输工程又分为公路工程和水运工程。交通运输工程和水利工程比较容易作出判断，难以判断的是土木建筑工程与安装工程，因此通过查阅相关文献资料，发现中华人民共和国住房和城乡建设部网站"互动—政务咨询—留言选登"中的内容对该问题做了回复，内容如下：

问：《注册造价工程师管理办法》第二十条规定："注册造价工程师不得有下列行为：（九）超出执业范围、注册专业范围执业。"请问该条规定如何理解？例如：工程项目包括土建、安装两部分造价，仅有注册专业为土建的造价工程师出具安装部分的造价报告或鉴定意见，是否属于超注册专业范围执业？

回复：

一、依据《注册造价工程师管理办法》（2006 年 12 月 25 日建设部令第 150 号发布，根据 2016 年 9 月 13 日住房和城乡建设部第 32 号，2020 年 2 月 14 日住房和城乡建设部令第 50 号修订）第二十条规定，注册造价工程师不得超出执业范围、注册专业范围执业。

二、关于土木建筑工程和安装工程专业注册造价工程师执业范围和注册专业范围，目前我部尚未出台相关文件。

三、关于工程造价鉴定报告是否有效，应由鉴定委托方依据相关规定确定。

由以上回复内容可以看出，土木建筑工程与安装工程造价工程师的执业内容差异不是很大，或者说没有规定差异。作为专家辅助人，明白了这个问题之后，就可以把精力聚焦在其他内容，而不会在这个问题上消耗太多精力。

（4）造价鉴定主体是否按要求回避？

回避制度是我国司法制度中一项基本制度。鉴定人的回避，既是鉴定人的义务，又是当事人的权利，因此鉴定机构和鉴定人都必须进行回避。鉴定机构一般出现以下情况时必须申请回避：第一，担任过鉴定项目的咨询人；第二，与鉴定项目有利害关系（除本鉴定项目的鉴定工作酬金及出庭相关费用外）。鉴定人一般出现以下情况时必须申请回避：第一，是鉴定项目当事人、建工律师的近亲属；第二，与鉴定项目有利害关系；第三，与鉴定项目当事人、建工律师有其他利害关系。造价鉴定主体必须严格遵守回避制度，否则可能会直接导致鉴定意见无效。

目前实务中回避制度落实得比较好，鉴定机构在抽取之后就需要核实有无回避。鉴定机构接受人民法院鉴定委托之后，需要向人民法院提交《鉴定人组成通知书》，人民法院收到后转交当事人，当事人根据人员信息，决定是否存在回避的情形。这里需要强调注意的问题是，有时鉴定机构事先无法预估工程量，所以也无法准确配备鉴定人，在鉴定实施过程中才发现鉴定人数量不能满足鉴定的质量和进度要求，因此会增加鉴定人，但鉴定机构可能会忘记或遗漏给人民法院提交增加人员名单的事情，导致可能会出现应回避而未回避的事情发生。另外，鉴定过程若发生鉴定人离职的情形，也可能出现类似问题。专家辅助人需要关注此类细节，这有时也是专家辅助人和建工律师的突破口。

（5）鉴定范围与鉴定委托书是否一致？

鉴定人鉴定的范围应与鉴定委托书绝对保持一致，扩大或缩减鉴定委托书的范围，都是不合法的。如果鉴定人认为鉴定委托书的范围有问题或不能证明待证事实，应根据《鉴定规范》第 3.3.2 条的规定，向人民法院释明，释明后按人民法院的决定进行鉴定。

如某中级人民法院涉案项目鉴定机构在鉴定意见书中这样描述："送鉴材料中还包含申请人提供的被申请人在发文簿上签收、但被申请人未签字确认的送鉴材料，主要资料有工程联系单、品牌变更、材料认质认价单（雪花白石材提升品质、木饰面木皮增厚等）、签证单等资料，被申请人质证意见不能作为鉴定依据，此类材料认定属于法律问题，鉴定意见中未包含其相关费用。"根据上述描述，鉴定机构把这部分作为甩项，其实存在严重问题，属于缩减了造价鉴定的范围，而且不能起到定分止争的作用，无法实现案结事了的目标。

另外还有一个案例，某中级人民法院委托某鉴定机构对涉案项目争议部分进行造价鉴定，该鉴定机构在鉴定过程中发现无争议部分竟然存在错误，鉴定人随即化作"正义的化身"把无争议部分按专业认知进行调整，即修改了原来的错误。他认为这样更加公平。然而正是由于鉴定人这样的举动，不但没有定分止争，反而激化了双方当事人的矛盾，双方都觉得原来无争议部分可能也存在问题，于是要求全部进行造价鉴定。这个问题看似离奇，但在实务中却经常发生，因为鉴定人通常由造价工程师担任，造价工程师作为专业技术人员，在传统造价活动中，经常以专业论对错，以专业争输赢，而造价鉴定工作却截然不同，更多的是尊重当事人的意思自治。所以鉴定人必须转变造价工程师的传统思维，适应造价鉴定工作。

专家辅助应对鉴定范围进行双重核实，一是核实鉴定范围与委托范围是否一致；二是核实委托与鉴定申请范围是否一致。其中任何一个出现不一致，都需要提出异议。

（6）鉴定材料是否经过质证？

《民事诉讼法》第七十一条规定，证据应当在法庭上出示，并由当事人互相质证。对涉及国家秘密、商业秘密和个人隐私的证据应当保密，需要在法庭出示的，不得在公开开庭时出示。第二百一十一条规定，当事人的申请符合下列情形之一的，人民法院应当再审：……（四）原判决、裁定认定事实的主要证据未经质证的。

《民事诉讼法解释》第一百零三条规定，证据应当在法庭上出示，由当事人互相质证。未经当事人质证的证据，不得作为认定案件事实的根据。当事人在审理前的准备阶段认可的证据，经审判人员在庭审中说明后，视为质证过的证据。涉及国家秘密、商业秘密、个人隐私或者法律规定应当保密的证据，不得公开质证。第一百零四条规定，人民法院应当组织当事人围绕证据的真实性、合法性以及与待证事实的关联性进行质证，并针对证据有无证明力和证明力大小进行说明和辩论。能够反映案件真实情况、与待证事实相关联、来源和形式符合法律规定的证据，应当作为认定案件事实的根据。

《建设工程合同司法解释一》第三十三条规定，人民法院准许当事人的鉴定申请后，应当根据当事人申请及查明案件事实的需要，确定委托鉴定的事项、范围、鉴定期限等，并组织当事人对争议的鉴定材料进行质证。第三十四条规定，人民法院应当组织当事人对鉴定意见进行质证。鉴定人将当事人有争议且未经质证的材料作为鉴定依据的，人民法院应当组织当事人就该部分材料进行质证。经质证认为不能作为鉴定依据的，根据该材料作出的鉴定意见不得作为认定案件事实的依据。

《民事证据规定》第三十四条规定，人民法院应当组织当事人对鉴定材料进行质证。未经质证的材料，不得作为鉴定的根据。

《鉴定规范》第4.2.2条规定，委托人向鉴定机构直接移交的证据，应注明质证及证据认定情况，未注明的，鉴定机构应提请委托人明确质证及证据认定情况。第 4.3.3 条规定，鉴定机构应及时将收到的证据移交委托人，并提请委托人组织质证并确认证据的证明力。第 4.4.1 条规定，鉴定过程中，鉴定人可根据鉴定需要提请委托人通知当事人补充证据，对委托人组织质证并认定的补充证据，鉴定人可直接作为鉴定依据；对委托人转交，但未经质证的证据，鉴定人应提请委托人组织质证并确认证据的证明力。第 4.7.2 条规定，经过当事人质证认可，委托人确认了证明力的证据，或在鉴定过程中，当事人经证据交换已认可无异议并报委托人记录在卷的证据，鉴定人应当作为鉴定依据。

综上所述，鉴定材料必须经过双方当事人质证，但不是鉴定材料未经过质证直接使用就直接导致鉴定意见无效，此时人民法院需要对未经质证直接作为鉴定材料的证据组织质证，经质证不能作为鉴定依据的，则根据该材料作出的鉴定意见不得作为认定案件事实的依据。

（7）现场勘验是否符合要求？

《司法鉴定程序通则》第二十四条规定，司法鉴定人有权了解进行鉴定所需的案件材料，可以查阅、复制相关资料，必要时可以询问诉讼当事人、证人。经委托人同意，司法鉴定机构可以派员到现场提取鉴定材料。现场提取鉴定材料应当由不少于 2 名司法鉴定机构的工作人员进行，其中至少 1 名应为该鉴定事项的司法鉴定人。现场提取鉴定材料时，应当有委托人指派或者委托的人员在场见证并在提取记录上签名。

《鉴定规范》第 2.0.12 条规定，现场勘验指在委托人组织下，当事人、鉴定人以及需要时有第三方专业勘验人参加的，在现场凭借专业工具和技能，对鉴定项目进行查勘、测量等收集证据的活动。第 4.6.1 条规定，当事人（一方或多方）要求鉴定人对鉴定项目标的物进行现场勘验的，鉴定人应告知当事人向委托人提交书面申请，经委托人同意后并组织现场勘验，鉴定人应当参加。第 4.6.2 条规定，鉴定人认为根据鉴定工作需要进行现场勘验时，鉴定机构应提请委托人同意并由委托人组织现场勘验。第 4.6.3 条规定，鉴定项目标的物因特殊要求，需要第三方专业机构进行现场勘验的，鉴定机构应说明理由，提请委托人、当事人委托第三方专业机构进行勘验，委托人同意并组织现场勘验，鉴定人应当参加。第 4.6.4 条规定，鉴定机构按委托人要求通知当事人进行现场勘验的，应填写现场勘验通知书，通知各方当事人参加，并提请委托人组织。一方当事人拒绝参加现场勘验的，不影响现场勘验的进行。第 4.6.5 条规定，勘验现场应制作勘验笔录或勘验图表，记录勘验的时间、地点、勘验人、在场人、勘验经过、结果，由勘验人、在场人签名或者盖章。对于绘制的现场图表应注明绘制的时间、方位、绘测人姓名、身份等内容。必要时鉴定人应采取拍照或摄像取证的方式，留下影像资料。

由此可见，现场勘验活动必须由人民法院组织，这一点专家辅助人务必牢记，一旦发现不是由人民法院组织的现场勘验活动，需要及时保留证据。另外，专家辅助人还要在现场勘验时通过拍照留存鉴定人勘验现场的证据，同时核实对方当事人的现场勘验人员有无授权委托书。以上证据务必留存，在对鉴定意见进行质证时，如果发现鉴定意见对己方当事人不利但又无法说服鉴定人和法官时，这些证据对于重新启动造价鉴定可能会有很大的帮助。

（8）造价鉴定方法是否正确？

方法正确是把一件事情做对的前提条件，因此造价鉴定方法对于造价鉴定工作来讲尤为重要。专家辅助人可以严格按照本书"第 4 章 4.1 节中 4.1.3 工程造价鉴定方法"的内容审查鉴定意见书中的造价鉴定方法，如果超出了合同约定的方法或人民法院决定的方法，除当事人共同协商同意按鉴定人的方法外，专家辅助人就要引起重视了。

（9）造价鉴定计价依据是否合理？

判断造价鉴定依据是否合理一般分为两个方面：第一，鉴定依据本身是否合理？如多份合同如何处理？黑白合同如何处理？无效合同是否可以作为计价依据？等等，这些都需要由人民法院决定，鉴定人不能私自做主进行取舍；第二，根据鉴定依据是否可以通过专业判断得出结论？这个主要靠专家辅助人通过造价专业经验加批判性思维及能力来研读鉴定意见书，最后作出专业判断，并形成专家意见。

（10）合同解除后的计价方式是否合理？

未完工工程或合同解除后工程的计价方式一般不是唯一的，需要根据不同的违约责任来选择使用计价方式，如《鉴定规范》第 5.10.3 条规定，委托人认定发包人违约导致合同解除的……第 5.10.4 条规定，委托人认定承包人违约导致合同解除的……第 5.10.5条规定，委托人认定因不可抗力导致合同解除的……由此可见，如果鉴定人遇到此类问题，在人民法院没有作出判断违约责任认定之前，鉴定机构只给出一种计价方式的，往往都是有问题或错误的。专家辅助人需要引起重视。

（11）鉴定金额的确定是否符合造价专业相关规范？

这个问题涉及专家辅助人的基本功底，也是一位合格造价工程师必备的技能。这需要专家辅助人根据合同约定、计量计价标准及规范、涉案项目所在地的建设工程清单计价定额等逐项复核并与鉴定人进行核对，最终确定鉴定金额。

（12）鉴定程序是否符合法律法规？

鉴定人在鉴定时是否符合《民事诉讼法》《民事诉讼法解释》《司法鉴定程序通则》《鉴定规范》等法律法规或规范要求的相关内容。

（13）其他法律问题的质证由建工律师负责，但专家辅助人应做好配合工作，特别是专业问题与法律问题竞合的那种，更加需要专家辅助人与建工律师进行充分讨论后决定。如以下问题就需要建工律师和专家辅助人分工合作：

①工程量争议。专家辅助人需通过图纸、现场测量等技术手段确认实际工程量；建工律师需要依据合同条款判断责任归属，例如，合同是否允许单方调整工程量，是否符合《民法典》关于意思自治的规定。

②单价与价格调整。专家辅助人需要参考定额、市场价或行业标准确定合理单价；建工律师需要审查合同调价条款，是否符合情势变更或不可抗力的规定。

③工程变更与索赔。专家辅助人需要评估变更的必要性及成本合理性；建工律师需要判断变更是否经合法程序、是否符合合同约定，以及索赔时效是否过期。

④工期延误责任。专家辅助人需要通过进度计划分析延误原因；建工律师需要根据合同划分责任，并计算违约金或赔偿金额。

⑤质量缺陷修复费用。专家辅助人需要测算修复方案的成本；建工律师需要依据质量验收标准及合同保修条款，判定责任方。

⑥合同条款解释冲突。专家辅助人需要分析条款中技术术语的行业含义；建工律师需要依据合同解释规则解决歧义，例如"包干价"是否涵盖未预见风险。

⑦计价依据合法性。专家辅助人需要采用定额或市场价作为计价基准；建工律师需要验证计价方式是否符合合同约定及强制性规定。

⑧证据效力认定。专家辅助人需要审核签证单、会议纪要等技术文件的真实性；建工律师需要判断证据是否符合《民事诉讼法》形式要件，或是否因程序瑕疵导致无效。

⑨鉴定程序合法性。专家辅助人需要确认鉴定方法是否符合行业规范，例如是否符合《鉴定规范》；建工律师需要遵循《民事诉讼法》关于司法鉴定的程序，确认鉴定意见是否可以因程序违法而被排除。

⑩行业标准与法律冲突。专家辅助人需要判断是否执行行业标准，例如是否符合施工工艺规范；当行业标准与合同约定冲突时，建工律师需根据《中华人民共和国标准化法》等判断标准效力层级，或依据合同自由原则优先适用约定。

6.1.2　质证服务的工程造价专家辅助人意见书

对鉴定意见发表专业质证意见和对专业问题进行询问或发表专业意见是专家辅助人的核心工作。质证的意见或专业问题可以是专家辅助人通过上述内容和专业知识综合判断得出的，也可以是当事人及建工律师认为自己比较冤屈的事项经过专家辅助人分析后汇总得出的，还可以是二者经过综合分析得到的，一般应当主要围绕鉴定机构及鉴定人资质、鉴定程序、鉴定方法、鉴定内容、结论意见等提出问题。找出这些问题后，将法律问题和专业问题分开，专家辅助人只起草造价专家意见书，法律问题由当事人或建工律师在法庭提出。那么如何表达这些专业意见才能让法官、鉴定人、对方当事人聘请的专家辅助人等主体快速理解并认同，是极其重要的。起草专家专业意见书一般需要遵循以下三个原则：

1. 造价专家意见的框架要逻辑清晰，推理严谨

为什么在本书第 2 章第 2.3 节中要介绍批判性思维和写作能力，这里就有用武之地了。鉴定人通常由一级造价工程师担任，其经过专业训练，专业水平、逻辑素养及推理能力等一般都很强，因此鉴定意见书的质量普遍较高。专家辅助人作为鉴定人的"克星"，重点攻击的就是鉴定意见。专家辅助人不仅要全面理解鉴定意见书的内容，还要批判性地分析研究鉴定意见，否则不仅难以有效反驳，可能还会跟着鉴定人的思路走。

专家辅助人起草造价专家意见时，应当具体明确、逻辑清晰、推理严谨，切忌只提出鉴定意见不客观、不公正、不合法等空洞而没有具体内容的质证意见。专家意见一般可以参照如下模式起草：

鉴定意见书某一内容的描述；

对鉴定意见的评价及原因分析；

施工合同或其他证据对该内容的约定；

专家辅助人的意见及影响的金额估算；

附件：上述内容涉及的证据资料。

通过以上描述，让法官可以清楚地看到每个专业问题的原因分析、专业认知及证据支撑等内容，更有助于影响法官的心证。

2. 造价专家意见书的内容要通俗易懂，深入浅出

专家辅助人虽然是向鉴定人提问，但最终目的是要让法官产生心证，所以造价专家意见书的内容既要专业又要易懂，既要深入又要浅出。

3.造价专家意见书的形式要美观大方，便于阅读

造价专家意见书在完成第一、第二点的内容后，还要注意排版形式及字体大小等美观因素，让法官看到意见书之后从表面就能看出专家辅助人是非常专业的。

若当事人或建工律师提出一些不符合专业规范的要求，专家辅助人应耐心向当事人及建工律师解释，建议不要将相关内容写进专家辅助人意见书内，以免影响意见书的专业性，干扰法官对专家辅助人意见的心证，进而导致其他有效意见可能被忽视或不被采信。专家辅助人向当事人或建工律师解释后，若对方依然想表达出来的，专家辅助人可尽量对其进行合理化解释，之后由建工律师在庭审时提出。这样效果可能会好一些，即使没有达到预期效果，也不影响专家辅助人意见的专业性。

6.1.3　工程造价专家辅助人质证意见的效力

《民事诉讼法解释》第一百二十二条第一款规定，当事人可以依照民事诉讼法第八十二条的规定，在举证期限届满前申请一至二名具有专门知识的人出庭，代表当事人对鉴定意见进行质证，或者对案件事实所涉及的专业问题提出意见；第二款规定，具有专门知识的人在法庭上就专业问题提出的意见，视为当事人的陈述。

根据《民事诉讼法解释》可以看出，专家辅助人的意见视为当事人的陈述，是当事人的证据之一，经查证属实的专家辅助人的意见，可以作为法官认定事实的依据。法院一般根据"综合采信原则"对专家辅助人的意见进行综合判断分析。为提高专家辅助人意见被采信的概率，专家辅助人应只针对造价专业问题发表意见，不要把不相关的事实作为发表意见的依据或过度为当事人的利益服务，避免影响在法官心目中的专业性。

通常情况下，由于专家辅助人由一方当事人聘请，其发表的专业意见可能带有偏向性或倾向性。因此，法官在决定是否采纳专家辅助人意见时，要结合全案情况综合考虑分析，对于专家辅助人证言采用相冲突的采信规则。因为双方当事人都提供专家辅助人证言，很容易造成造价专家意见冲突。要确定造价专家意见的证明力，需查看造价专家意见所依据的事实和数据是否利用了假设的事实，是否确凿，大多数人能否接受专家辅助人得出意见所采用的手段和方法，这就要充分利用法庭质证程序。确定造成不同造价专家意见分歧的症结是关键所在，然后围绕该症结重点展开调查，进而确定专家辅助人意见的证明力。法院可以通过对该部分的审查来确定专家辅助人意见在相关案件中的证明力。若专家辅助人将不相关的事实作为发表意见的依据，其证明效力会受到严重的影响。

6.1.4　工程造价专家辅助人出庭

1. 专家辅助人出庭申请

《民事证据规定》第八十三条规定，当事人依照民事诉讼法第七十九条和《最高人民法院关于适用〈中华人民共和国民事诉讼法〉的解释》第一百二十二条的规定，申请有专门知识的人出庭的，申请书中应当载明有专门知识的人的基本情况和申请的目的。人民法院准许当事人申请的，应当通知双方当事人。由此可见，专家辅助人应当由当事人申请，并且需要提交申请书，申请书内需要载明专家辅助人的基本情况和申请其出庭的目的，基本情况介绍应当凸显其专业性和在造价鉴定方面的经验。如果人民法院批准了一方当事人的申请，则也应当通知对方当事人，此举主要有两个目的：一是告知对方当事人；二是对方也可以聘请。这样双方专家辅助人就可以形成对质，对质过程中，法官对专业问题就会有进一步的思考，进而形成更明晰的心证。

专家辅助人不得单独出庭，应当与己方当事人或者建工律师共同出庭；不得在同一案件中同时为双方当事人出庭。专家辅助人出庭时，应当如实回答法庭、当事人或者建工律师的询问，独立、客观地陈述对案件专门性问题的意见，并保守诉讼中知悉的国家秘密、商业秘密和个人隐私。

专家辅助人申请书一般包含以下主要内容：

（1）申请出庭的专家辅助人的人数，一般是 1～2 名；

（2）申请出庭的专家辅助人的信息；

（3）申请出庭的专家辅助人具备工程造价知识的证明材料；

（4）专家辅助人出庭作证的主要理由；

（5）可以证明专家辅助人更加专业的其他相关材料。

专家辅助人出庭申请书格式一般如下：

工程造价专家辅助人出庭申请书

申请人：×××

住所：×××

法定代表人：×××

申请事项：请求依法准许工程造价专家辅助人 ××× 出庭，对 ××× 鉴定机构作出的造价鉴定意见进行质证并对鉴定人进行质询。

申请事实与理由：

申请人与×××公司建设工程纠纷一案，×××人民法院根据×××的申请，委托×××鉴定机构作出了×××工程的工程造价鉴定意见书。申请人对×××造价鉴定机构作出的工程造价鉴定意见书存在异议，但因该鉴定意见书涉及工程造价专业的知识，申请人无法独立完成质证。

为有效提出造价鉴定意见书存在的专业问题，便于贵院查清案情。申请人根据《中华人民共和国民事诉讼法》第八十二条"当事人可以申请人民法院通知有专门知识的人出庭，就鉴定人作出的鉴定意见或者专业问题提出意见"的规定，特向贵院申请提出造价专家辅助人出庭申请，望贵院在审查后予以批准。

造价专家辅助人基本情况：

姓名：

身份证号码：

任职单位：

职业资格及职称：

专业方向及特长：

行业内社会职务：

其他说明：造价专家辅助人相关证书见附件

此致
×××人民法院

申请人：

申请时间：

当事人申请专家辅助人出庭，应当在举证期限届满前提出。《民事诉讼法解释》及《民事证据规定》对举证期限的规定比较灵活，人民法院可以根据案件审理进程和具体情况确定不同审理阶段的举证期限。举证期限既可以是人民法院指定当事人提供一般性证据的期限，也可以是人民法院指定当事人针对特定事实或者某些特定证据提供反证的期限。在当事人经过造价鉴定的书面异议程序后仍然对鉴定意见有异议的，人民法院可以指定当事人提供证据的期限，为当事人在鉴定人出庭作证时进行质证做好准备。当事人可以在此期间内申请专家辅助人出庭协助其质证。由于当事人申请行为适用当事人举证的要求，逾期提出申请的，人民法院应当按照逾期提供证据的规则处理。而当事人未经申请即让专家辅助人到庭的，除对方当事人同意外，人民法院原则上不应准许专家辅助人参加庭审活动。

2. 专家辅助人出庭相关规定

（1）出庭准备。

携带本人身份证、专业技术资格证书（职称证书）、一级造价工程师证书及其他能够证明其专业能力的证书。

（2）出庭环节。

《民事诉讼法解释》第一百二十三条规定，人民法院可以对出庭的具有专门知识的人进行询问。经法庭准许，当事人可以对出庭的具有专门知识的人进行询问，当事人各自申请的具有专门知识的人可以就案件中的有关问题进行对质。具有专门知识的人不得参与专业问题之外的法庭审理活动。《民事证据规定》第八十三条规定，当事人依照民事诉讼法第七十九条和《最高人民法院关于适用〈中华人民共和国民事诉讼法〉的解释》第一百二十二条的规定，申请有专门知识的人出庭的，申请书中应当载明有专门知识的人的基本情况和申请的目的。人民法院准许当事人申请的，应当通知双方当事人。第八十四条规定，审判人员可以对有专门知识的人进行询问。经法庭准许，当事人可以对有专门知识的人进行询问，当事人各自申请的有专门知识的人可以就案件中的有关问题进行对质。有专门知识的人不得参与对鉴定意见质证或者就专业问题发表意见之外的法庭审理活动。《中华人民共和国人民法院法庭规则》第九条规定，下列人员不得旁听：（一）证人、鉴定人以及准备出庭提出意见的有专门知识的人；……因此，专家辅助人只能参加鉴定意见的质证环节，不能参加质证以外的庭审环节。

专家辅助人出庭时的程序一般如下：

法官：核对鉴定人身份，请鉴定人陈述姓名、出生年月、工作单位、住所、与当事人的关系。

法官：鉴定人（姓名），本院依法对原告与被告一案进行审理，通知你出庭陈述鉴定意见并接受当事人、专家辅助人的询问。

法官：原告，向鉴定人发问。

法官：被告，向鉴定人发问。

法官：第三人，向鉴定人发问。

法官：合议庭若有需要，可以向鉴定人发问。

法官：专家辅助人出庭。

法官：依据《民事诉讼法》第八十二条规定，当事人可以申请人民法院通知有专门知识的人出庭，就鉴定人作出的鉴定意见或者专业问题提出意见。经原告（被告）申请，法庭准予专家辅助人姓名出庭提出意见。

法官：专家辅助人（姓名），向法庭陈述你的出生年月、工作单位、职务、专业职称、从事造价专业工作的时间。

法官：专家辅助人应当遵守法庭纪律，享有查阅所涉专门性问题案件材料、对涉案专门性问题发问和发表意见等权利，同时负有接受对涉案专门性问题的询问、按照法院要求提交书面意见等义务。

法官：专家辅助人（姓名），可以就涉案专门性问题向鉴定人发问，可以向法庭就鉴定人出具的鉴定意见或者专业性问题提出意见。

法官：鉴定人（姓名），可以回答专家辅助人的发问，对专家辅助人提出的意见予以回应。

法官：鉴定人（姓名），专家辅助人（姓名），今天你在法庭的证言，法庭已经记录在案，退庭后你应阅看庭审记录中你的证言部分，若记载有遗漏或差错，可以请求补充或更正，并在笔录上签名，鉴定人（姓名），专家辅助人（姓名），你听清楚了吗？

鉴定人：清楚了。

专家辅助人：清楚了。

法官：鉴定人，专家辅助人可以退庭。

（3）出庭座位。

根据《最高人民法院关于法庭的名称、审判活动区布置和国徽悬挂问题的通知》规定，审判台左前方为鉴定人席位，同法台成45°角。根据《浙江省高级人民法院关于民事案件鉴定人、有专门知识的人出庭若干问题的规定》第十一条的规定，有专门知识的人出庭时的座位，设在法台前方当事人及诉讼代理人席位，与申请人同侧。法院依职权通知有专门知识的人出庭的，列于证人席。专家辅助人了解出庭座位即可，具体出庭时，以人民法院实际指定的位置为准。

（4）出庭结束。

鉴定人和专家辅助人被法官宣布退庭后，一般情况下需要等待庭审结束后再核对笔录，核对无误确认签字后即可离开。专家辅助人也可以向法庭提出要求，将自己的庭审笔录部分先行打印确认签字，这样可以避免等待，节约时间，法庭最终是否同意，视具体情况而定。

关于先行打印笔录签字确认的做法，浙江省高级人民法院做过相关的规定，《浙江省高级人民法院关于民事案件鉴定人、有专门知识的人出庭若干问题的规定》第十七条规定，鉴定人、有专门知识的人不得旁听对案件的审理。人民法院可将鉴定人、有专门知识的人出庭的庭审记录部分先行打印，方便鉴定人及时签署笔录及退庭。

人民法院要求专家辅助人提交书面质证意见的，应当当庭或者在法庭指定期限内提交书面意见。书面意见应当就鉴定意见或者其他专门性问题提出结论并说明理由。书面质证意见中观点及理由应当与当庭发表的言辞意见保持一致。如出现不一致的，一般以专家辅助人在法庭上发表的质证意见为准。

3. 专家辅助人出庭发言注意事项

（1）向鉴定人提问时的注意事项。

专家辅助人向鉴定人提出的问题一般都会在庭前进行整理提交，专家辅助人提问时，切忌全篇通读，特别是对于有些比较长的问题，要以最简练的语言概括，同时清晰表达问题要点，否则法官可能难以理解专家辅助人意图。鉴定人对问题回答完毕后，专家辅助人可以追问，但追问次数最好不要超过两次，具体应根据"两只眼睛理论"视情况而定，即一只眼睛关注鉴定人，一方面表达尊重，另一方面仔细听取鉴定人的回答，为高质量追问做好铺垫；另一只眼睛留意法官，通过观察法官的肢体语言和面部表情判断法官对提出的问题及鉴定人答复的认可程度，以调整自己提问和表达的方式。

（2）向法庭阐述专业性问题时的注意事项。

《民事诉讼法解释》第一百二十三条规定，人民法院可以对出庭的具有专门知识的人进行询问。因此，专家辅助人在法庭上必须接受法官对专业问题的询问。专家辅助人在回答法官的询问时要把专业问题讲得深入浅出、通俗易懂，即使有些专业知识的表达确实无法做到通俗易懂，深入浅出，也要做到让法官对专家辅助人不明觉厉，即虽然不明白专家辅助人在说什么、做什么，但是仍然感觉专家辅助人很厉害。

专家辅助人回答法官的提问时，需要同时结合心理学知识，关注法官的肢体语言和面部表情，因为专家辅助人回答的目的是让法官对专业问题有一个准确的心证，最后作出公正的判决，而不是自我陶醉的专业演讲。

（3）接受己方当事人询问时的注意事项。

专家辅助人出庭时也可以接受己方当事人及建工律师的询问。由于专家辅助人本来就由己方当事人聘请，通常建议在庭前，专家辅助人、当事人及建工律师事先做好演练，明确需要询问哪些问题以及如何作答，避免专家辅助人回答的内容不利于建工律师后续的辩论。一般情况下，专家辅助人与己方当事人就同一问题陈述矛盾时，以己方当事人的意见为准。

（4）接受对方当事人询问时的注意事项。

《民事证据规定》第八十四条规定，审判人员可以对有专门知识的人进行询问。经法庭准许，当事人可以对有专门知识的人进行询问，当事人各自申请的有专门知识的人可以就案件中的有关问题进行对质。有专门知识的人不得参与对鉴定意见质证或者就专业问题发表意见之外的法庭审理活动。专家辅助人可以接受对方当事人的询问，但必须经过人民法院的准许。专家辅助人回答当事人的询问时，对于有把握的专业问题，可以准确全面地予以回答；对于模棱两可或自己拿不准的可以绕开，不要让对方抓住把柄；对于认为与涉案项目无关的，可以向法庭申请，拒绝回答。

（5）与对方聘请的专家辅助人对质时的注意事项。

根据《民事证据规定》第八十四条规定，当事人各自申请的专家辅助人可以就案件中的有关问题进行对质。由于双方都是比较优秀的造价专业人士，因此在对质过程中，应注意以下几点：第一，对于自己有把握的内容，一定要准确表达；第二，对于没有把握的内容可以明确表示，切忌含糊其辞以期蒙混过关，因为对方等的就是你犯错的机会；第三，注意专业人士的素养，切忌言语不干净或动怒，因为言语不干净会导致对方和法官产生厌恶，动怒会让自己失言或出现漏洞，这样就给对方创造了进攻的机会；第四，双方专家辅助人虽然接受各自当事人的委托，需要用专业为各自当事人的利益服务，但仅限于博弈专业认知，切忌进行人身攻击或伤害。

6.1.5　诉讼过程中的质证顾问服务

本节所称的顾问咨询主要指专家辅助人对于第 6.1.1 ~ 6.1.4 节的内容不做具体的实施，也不出庭作证，仅以专家顾问的形式，对当事人及建工律师提出的问题予以顾问式咨询解答，化解其专业疑惑，从而使其具有质证以及提出专业问题的思维或能力，最终能自行行使质证权以维护自身的合法权益。专家辅助人承接顾问式咨询服务时，可以按照上述第 6.1.1 ~ 6.1.4 节的内容向委托自己的当事人或建工律师提供顾问式咨询服务。

6.2　诉讼过程中的全流程造价咨询服务

通过质证达到让鉴定意见对己方有利的方式固然很好，但效果有时并不乐观，即狭义的专家辅助人有时难以改变法官的认知，因为想要在几十分钟的时间内将一个专业问题向法官解释清楚，并且让法官产生认可的心证，本身就是一件非常有挑战性且困难的事情，所以往往很难或无法维护己方当事人的合法权益。为将诉讼活动的风险与不确定性降到最低，一般建议当事人树立"关口前移"的意识。对于经济上和项目上都有条件同时主观上也有意愿的当事人可以聘请专家辅助人提前介入，即在有诉讼想法或委托建工律师之后就选择并委托专家辅助人，让专家辅助人与建工律师在整个诉讼阶段形成法律与造价的合力，争取在鉴定人出具鉴定意见征求意见稿或正式稿之前就把专业问题全部或基本解决，而不是仅仅寄希望通过一次出庭质证活动来解决所有专业问题。这就是前述的广义专家辅助人，即在诉讼阶段提供全流程造价咨询服务。有时也将由建工律师和专家辅助人组成的团队称为"诉讼联合体"。诉讼阶段全流程造价咨询服务一般包含梳理涉案项目证据、案件研讨、编制诉讼标的金额、协助起诉、与鉴定人博弈、出庭作证、配合鉴定人出具补充鉴定意见等内容。诉讼阶段的全流程造价咨询服务通常依托的是一个优秀的综合性团队，既包括基础的造价工程师，又包括专业的合同管理者，还包括优秀的造价法务综合专家。

6.2.1　梳理涉案项目证据

专家辅助人在建设工程纠纷解决中承担关键角色，如在造价争议、质量争议、工期争议等方面发挥重要作用。专家辅助人整理证据需结合专业性与法律要求，确保数据真实、推理严谨、结论可信。对涉案项目证据进行系统化的整理可以有效维护己方当事人的合法权益。作为专家辅助人，收集涉案项目证据需要结合法律程序、工程造价专业知识和实务经验，确保证据的合法性、完整性和逻辑性。以下是系统的证据收集方法与操作要点：

1.明确证据收集目标与范围

专家辅助人应与当事人及建工律师进行深入沟通，确定涉案项目的争议纠纷类型，是造价纠纷、工期纠纷还是质量纠纷或是综合性的工程纠纷等，并明确需证明的核心问题。根据法律法规、施工合同条款、造价及相关行业规范要求，并结合需要证明的核心专业问题，确定证据的合法性标准及应收集的证据内容。

2.建设工程常规证据分类

建设工程项目一般涉及的资料非常多，每个项目也不尽相同。为满足大多数项目的需求，本书按常规项目罗列了相关的证据资料，专家辅助人可以根据涉案项目的实际情况进行分类整理。

（1）招标前双方签订的合同，单方出具的承诺书。

虽然招标前签订的合同严格来说是无效的，但收集此类合同有两个作用：第一，如果代表发包人，对承包商有一定威慑作用；第二，对于顾及影响力的特殊发包人同样有威慑力。若能够证明发包人和承包人双方在招投标过程中存在串标行为，则符合《中华人民共和国招标投标法》所规定的中标无效的情形。

（2）招标文件。

专家辅助人整理招标文件时，对招标图纸、招标补充文件、答疑文件、招标过程中的招标人通知、招标人提供的参考资料和现场资料、现场勘探记录等都需整理，不得遗漏。

（3）投标文件及其附件。

投标文件及其附件包括投标承诺书、投标报价、施工组织设计等。在施工组织设计中，需特别关注措施项目的相关内容及项目进度的规定。

（4）中标通知书及其相关配套资料。

（5）建设工程施工合同、补充合同与合同备案表。

备案过的合同或补充条款有较高的证明效力，可用来判断"阴阳合同"，但由于"放管服"之后有些施工合同已经不需要备案，因此关于备案表的收集可视不同项目区别对待。

（6）分包合同。

分包合同包含承包人直接分包的合同和发包人指定分包的合同。

（7）施工所需的证件、批件。

施工所需的证件、批件包括土地规划手续、临时占地用地证明手续等。在确定土地使用权时下列证据很重要：土地的使用证、建设用地规划许可证、建设工程规划许可证和临时占地用地证明。

（8）施工图纸、设计交底、图纸会审记录等。

施工图纸、设计交底、测绘资料、图纸会审记录、发包人提供的水文资料、地质资料、地下管网资料、坐标控制点资料等，均与工程造价密切相关，专家辅助人需要特别关注。

（9）工程进度款、总进度计划及详细的进度计划。

工程进度款、总进度计划及详细的进度计划包括网络图、横道图、承包人的年季月施工计划、施工方案、施工组织设计以及工程师批准的任何文件。收集上述文件资料可解决工期争议问题。施工组织设计分为两种，一是投标时的施工组织设计；二是经监理单位审批的施工组织设计，二者有一定差异，收集之后需要进行对比分析。

（10）相关资质证据，如施工单位或分包单位的建筑施工资质。

（11）洽商变更单、增减工程量的补充合同或备忘录、现场工程签证单等。

（12）挂靠和被挂靠之间的内部合同。

（13）建设工程施工合同中分包、转包合同，内部承包合同等。

（14）开工令、监理工程师签发的开工通知书、开工报告等。

（15）发包人的指令书、确认书。

发包人的指令书、确认书包括工程量的核实确认单、监理通知、承包人的要求请求、工程联系单、通知书。这些文件资料既影响工期，也影响工程价款和质量。

（16）往来函件、对方的签收记录等。

（17）当事人对工程量、工程质量共同确认的证据，如工程签证、工程竣工验收报告、结算凭证、质检报告等。

（18）会议纪要。

会议纪要包括监理会议纪要、专题会议纪要、造价争议会议纪要及建设单位组织的其他会议纪要等。

（19）监理月报和监理日志。

监理月报中有关于工程进度、质量、投资详细情况的描述与统计；监理日志有时可以作为某些待证事实的佐证或者某些证据的加强证据。

（20）承包人的工程备忘录、施工日志、隐蔽工程记录。

（21）承包人超越建设工程施工合同资质范围等级的证据。

（22）建设工程中的建筑材料、建筑构配件和设备不符合国家强制性标准的证据。

（23）工程照片及影像资料。

照片和影像资料在取证过程中需要注意找好参照物，例如把当事人方某个比较有特点的人或者固定物框在照片或影像资料中，以便于证明其确实发生于涉案项目。

（24）工程预付款、材料设备款、工程进度款、签证款、结算款、工程保修款、申报表、监理和发包人签收记录以及发包人批复文件等。

（25）气象报告和资料。

应对极端天气造成的工期的延误和承包商费用的增加情况。

（26）工程款的支付明细及凭证。

（27）建设工程施工合同当事人之间关于垫资以及垫资约定情况的证据。

（28）甲供设备材料清单。

甲供设备材料清单是发包人提供的，发包人若没有及时提供设备和材料，导致工期拖延，承包人可以要求发包人顺延工期并承担拖延导致增加的费用。

（29）发包人、承包人的设备材料供应清单等。

（30）暂估价设备、材料价格、发包人确认单。

（31）月工料机动态表。

月工料机动态表，是用以确定人工费、材料费、机械费、现场管理费、总部管理费、利息、利润支出的资料，如工资单、订货单、采购单、认价单、合同、发票、造价处公布的信息价。

（32）施工单位隐蔽工程、分部分项工程质量验收申请文件。

（33）隐蔽工程验收单与验收机构、监理工程质量评估报告等。

隐蔽工程验收单与验收机构、监理工程质量评估报告包括但不限于分部分项工程验收记录、单位工程质量验收记录。

（34）建设工程质量监督报告、工程质量使用书。

（35）各部门分别出具的验收证明文件。

规划、公安、消防、生态环境、应急管理、人防、卫生等部门分别出具的验收证明文件。

（36）其他各项检查验收报告和技术鉴定报告。

（37）发包人编制的单位工程竣工验收报告。

（38）承包人已经提交竣工验收报告，发包人拖延验收的证据。

（39）承包人已经提交竣工验收报告，发包人擅自使用的证据。

（40）竣工验收资料、竣工图。

（41）工程结算资料。

工程结算资料一般指工程竣工结算书、工程竣工图等。

（42）因工程质量问题，承包人拒绝修理、返工的证据。

（43）因发包人原因导致建设工程质量不符合约定的证据情况。

此类证据包括但不限于：发包人提供的建筑材料、建筑构配件不符合国家强制性标准的证据、发包人提供的设计缺陷证据、发包人指定分包人的相关证据。

（44）合同当事人之间关于质保金约定、履行情况的证据。

（45）工程造价结算协议、咨询报告书以及合同当事人之间关于计价基础、计价标准的适用证据。

（46）法律法规及政府文件。

（47）与建设工程案件有关的其他资料。

3. 证据收集的六大核心途径

（1）从己方当事人处直接获取。

专家辅助人与己方当事人签订合同且当事人按合同规定支付酬金后，专家辅助人按合同约定开始工作，在充分了解项目争议焦点和己方当事人及建工律师的诉求后，工作的第一步就是收集证据资料。己方当事人是专家辅助人获取证据资料最主要的渠道，也是最直接的渠道，同时，提供证据资料也是当事人及建工律师的义务。发包人一方当事人和承包人一方当事人提供的证据资料有所不同，专家辅助人在列举证据资料清单时应区别列举。

专家辅助人收到当事人提交的证据资料后，需要对其进行分类整理，并从造价专业的角度和造价鉴定的视角去分析证据资料，然后将其分析的结果告知己方当事人及建工律师。

（2）现场勘验与实物证据提取。

专家辅助人对己方当事人提交的证据资料进行分析整理后，若从专业角度认为证据资料无法证明待证事实，可以建议当事人及建工律师进行现场勘验，通过现场勘验获取相应的证据或者对原有证据进行补强，以满足己方当事人及建工律师证明待证事实的需要。专家辅助人进行的现场勘验与实物取证和鉴定人的现场勘验与实物取证目的不同，方法也不同。前者是为保护己方当事人的合法权益而为之，主要收集对己有利的证据；后者是为客观公正解决纠纷而为之，主要收集客观公正的证据。

（3）第三方机构调取证据。

专家辅助人根据解决争议问题的需要，可以建议当事人向相关单位调取证据或核实相关事项。例如，向监理单位调取监理日志、质量验收报告、工程变更确认记录等；向设计单位调取设计图纸变更版本及变更指令文件等；向材料供应商核实采购合同、送货单、发票等；向城市档案馆相关部门调取涉案项目存档资料等。

（4）电子数据与信息化工具。

信息化是建设项目的主流趋势，可追溯性是信息化的一个重要优势。建设项目双方当事人发生纠纷后，各自可以在信息化工具中调取相应证据资料。例如，可以在项目管理软件中导出施工进度数据；可以利用 BIM 建筑信息模型提取相关工程量数据，与合同清单对比；可以利用云端协作平台搜集邮件、钉钉/微信工作群中与造价相关的沟通记录单等。专家辅助人收集电子数据的方式必须合法合规，不能通过非法侵入计算机系统、破坏加密措施等手段获取电子数据。如果需要公证存证，不得侵犯他人通信秘密或个人隐私。另外，若委托第三方存证平台，需确保其软件合法合规，不能使用非法软件获取电子数据。电子证据必须由电子设备正常运行而自动产生，不得经过人为篡改或加工。在收集过程中，要确保原始载体及其中的电子数据证据至提交法庭时不发生实质性变化。

（5）证人证言与访谈记录。

专家辅助人为获取施工过程中的相关证据，还可以收集证人证言或访谈记录。例如，对项目经理、造价人员、监理工程师、项目班组长、工人等相关人员进行访谈，同时记录其对争议事件的陈述内容。访谈结束后，访谈对象需在访谈记录上签字，以确认其所述的内容。在处理隐蔽工程争议时，可对班组长和工人进行访谈，获取对实际施工工艺的证言。必要时，也可以申请证人出庭作证。

（6）公开数据与市场调研。

公开数据的收集和对市场进行调研也是专家辅助人获取证据的有力方式。例如，通过当地工程造价信息网或杂志、慧讯网、造价通、广材网等平台获取争议时期的材料市场价。

4. 证据合法性审查与风险防控

（1）合法性要求。

来源合法：避免通过窃取、偷拍等非法手段获取证据，如未经允许的录音可能无效，侵犯他人隐私的录音一般也是无效的。

形式合规：书面证据应当具有签字或盖章；电子数据应当经过公证或提供原始载体，如未删改的 U 盘文件、社交软件原始聊天记录、电子邮件原始资料等。

（2）风险防控措施。

证据保全：对易灭失证据应立即进行保全，诸如现场状况、电子数据、未完工工程的界面划分等，可以聘请公证单位进行公证，公证时专家辅助人应提出合理建议，积极配合，确保公证数据的准确性，便于精准计算工程造价。

证据链补强：若关键证据缺失或存在瑕疵，如设计变更或技术经济签证单未签字或签字手续不完整的，可以通过其他证据间接证明，如会议纪要、洽商记录或现场勘验照片等。

5.证据分类与管理

专家辅助人根据需要将证据收集完成后，为己方使用方便和举证方便，应当对所收集的证据资料进行分类管理。

（1）按证明目的分类。

工程量证据：施工图纸、竣工图纸、设计变更、工程签证单、现场勘验记录等。

单价证据：投标文件、已标价清单、合同价款约定、市场价数据、定额文件等。

因果关系证据：工期延误与设计变更的关联文件，例如业主指令函、停工通知等。

（2）编码与归档。

建立唯一编号，如"合同-001""变更2025-01"，标注证据来源、时间、关联争议点，便于自己查看和举证或质证时查找。专家辅助人还可以使用电子表格或专业软件管理证据目录，便于自己使用或法庭上快速检索。

（3）证据的可视化。

采用表格、图表等可视化方式呈现证据的逻辑关系，如工程量对比表、价格趋势图、支付关系图等，便于法官更好地理解和使用己方提供的证据。

6.特殊场景应对策略

（1）对方拒不提供关键证据。

建工律师可以根据法律法规申请法院责令对方提交，若拒交可推定己方主张成立；专家辅助人可以从专业角度寻找替代证据，例如通过监理日志、进度款支付、会议纪要、银行流水等第三方记录间接证明。

（2）电子证据易篡改。

电子证据虽然方便，但容易被修改或篡改是其一个很大的缺陷，而使用可信时间戳、区块链存证平台固化电子文件可以很好地解决这个问题。另外，也可以提供文件哈希值（Hash Value）比对，确保数据的完整性和一致性，以证明电子证据未经修改。

（3）历史项目数据缺失。

建设项目资料不齐或缺失是司空见惯的事情，并且有时这些不齐和缺失无法弥补。在此情况下，专家辅助人可以借助行业惯例或引入行业专家推定等作为证据来证明。例如，引用同地区同类型工程的平均造价指标、工料消耗量作为参考；邀请行业专家基于既有碎片化数据，通过回归分析、关联分析等专业工具和方法进行合理推算。

6.2.2　编制诉讼标的额

诉讼标的额，即诉讼案件的争议金额，是指当事人之间发生争议并诉诸法院，请求法院作出裁判的财产或权益的价值金额。专家辅助人主要负责诉讼标的额中的工程造价金额的编制，标的额中其他如利息、诉讼费、律师费、鉴定费、保全费等由当事人及建工律师负责计算并汇总。

在建设工程诉讼中，有些是合同已经履约完成，也有些是合同中途解约，不同模式对应工程造价的编制方法不尽相同。本节将对此分开论述。

1. 涉案项目已完工

（1）明确当事人诉求。

与当事人及建工律师进行深入沟通，了解其与对方当事人的争议焦点是整个项目的工程造价还是部分项目的工程造价。

（2）收集证据资料。

在明确己方当事人诉求和双方当事人争议焦点之后，根据工程造价计量计价需要和项目的实际情况及本章第 6.2.1 节的梳理方法收集证据资料。例如，招标文件、投标文件、施工合同、补充协议（若有）、设计变更、技术核定单、技术经济签证单、地质勘查资料、施工图纸、竣工资料、往来函件、会议纪要、现场记录等。

（3）确定计量计价方法。

根据当事人诉求与合同约定，确定计算标的金额的方法：

①合同约定明确时，专家辅助人应根据合同中关于价款的约定对涉案项目进行计量计价。

②合同约定不明或未约定时，专家辅助人应向己方当事人及建工律师提出，经过协商后可以根据《建设工程工程量清单计价规范》（GB 50500—2013）或《建设工程工程量清单计价标准》（GB/T 50500—2024）及涉案项目所在地的计价定额、材料价格、取费标准等依据进行计量计价。

③合同有约定但约定的内容相互矛盾或者有多份合同时，专家辅助人应向己方当事人及建工律师提出，经过协商后建议按照对矛盾条款内容不同的理解或者按多份合同的约定分别进行计量计价，供己方当事人及建工律师参考。当事人及建工律师提出诉讼请求时，可以按有利于己方解释的金额进行主张。专家辅助人切忌因为自己为己方当事人服务，发现合同约定矛盾或者有多份合同时，下意识站在为当事人考虑的角度，直接按

有利于己方当事人的理解进行计量计价，这样容易给己方当事人和建工律师形成错觉，以为这就是自己的合法权益，错误提高了当事人的心理预期。一旦判决结果与诉讼请求不同，容易让当事人及建工律师错误地以为司法不公正，这不仅给社会造成不好的影响，还会损害司法在人民心中的形象。

④关于人工费的调整。如果合同中已约定人工费调整或者不调整，专家辅助人应当按照合同的约定进行调整或不进行调整；如果合同未约定人工费是否调整，专家辅助人可根据涉案项目所在地的政策文件计算人工费调整费用，由己方当事人及建工律师通过庭审举证及抗辩去主张，最后能否得到支持以人民法院的生效判决为准。

⑤关于材料（设备）费的调整。如果合同中已约定材料（设备）费调整或者不调整，专家辅助人应当按照合同的约定进行调整或不进行调整；如果合同未约定材料（设备）费是否调整，专家辅助人可根据涉案项目所在地的材料（设备）费用风险分配相关文件及同口径时期的工程造价信息中的价格，扣除风险系数后进行计算，由己方当事人及建工律师通过庭审举证及抗辩去主张，最后能否得到支持以人民法院的生效判决为准。

⑥关于不平衡报价的处理。不平衡报价是指承包人在投标总价基本确定后，通过调高或调低部分未来可能发生变化的项目的综合单价，在不影响总价和中标的情形下，又能够获得更多收益或提前获得工程款支付的方法。不平衡报价是一种策略或方法，通常是可以得到支持的，即使是极端的不平衡报价，也无法构成《民法典》第一百五十一条规定的"显失公平"。专家辅助人为承包人服务时，可以直接按照中标的已标价工程量清单计算标的金额。当专家辅助人为发包人服务时，可依据《民法典》第一条和第七条的规定，主张承包人因扰乱市场秩序的行为或违背诚信原则，拒绝全部认可该不平衡报价。对于合同内的工程量一般可以执行不平衡的报价，对于超过合同工程量之外一定比例的工程量可以重新进行计价，比如以相关规范规定的 15% 计算。

⑦合同无效时，专家辅助人应当与己方当事人及建工律师协商，协商后可以根据无效合同约定的计量计价方法进行计算，也可按照《建设工程工程量清单计价规范》（GB 50500—2013）或《建设工程工程量清单计价标准》（GB/T 50500—2024）及涉案项目所在地的计价定额、材料价格、取费标准等依据进行计量计价，具体以己方当事人及建工律师的要求为准。如果己方当事人或建工律师要求按照无效合同约定的计量计价方法和现行计价标准及相关文件分别计算，专家辅助人应遵照执行。但如果因为按照多种方式计算导致工作量增加，专家辅助人可以与己方当事人另行协商增加费用。

（4）计算标的金额。

①根据上述方法，逐项计算标的金额并进行汇总。

②复核与调整。由项目负责人、部门负责人及公司技术总负责人逐级对计算出来的金额进行复核，以确保计算方法、依据和结果的准确性。

（5）编制诉讼标的金额报告。

将经过复核的计算结果整理成书面报告，内容包括以下几方面。

诉讼请求：明确涉案项目造价及费用请求的具体金额（不包含由当事人及建工律师整理的如利息、诉讼费、律师费、鉴定费、保全费等费用）。

计算依据：列出合同条款、法律规定等依据。

计算过程：详细说明各项金额的计算方法。

结论：汇总标的额总金额，并附上相关证据材料。

（6）提交人民法院。

将专家辅助人编制且经过内部复核并经当事人和建工律师同意后的诉讼标的金额报告作为证据提交法院，并在庭审中说明计算依据和方法，争取法院支持。

（7）注意事项。

①证据充分：确保所有计算方法、依据有充分的证据支持。

②合理合法：金额计算应符合合同约定和法律规定，避免夸大或虚报。否则既增加诉讼费用，又失去诚信，还需要承担鉴定费等相关费用。

通过以上步骤，专家辅助人能够科学、合理地编制建设工程诉讼标的金额，为己方当事人及建工律师通过诉讼维护自身合法权益提供有力支持。

2.未完工涉案项目

（1）明确当事人诉求。

与当事人及建工律师进行深入沟通，了解其与对方的争议焦点。未完工项目涉及的内容一般主要有：已完成永久工程的价款；承包人已进场但未安装的材料、工程设备和其他物品价款；承包人为本工程订购并已付款但未进场的材料、工程设备和其他物品的价款以及承包人已签订购买合同但还未付款，如撤销合同应支付的违约金；临时设施费；工程经济签证、承包人索赔以及其他按合同约定应支付的费用；撤离现场及遣散承包人员的费用；发包人给承包人造成的实际损失；其他应由发包人承担的费用，例如工程停工后直接移交给发包人，由承包人负责工地安全保卫、仓库看管等费用；未完项目的预期利润等。

（2）划分已完与未完工作的界面。

工作界面的划分是未完项目争议中的重点，也是难点。目前主要的解决方式是对已完成项目的工作界面进行公证，公证人员一般使用拍照、录像等方式进行证据保全。虽然公证方式已沿用多年，并且在建设工程纠纷解决中也发挥了巨大的作用，但在造价鉴定实务工作中经常发现，公证部门所提交的资料大多仅停留在定性层面，无法准确定位到具体尺寸，因此也就无法对已完工内容进行准确计量。当事人聘请专家辅助人之后，由专家辅助人对工作界面进行定量划分，公证部门对专家辅助人的工作过程进行公证，同时对专家辅助人测量时的具体尺寸进行拍照或录像公证。上述方式即专家辅助人＋公证模式，可以让公证更加有效地为造价鉴定服务，进而客观、公正、快速地解决双方当事人的纠纷。

（3）收集证据资料。

未完项目收集证据资料的方法可以参照已完项目的方法进行收集，并增加以下资料：工作界面的划分资料，承包人已进场但未安装的材料、工程设备和其他物品的数量及规格参数，承包人为涉案工程订购并已付款但未进场的材料、工程设备和其他物品证明，承包人已签订购买合同但还未付款需要承担违约金的资料，需要撤场遣散的工人名单及费用标准，看管工地的工人数量及工资流水资料，承包人投标文件中的利润率或工程所在地统计部门或国家统计局发布的建筑企业统计年报的利润率等。

（4）单价合同的计量计价方法。

若未完项目合同约定为单价合同，专家辅助人应按下述原则进行计量计价。

①合同中有约定的，专家辅助人应按合同约定进行计量计价。

②若因承包人违约导致合同解除，单价项目按已完工程量乘以约定的单价计算（单价措施项目应考虑工程的形象进度），总价措施项目按与单价项目的关联度比例计算。

③若因发包人违约导致合同解除，单价项目按已完工程量乘以约定的单价计算（单价措施项目应考虑工程的形象进度）。总价措施项目已全部实施的，全额计算；未实施完的，按与单价项目的关联度比例计算。未完工程量与约定的单价计算后按承包人投标文件中的利润率或工程所在地统计部门或国家统计局发布的建筑企业统计年报的利润率计算利润。

④若因不可抗力导致合同解除，专家辅助人应按合同约定进行计量计价。由于发包人或承包人违约导致合同解除的，法律均保护守约方，而不利于违约方。当合同的解除由于不可抗力原因导致，发包人和承包人均无过错时，处理方式很适中，不偏不倚，一般按合

同约定进行鉴定。对于因合同一方当事人延迟履行义务期间发生不可抗力的，不免除其违约责任。由于延迟履约一方当事人过错在先，在其过错期间发生的不可抗力，过错方当事人仍需承担违约责任，赔偿守约方损失。不可抗力发生后，合同当事人均有义务及时采取措施，避免损失扩大，这既是基于合同履行的附随义务，也是基于诚实守信的基本原则。如果一方坐视不管，任由损失扩大，应对扩大部分的损失承担责任。

⑤专家辅助人在计算标的金额之前应当向己方当事人及建工律师了解合同解除的原因，确认合同解除原因后再根据上述原则进行计量计价。

⑥已进场但未施工的材料、工程设备和其他物品费用。该部分费用需要根据现场实际情况，收集并统计材料的名称及规格参数等信息，然后根据投标文件中的材料价格或施工过程中的认质认价资料计算。一般建议发承包双方共同前往现场进行清点计算，若发包人不配合或拒绝，承包人应委派建工律师、造价专业人员、专家辅助人及公证人员等一同前往，做好单方清点计算及公证工作，便于举证该部分费用。

⑦承包人为涉案工程订购并已付款但未进场的材料、工程设备和其他物品，以及承包人已签订购买合同却未付款且需要承担违约金的费用。计算该部分费用的关键是要承担收集相关证据，可以由专家辅助人和建工律师共同完成，专家辅助人主要负责统计用量，建工律师主要承担收集证据并进行举证的工作。

⑧需要遣散及看管现场的工人费用。该部分费用的工人数量及单价由当事人提供，专家辅助人协助建工律师进行整理汇总。

⑨对于预期利润的计算，由专家辅助人根据合同等约定，计算未完项目的造价，并按照承包人投标文件中的利润率或工程所在地统计部门（或国家统计局）发布的建筑企业统计年报的利润率计算利润。

⑩对于以每平方米建筑面积约定固定单价的，实际上是一种固定总价，专家辅助人在进行计量计价时应按照总价合同解除后的计算规则进行计算。

（5）总价合同的计量计价方法。

若未完项目为总价合同，专家辅助人应按下述原则进行计量计价。

①合同中有约定的，专家辅助人应按合同约定进行计量计价。

②由于承包人违约导致合同解除的，专家辅助人可按照工程所在地同时期适用的计价依据计算出未完工程价款，再用合同约定的总价款减去未完工程价款计算。

③由于发包人违约导致合同解除的，专家辅助人可按照工程所在地同时期适用的计价依据计算已完工程价款。未完工程量与约定的单价计算后按承包人投标文件中的利

润率或工程所在地统计部门（或国家统计局）发布的建筑企业统计年报的利润率计算利润。

④其他相关费用的计算可参照"（4）单价合同的计量计价方法"进行计算。

（6）计算标的金额。

①根据上述方法，逐项计算标的金额并进行汇总。

②复核与调整。由项目负责人、部门负责人及公司技术总负责人逐级对计算出来的金额进行复核，以确保计算方法、依据和结果的准确性。

（7）编制诉讼标的金额报告。

将经过复核的计算结果整理成书面报告，内容包括以下几方面。

诉讼请求：明确涉案项目造价及费用请求的具体金额（不包含由建工律师整理的如利息、诉讼费、律师费、鉴定费、保全费等费用）。

计算依据：列出合同条款、法律规定等依据。

计算过程：详细说明各项金额的计算方法。

结论：汇总标的额总金额，并附上相关证据材料。

（8）提交人民法院。

将专家辅助人编制且经过复核后的诉讼标的金额报告作为证据提交法院，并在庭审中说明计算依据和方法，争取法院支持。

（9）注意事项。

①证据充分：确保所有计算方法、依据有充分的证据支持。

②合理合法：金额计算应符合合同约定和法律规定，避免夸大或虚报。

通过以上步骤，专家辅助人能够科学、合理地编制建设工程诉讼标的金额，为己方当事人及建工律师的主张提供有力支持。

3. 修复费用的衍生费用

当发包人一方当事人主张修复费用时，可同时主张修复费用的衍生费用。比如，修复工程需要编制工程量清单及招标控制价、招标采购、工程监理及工程竣工结算审计等，以上这些工作需要委托招标代理机构、工程造价咨询公司及工程监理公司等第三方咨询机构完成并产生一定的咨询费用。修复工程因承包人的原因导致产生，因此发包人一方当事人向承包人一方当事人主张修复费用时，也可同时主张上述衍生费用。以上费用是否可以得到支持，以人民法院最终的生效判决为准。

6.2.3 协助起草工程造价鉴定申请书

一般情况下，造价鉴定的申请人是对工程造价专门性问题负有举证责任的当事人。造价鉴定申请人可以是承包人，其申请发包人支付工程款；也可以是发包人，其申请承包人退还对多支付的工程款或修复费用及其衍生费用等。涉案项目需要启动造价鉴定时，专家辅助人应当提醒当事人遵循必要性、关联性、可行性、鉴定范围最小化等原则。拟鉴定的事项属于查明案件事实的专门性问题，符合《最高人民法院关于人民法院民事诉讼中委托鉴定审查工作若干问题的规定》等规定的情形。造价鉴定申请书一般由建工律师与专家辅助人共同完成，以确保法律的效力性和技术的准确性。

起草造价鉴定申请书，重点在于清晰准确地阐述申请鉴定的缘由、工程基本情况及鉴定需求。从工程纠纷的背景、现有争议焦点等角度提供撰写参考。

（1）标题：居中写明"工程造价鉴定申请书"。

（2）申请人与被申请人信息：依次列出双方当事人的姓名（个人）或名称（组织）、地址、联系方式（电话、电子邮箱等）、法定代表人姓名及职务（若为组织）等。

（3）申请事项：对涉案项目的工程造价进行鉴定。这里需要列明具体的鉴定内容，是全部鉴定还是部分鉴定。如果是部分鉴定，则需要列明鉴定部分的详细内容及与其他工作的分界，例如请求对涉案工程的工程量及工程造价进行鉴定；请求对增加、变更工程量的价款进行鉴定；请求对工程材料价格调增价款进行鉴定等。

（4）事实与理由：阐述涉案工程的基本情况，如工程地点、内容、承包方式、合同签订情况等。说明引发造价鉴定需求的原因，如双方对工程造价存在争议，争议产生的具体背景和经过。强调进行造价鉴定对于解决纠纷、明确责任的重要性和必要性。

（5）证据和证据来源、证人姓名和住所：若有相关证据，应简要列举，并说明证据的来源；若有证人，需提供证人的姓名和住所。

（6）结尾：此致（具体受理申请的机构名称），申请人签名（或盖章）并注明申请日期。

以下是一份《工程造价鉴定申请书》的通用模板，专家辅助人可根据实际情况调整内容：

工程造价鉴定申请书

申请人（原告）：

姓名 / 名称：_____

住所地：_____

法定代表人（如为单位）：_____

联系方式：_____

被申请人（被告）：

姓名／名称：_____

住所地：_____

法定代表人（如为单位）：_____

联系方式：_____

申请事项：

请求贵院依法委托有资质的工程造价鉴定机构，对_____（工程名称）的工程造价进行司法鉴定。具体鉴定内容包括：

1. 工程实际完成工程量及价款；

2. 工程变更、签证部分的造价；

3. 材料价格、人工费调整等争议事项；

4. 其他需鉴定的内容：_____。

事实与理由：

申请人（原告）与被申请人（被告）于____年____月____日签订《_____建设工程合同》（合同编号：_____），约定由申请人承包_____工程，合同价款为_____元。合同履行过程中，因_____（如设计变更、工程量增减、工期延误、材料价格波动等），双方对工程结算价款产生争议，经多次协商未果。

现因本案审理需要，为查明争议工程的实际造价，保障当事人的合法权益，申请人依据《中华人民共和国民事诉讼法》第七十九条，特申请对上述工程的造价进行司法鉴定。

此致

_____人民法院

申请人（签名／盖章）：

年　月　日

附件：

1. 申请人与被申请人签订的建设工程合同；

2. 工程结算文件、工程量清单及相关资料；

3.双方往来函件、会议纪要等证明材料；

4.其他证据材料：_____。

造价鉴定的启动一般是当事人申请，人民法院审查，只有经过审查通过的申请才可以启动造价鉴定。以下情况人民法院一般不支持启动造价鉴定，如果当事人或建工律师坚持申请造价鉴定，专家辅助人应口头或书面告知当事人申请可能不被接受的风险。

（1）当事人在诉讼前已经对建设工程价款结算达成协议的。

（2）当事人约定按照固定价结算建设工程价款的。

（3）当事人在诉讼前共同委托有关机构、人员对建设工程造价出具咨询意见，双方当事人明确表示接受该咨询意见约束的。

（4）当事人约定，发包人收到竣工结算文件后，在约定期限内不予答复，视为认可竣工结算文件，按照该约定处理的。

（5）人民法院根据双方提交的结算材料可直接认定建设工程价款金额的。

（6）其他不支持建设工程造价司法鉴定的情形。

如果双方当事人无法共同商定鉴定机构，人民法院一般会通过摇号随机选择鉴定机构，此时专家辅助人应客观地对被摇中的三家鉴定机构进行评价，为当事人提供选择依据或参考。同时，为确保造价鉴定的质量，专家辅助人也可以建议采用短名单进行随机确定。所谓短名单就是双方当事人各自选择 3～5 家在社会和行业中信誉好的鉴定机构，形成本次拟选择的鉴定机构的名单，若有重合，则直接选择重合的鉴定机构为本次拟选择的鉴定机构，否则在名单双方共同推荐形成的名单内随机选择。这样无论抽取哪一家鉴定机构，以其良好的社会与行业信誉，均可以在规定的时间内提供客观公正的鉴定意见。

《重庆市高级人民法院 四川省高级人民法院关于审理建设工程施工合同纠纷案件若干问题的解答》第五条第三款规定，因审计单位原因未及时出具审计意见的，人民法院可以函告审计单位在合理期间内出具审计意见。审计单位未在合理期间内出具审计意见又未能作出合理说明的，承包人请求以申请司法鉴定的方式确定工程造价的，人民法院予以支持。专家辅助人遇到合同中约定"以审计为准"时，可以按照上述内容建议当事人及建工律师向人民法院提出完成询问流程及造价鉴定申请。

6.2.4 协助当事人举证、质证

启动造价鉴定后，专家辅助人应当围绕造价鉴定的目的和鉴定范围积极协助当事人进行举证、质证。

1. 协助当事人举证

建设工程项目的证据资料往往比较多，专家辅助人在协助当事人举证时，可参照第 6.2.1 节的内容进行整理。如果发现事实上已经实施但缺失证据资料的，应以鉴定人的视角去补充完善证据资料，即使不能补充完善，也需要按行业惯例或经验提供一些佐证，促使鉴定人将该部分列为选择性或推断性鉴定意见，给建工律师提供庭辩的机会，为当事人维护自己合法权益奠定基础。

鉴定人在鉴定过程中，往往也会让当事人提交补充证据，专家辅助人接到补充通知后，应以鉴定人的视角结合专业技术的判断，分析鉴定人让提交补充证据的目的，以为当事人及建工律师提交哪些证据提供决策依据。专家辅助人如果发现补充证据通知中让当事人提交的证据资料与争议事项无关或可能导致鉴定或审判的方向产生偏差，可协助当事人和建工律师向鉴定机构或人民法院提出书面异议，并请人民法院确定。如果人民法院仍然要求提供，专家辅助人可以建议当事人及建工律师保留证据，并协助其写好相应材料不应作为造价鉴定依据的理由。

专家辅助人在整个举证过程中，要始终坚持对工程造价有利的视角去看待每一个证据，经过认真论证后再决定是否对证据进行举证。

2. 协助当事人质证

在质证环节，通常由建工律师就证据的真实性、合法性、关联性发表意见。除此之外，专家辅助人还需要对以下内容进行分析：

（1）是否构成应当增、减造价或调整价格的事由；

（2）是否影响人工、材料动态调整或其调整方法；

（3）是否影响造价计算或结算相关时间节点的认定；

（4）是否影响人工费、材料费、机械费、管理费、利润、措施费、税金等的计算标准及其计量；

（5）是否影响工期计算或工期责任的分配。

专家辅助人发现以下事项时，可告知当事人及建工律师向鉴定机构提出，并建议鉴定机构提请人民法院先行确定或作出决定，鉴定机构不提请的，由当事人及建工律师直接向人民法院提出。如果都未提出，也可以要求鉴定机构就争议的问题出具选择性鉴定意见，以供人民法院在审判时选择使用，但这样可能会增加鉴定人的工作量，进而增加造价鉴定费用，最终导致当事人的诉讼负担加重。

（1）涉及合同效力认定的；

（2）存在多份合同需确定以哪份合同为准作为结算依据的；

（3）当事人之间对计价依据、计价方法约定不明或对计价依据、计价方法等约定存在争议，需选择适用的；

（4）当事人对证据采信与否有争议，争议涉及法律问题的；

（5）涉及事实无法查明或证据缺失时的责任分配的；

（6）相关鉴定事项的确定、计算有赖于合同约定，但合同中约定不明或没有约定的；

（7）鉴定事项有赖于非委托范围内的其他事项先形成鉴定结论或需要第三方专业机构进行现场勘验的。

6.2.5　工程造价专家辅助人最佳的四个时机

所谓时机，就是要在对的时间做对的事情，这样才有可能达成预期的结果，或促使事情朝着自己设想的方向发展。作为诉讼阶段的全过程专家辅助人，更需要抓住时机，维护己方当事人的合法权益，甚至实现超预期的权益。专家辅助人工作的最佳时机根据诉讼的阶段大致可以分为以下四个阶段。

1. 鉴定机构接受人民法院的委托后

（1）为申请造价鉴定一方当事人提供服务。申请造价鉴定的当事人可能是原告或被告，也可能是发包人或承包人，还有可能是工程（施工）总承包单位或分包单位，等等。鉴定机构接受鉴定委托之后，需要向人民法院出具书面回复，确认可以对涉案项目进行造价鉴定，同时需要提供回复函、承诺书、鉴定人信息、鉴定方案及鉴定费交费通知单等内容。

一般鉴定机构在发出交费通知单前，会和预交鉴定费一方当事人进行沟通，协商鉴定费的具体金额，这通常是当事人、建工律师及专家辅助人和鉴定人的第一次见面，在见面过程中当事人、建工律师及专家辅助人需要抓住机会、先入为主，树立诚信、良好的形象，比如合法合规、真实可靠地向鉴定人提供或反馈涉案项目的具体情况、争议焦点及各自的主张等内容，争取在第一次见面后让鉴定人在没有掌握太多资料的情况下对涉案项目有一个大概的认知和判断，并对己方的主张有所了解。

专家辅助人通常是优秀的鉴定人，因此对造价鉴定工作的启动、收费、实施等内容都非常清晰。在当事人及建工律师与鉴定人协商造价鉴定费用时，专家辅助人应给当事人及建工律师提供合理的鉴定费用预期和市场价格区间，避免当事人及建工律师和鉴定人在收费金额上浪费太多时间和造成不必要的碰撞与误会。若鉴定人恶意收费，收费标准已经严重偏离市场价格，专家辅助人则应积极主动与鉴定人进行沟通，以维护当事人的权益。

关于造价鉴定收费，全国各地计算标准和规定等都不相同，并且差异很大，甚至没有可比性。因此，当事人、建工律师及专家辅助人需要根据当地的实际情况进行确定。如《成都市中级人民法院办公室关于印发〈对外委托工作管理办法〉的通知》（成中法办发〔2023〕91号）第十六条规定，鉴定机构收费必须按照相关主管部门制定的标准执行，若无标准的，应参照行业协会推荐标准收取。当事人收到《交费通知书》5日内无正当理由未缴纳鉴定费用的，鉴定机构应及时退回法院的委托鉴定。《四川省发展和改革委员会关于进一步放开住建部门专业服务收费有关事项的通知》第一条规定，放开测绘成果成图资料费、工程造价咨询服务费、建筑劳务服务费、供水排水水质检测费、危险房屋鉴定费、房改房及老旧住宅小区物业管理费等未纳入《四川省定价目录（2015年版）》的专业服务价格，实行市场调节价。四川省造价工程师协会于2022年12月23日发布《四川省工程造价咨询服务收费参考标准（试行）》（川建价师协〔2022〕56号）。基于对"成中法办发〔2023〕91号""川价发〔2008〕141号"及"川建价师协〔2022〕56号"三个办法及通知进行分析，可以推理出，目前成都市造价鉴定收费可以按照"川建价师协〔2022〕56号"计算造价鉴定费用，成都市以外四川省以内的区域，可以参照这个标准执行，适当增加差旅等费用。当鉴定人按照"川建价师协〔2022〕56号"的标准收取造价鉴定费时，专家辅助人可以为己方当事人和建工律师提供肯定的意见，以便于造价鉴定工作顺利开展，并且与鉴定人保持良好的沟通关系。

在某涉案项目鉴定收费环节中，当鉴定人发出交费通知单，预交鉴定费一方当事人收到后，立即向人民法院提出变更诉讼请求的申请，内容是把诉讼请求金额降低，这样鉴定费就可以因计算基数的减少而降低。这种随意、缺乏诚信的当事人及建工律师何谈职业操守？另某涉案项目中，鉴定人按"川建价师协〔2022〕56号"计算造价鉴定费用，这既符合成都市中级人民法院的通知要求，又与造价鉴定行业收费水平基本一致，但建工律师为向当事人证明其"忠心"，严重压低造价鉴定费的金额，并长篇大论地论证鉴定机构的收费问题。这导致该涉案项目在收费问题上耗用时间就占去了鉴定时间的一半，但最终当事人还是按照鉴定机构的收费标准预交了鉴定费用。

以上两个案件的当事人、建工律师确实值得深思。有时我们不能仅在一个维度上思考问题。专家辅助人介入后，应当凭借专业水平和行业习惯为当事人及建工律师提供准确的决策依据。不能让先于另外一方当事人与鉴定人接触的优势反而成为阻碍自己实现权益的劣势。

（2）为另外一方当事人服务。在诉讼中，另外一方当事人往往要到鉴定意见征求意见稿或核对的时候才能与鉴定人联系或见面。所以该方当事人处于天然的劣势，但不能坐以待毙，而是要主动出击。当事人、建工律师和专家辅助人在确认预交鉴定费一方当事人交费后，要主动与鉴定人联系，依法与鉴定人进行交流沟通，向鉴定人阐述项目的事实和己方的观点与主张，避免对方当事人在交费接触过程中先入为主，影响鉴定人的专业心证。

（3）专家辅助人在收到鉴定人的鉴定方案后，应认真全面地对鉴定方案进行研读，特别是对鉴定方法、鉴定依据等进行研究，一旦发现问题，应及时告知当事人及建工律师，并由建工律师向鉴定人或人民法院反馈。因为鉴定方法、鉴定依据等实质性问题直接影响着鉴定结果的客观性和可靠性。

2. 现场勘验时

（1）当事人、建工律师及专家辅助人要与鉴定机构及鉴定人做好现场勘验的事先沟通工作，然后从实务和专业方面准备好现场勘验所需的资料，如果鉴定人有需要，也可以为鉴定人设置现场勘验的线路或引导鉴定人现场勘验的思路。

（2）参加现场勘验的人员一般建议由当事人单位负责管理涉案项目的专业技术人员、造价或成本管理人员、建工律师及专家辅助人组成。

（3）当事人、建工律师及专家辅助人在现场勘验时需积极配合鉴定人，既要展现专业素养，又要对人民法院及鉴定人保持足够尊重。

（4）当事人负责管理涉案项目的专业技术人员、建工律师及专家辅助人要熟悉涉案项目情况，以便在人民法院或鉴定人现场询问时能对答如流，取得信任，以提高证据证言的采信概率。

3. 鉴定机构发出鉴定意见征求意见稿后

（1）这个阶段非常重要，当事人、建工律师及专家辅助人必须重视并全力以赴，以尽可能多地解决争议问题，特别是量价等基础问题。如果在正式鉴定意见出具后接受质证时，才提出大量关于工程量或价格的问题，就会给人民法院留下不良印象，从而使己方当事人陷入不利境地。

（2）针对征求意见稿提出问题需要配备两个专业力量。

①建工律师，主要从法律层面和全局方面对案件进行整体把握。

②专家辅助人，主要对工程造价专业问题进行梳理核实，并申请与鉴定人进行逐一核对，争取最大限度把问题或争议消化在核对阶段。

此阶段如果有些问题实在无法解决，建工律师及专家辅助人可根据己方当事人的视角（发包人或承包人不同）对确定性鉴定意见、推断性鉴定意见、选择性鉴定意见区别对待。为发包人一方当事人服务时，应尽量减少确定性意见的金额，增加选择性或推断性意见的金额；相反，为承包人一方当事人服务时，应尽量增加确定性意见的金额，减少选择性或推断性意见的金额。

（3）专家辅助人认为征求意见稿中有关事实存在证据不足的，可以采用以下方式进行：

①建议鉴定机构提请人民法院对争议问题进行现场补充勘验。

②提请人民法院对争议问题聘请第三方专业机构进行现场勘验。例如，在道路工程中对路面、路基等厚度进行钻芯取样。

③提供生效判决中类似项目的造价鉴定方法，供本项目参考时使用。类似案件最好是最高人民法院的指导案例或公报案例。

4. 鉴定机构发出鉴定意见正式稿后

（1）建工律师及专家辅助人接收到正式鉴定意见时，需要对比正式鉴定意见与征求意见稿的差异。

（2）针对征求意见稿阶段已提出但正式稿中未处理的问题，专家辅助人需要重新整理，并准备开庭质证大纲。

（3）当事人或建工律师需要专家辅助人出庭质证或询问时，应向人民法院提出申请，经法院审批通过后，专家辅助人方可出庭。

（4）建工律师与专家辅助人出庭前，需要讨论一致，是通过让鉴定人出具补充鉴定意见来维护合法权益，还是努力让人民法院不予采信原鉴定意见并重新启动造价鉴定，在重新启动的造价鉴定过程中维护合法权益，以便在庭审中达成目标。

当事人、建工律师及专家辅助人应对造价鉴定工作虽然有很多技巧，但除了技巧之外，真诚和尊重也是其赢得有利结果的关键因素。因此，在整个案件过程中，建工律师及专家辅助人都应展现出专业素养和良好素质，尊重对方当事人、法官及其他相关人员。

6.2.6 起草工程造价专家辅助人意见书

本节内容与第 6.1.2 节内容基本相同，可参考其内容。

6.2.7 工程造价专家辅助人出庭

本部分内容与第 6.1.4 节内容基本相同，可参考其内容。

6.2.8 诉讼过程中的全过程顾问服务

本节所称的全过程顾问咨询服务主要指专家辅助人对于第 6.2.1 节至第 6.2.7 节的内容不做具体的实施，也不出庭作证，仅以专家顾问的形式对当事人及建工律师提出的问题进行顾问式咨询或回答其专业疑惑，从而使其具有全流程的思维或能力，最终能自行维护自身的合法权益。专家辅助人承接顾问式咨询服务时，可以按照上述第 6.2.1 节至第 6.2.7 节的内容向委托自己的当事人或建工律师提供顾问式咨询服务。

6.3 非诉业务咨询服务

本节所称的非诉业务咨询服务与传统的造价咨询服务不同，主要指专家辅助人（有时还称为"造价工程师"）与建工律师组成团队，为施工单位提供招投标文件分析增收、施工过程管理、索赔、谈判、结算策划或全过程咨询服务管理及为建设单位提供反索赔管理咨询等服务。本节主要以索赔与反索赔为内容进行论述。

6.3.1 梳理工程索赔证据

证据是一切主张之本，工程索赔更不例外。专家辅助人一般可从以下四个方面梳理工程索赔的证据。

1. 法律法规

（1）法律：《民法典》《中华人民共和国建筑法》《中华人民共和国招标投标法》《中华人民共和国政府采购法》等。

（2）行政法规：《建设工程安全生产管理条例》《中华人民共和国招标投标法实施条例》《中华人民共和国政府采购法实施条例》《安全生产许可证条例》《建设工程勘察设计管理条例》《建设工程质量管理条例》等。

（3）部门规章：《工程建设国家标准管理办法》《工程建设行业标准管理办法》《工程建设项目施工招标投标办法》《建设工程价款结算暂行办法》《建筑工程安全防护、文明施工措施费用及使用管理规定》《建筑工程施工发包与承包计价管理办法》等。

（4）司法解释：《建设工程合同司法解释一》《最高人民法院关于适用〈中华人民共和国民法典〉合同编通则若干问题的解释》（法释〔2023〕13 号）等。

（5）项目所在地地方性法规及规章。

2. **标准规范**

工程建设标准规范划分为强制性标准规范和推荐性标准规范。强制性标准规范必须执行，推荐性标准规范属自愿采用，需在工程合同中明确约定适用才可对合同双方产生约束力。与工程索赔业务相关的标准规范通常包括：

（1）《建设工程工程量清单计价规范》（GB 50500—2013）、《建筑地基基础设计规范》（GB 50007—2011）、《混凝土结构设计标准》（GB/T 50010—2010）（2024 年版）、《钢结构设计标准》（GB 50017—2017）、《建筑设计防火规范》（GB 50016—2014）（2018 年版）、《建筑给水排水设计标准》（GB 50015—2019）、《建筑物防雷设计规范》（GB 50057—2010）、《电力设施抗震设计规范》（GB 50260—2013）、《工程测量标准》（GB 50026—2020）、《建筑工程施工质量验收统一标准》（GB 50300—2013）、《建筑地基基础工程施工质量验收规范》（GB 50202—2018）、《地下防水工程质量验收规范》（GB 50208—2011）。

（2）行业标准规范：指在没有国家标准的情况下，为满足建设行业内统一技术要求所制定的标准。行业标准规范的适用范围仅限于本行业，如房屋建筑行业、水利水电行业及公路交通行业等。

3. **合同文件**

由发承包双方签署的工程合同是处理工程索赔的直接依据。通常，合同的组成文件包括：合同协议书、中标通知书、投标函及附录、专用合同条款及其附件、通用合同条款、技术标准和要求、图纸、已标价工程量清单或预算书、其他合同文件、补充和修改等。各组成文件的适用先后顺序通常在合同协议书或合同专用条款中进行约定。

4. **建筑行业交易习惯**

所谓交易习惯，是指在某时某地某一行业或者某一类交易关系中，被人们普遍采纳的惯常做法，或者特定当事人之间既往交易中的惯常做法。与一般的生活习惯不同，交易习惯通常是对经济生活中反复适用的规则进行归纳、抽象而形成的，其并不广泛适用于社会关系，而主要适用于商事主体在交易中形成的关系。交易习惯通常可以分为：一般的交易习惯，即通行于全国的习惯；特定区域的交易习惯，即地区习惯；特殊行业的交易习惯；当事人之间长期从事某种交易所形成的习惯。

《民法典》第十条规定，处理民事纠纷，应当依照法律；法律没有规定的，可以适用习惯，但是不得违背公序良俗。因此，交易习惯作为上述法律规定涉及的习惯的一个重要类别，有填补法律缺失的重要作用。与一般民商事合同活动相比，建设工程合同活动具有参与主体更广泛、活动内容更复杂、履约时间更长久、履约变化更多发的特点，而在法律层面对于建设工程合同交易规则的规定相对有限，在解决建设工程合同纠纷具体问题时，当事人以及裁判者时常感受到法律的缺位。因此，大量行业惯例、当事人在交易过程中的习惯做法（即交易习惯）充斥于建设工程合同活动的全过程。

6.3.2 工程索赔的基本程序

工程索赔程序，通常是指工程合同一方当事人按照合同约定或者法律规定，在约定期限内通过监理单位或直接向另一方提出经济补偿和（或）时间补偿的要求的程序。工程索赔程序应注意三个方面内容，分别是提出索赔的期限、对象和形式。工程索赔程序根据主体区分，包括由承包人向发包人提出索赔的程序，以及由发包人向承包人提出索赔的程序（也称之为"反索赔"），具体以双方当事人合同约定为准。本书以《建设工程施工合同（示范文本）》（GF—2017—0201）与《建设项目工程总承包合同（示范文本）》（GF—2020—0216）为例进行介绍。

1.《建设工程施工合同（示范文本）》（GF—2017—0201）中的索赔程序

（1）承包人向发包人提出索赔的程序。

索赔事件发生后28天内→索赔意向通知书（说明理由），逾期未发出，丧失权利→发出索赔意向通知书后28天内→正式索赔通知书（详细说明理由和要求），索赔事件具有持续影响的还应提交延续索赔通知→索赔事件影响结束后的28天内→最终索赔通知书（说明要求并附必要记录和证明材料）。

（2）发包人对承包人索赔的处理程序。

监理人收到索赔报告后14天内→报送发包人→发包人在监理人收到索赔报告或进一步证明材料后的28天内→监理人向承包人出具经发包人签认的索赔处理结果→发包人逾期答复，视为认可索赔要求→承包人接受索赔处理结果→索赔款项在当期进度款中进行支付→不接受索赔处理结果→争议解决。

（3）发包人向承包人提出索赔的程序。

索赔事件发生后 28 天内→索赔意向通知书，逾期未发出的，丧失索赔权利→发出索赔意向通知书后 28 天内→递交索赔报告。

（4）承包人对发包人索赔的处理程序。

收到发包人提交的索赔报告后→及时审查索赔报告的内容、查验发包人证明材料→承包人逾期答复，视为认可索赔要求→承包人接受索赔处理结果→从应支付给承包人的合同价款中扣除赔付的金额或延长缺陷责任期→不接受索赔处理结果→争议解决。

需要注意的是，如合同双方已经办理竣工结算的，工程索赔只限于办理工程结算后发生的索赔事项，提出索赔的期限应自发承包双方最终结清时终止。

2.《建设项目工程总承包合同（示范文本）》（GF—2020—0216）中的索赔程序

《建设项目工程总承包合同（示范文本）》（GF—2020—0216）相较于《建设工程施工合同（示范文本）》（GF—2017—0201）而言，主要变化在于提出索赔的对象和审核索赔的期限。

（1）提出索赔的程序。

索赔事件发生后 28 天内→递交索赔意向通知书（说明理由），逾期未发出，丧失权利→发出索赔意向通知书后 28 天内递交索赔报告（说明理由，附必要的记录和证明材料）→索赔事件有持续影响的，应每月递交延续索赔通知→索赔事件影响结束后 28 天内递交最终索赔报告（附必要的记录和证明材料）。

需要注意的是，承包人作为索赔方时，其索赔意向通知书、索赔报告及相关索赔文件应向工程师提出；发包人作为索赔方时，其索赔意向通知书、索赔报告及相关索赔文件可自行向承包人提出或由工程师向承包人提出。

（2）发包人对承包人的索赔处理程序。

工程师收到索赔报告后→及时审查索赔报告的内容、查验承包人的记录和证明材料，必要时要求提交全部原始记录副本→书面告知发包人→工程师在 42 天内将发包人书面认可的索赔处理结果答复承包人→工程师在收到索赔报告 42 天内不予答复的，视为认可索赔→承包人接受索赔处理结果，发包人应在作出索赔处理结果答复后 28 天内完成支付→承包人不接受索赔处理结果，争议解决。

（3）承包人对发包人的索赔处理程序。

收到发包人提交的索赔报告后→应及时审查索赔报告的内容、查验发包人证明材料→收到索赔报告或有关索赔的进一步证明材料后 42 天内→将索赔处理结果答复发包人

→42天内不予答复的，视为认可索赔→发包人接受索赔处理结果的，可从应支付给承包人的合同价款中扣除赔付的金额或延长缺陷责任期→发包人不接受索赔处理结果，争议解决。

3.索赔处理结果

（1）接受索赔处理结果→变更合同价款和/或工期；

（2）不接受索赔处理结果→争议解决。

6.3.3　承包人可向发包人提出的工程索赔事件

以《建设工程施工合同（示范文本）》（GF—2017—0201）为例，发生下列事件时，承包人可以向发包人提出索赔：

1.发包人未及时办理施工前置许可或审批手续

建筑工程施工前置手续一般包括四证：国有土地使用权证、建设用地规划许可证、建设工程规划许可证、建筑工程施工许可证。如发包人未在工程开工前办妥上述前置审批手续的，则可能引起相应的法律后果，承包人可就受到的影响向发包人提出索赔。建设工程规划许可证的办理是以建设用地规划许可证的办理为前提。

（1）未办妥国有土地使用权证、建设用地规划许可证属于建设用地程序不合规，虽不会导致建设工程合同无效的情形，但可能会导致工程停工或被认定为违法建设行为而被拆除，由此导致承包人停工、窝工损失或工程合同无法继续履行造成利润损失的，承包人可向发包人提出索赔。

（2）未办妥建筑工程施工许可证属违法动工行为，建设行政主管部门可以作出责令停工等行政处罚，承包人也有权拒绝进场开工。如开工后发现尚未办妥建筑工程施工许可证的，承包人有权就因此所发生的停工、窝工损失向发包人索赔。

2.发包人或监理人未按期下达开工通知

发包人或监理人应在计划开工日期7天前向承包人发出开工通知，工期自开工通知中载明的开工日期起算。除专用合同条款另有约定外，因发包人原因造成监理人未能在计划开工日期之日起90天内发出开工通知的，承包人有权提出价格调整要求，或者解除合同。发包人应当承担由此增加的费用和（或）延误的工期，并向承包人支付合理利润。

3.发包人未按合同约定提供图纸或图纸错误

施工总承包模式下，发包人应向承包人及时提供工程设计图纸，如因发包人未按合同约定按时向承包人提供图纸或者错误提供图纸等导致承包人无法施工或者返工并且造成损失的，承包人有权向发包人提出索赔。同时，因发包人提供的工程图纸未经第三方审图机构审查的，也应视为迟延提供工程图纸的情形。

4. 发包人未按约提供工程实施所需文件

发包人应按照合同约定的期限、数量和形式向承包人免费提供前期工作相关资料、环境保护、气象水文、地质条件进行工程设计、现场施工等工程实施所需的文件。因发包人未按合同约定提供文件造成工期延误的，承包人可就受到的影响向发包人索赔。

5. 发包人拖延提供施工现场条件及技术资料

除工程合同另有约定外，发包人在开工前应当交付施工场地，且应确保施工场内具备可连接使用的水、电、通信等生产条件、交通条件，以及齐备的地质资料、地下管线资料等各种技术资料。如果发包人拖延提供施工现场、施工条件、资金以及技术资料或者提供的资料错误，造成承包人无法按时开工、费用增加或工程返工、质量缺陷等，承包人有权依据《民法典》等相关法律规定向发包人索赔以及主张顺延工期。

6. 发包人迟延检查或要求重新检查检验材料、设备、分项工程、隐蔽工程等，导致施工无法正常进行

在施工过程中，发包人有义务对进场的材料、设备进行详细的检查检验，以及根据合同约定在施工过程中对分项工程进行验收、对需要隐蔽的工程进行查验以便承包人进行下一步的工程工序。

如果由于监理人或发包人违反约定迟延检查或要求重新检查材料、设备、分项工程、隐蔽工程而导致承包人窝工，影响施工进度、增加费用的，或需要揭开已覆盖的隐蔽工程，而检查结果为工程质量合格的，那么承包人有权要求发包人赔偿停工、窝工等损失及主张工期顺延；如果检查结果为工程质量不合格的，则重新检查及返工费由承包人自行承担。

7. 发包人提供的工程基准水准资料存在错误

发包人应向承包人提供测量基准点、基准线和水准点及其书面资料。发包人应对其提供的测量基准点、基准线和水准点及其书面资料的真实性、准确性和完整性负责。发包人提供的测量基准点、基准线和水准点及其书面资料存在错误或疏漏的，由发包人承担由此延误的工期和（或）增加的费用。

8. 发包人或监理人拖延审批施工方案或进度计划

承包人针对工程所做的施工方案以及进度计划是承发包双方控制工程进度的依据以

及关系到发包人成本控制等，虽然法律并没有明文规定，但一般应报送发包人或监理人审批后才可实施。如果发包人或监理人拖延审批的，可能会造成承包人无法按时开工、工期延误或费用增加等损失。

发包人或监理人拖延审批的，承包人可依据合同是否有审批期限、违约责任来主张违约赔偿以及要求赔偿因此而导致的损失及主张工期顺延等。但是，如果合同约定超过期限未予审批的，则视为发包人同意该施工方案以及进度计划，承包人应继续施工，不得以此为由停工，否则由此造成的损失由承包人自行承担。

9. 发包人或监理人发布指示延误或不当

发包人以及受发包人委托对工程施工进行监督管理的专业机构监理人，其均应当按照合同约定和法定职责发出相对准确、合理的工程指令。因发包人、监理人未能按合同约定发出指示、指示延误或发出了错误指示，有可能打乱正常施工计划，导致承包人费用增加和（或）工期延误。对此，应由建设工程的发包方对承包人承担相应责任，承包人有权向发包人提出索赔。

10. 发包人设计变更

设计变更是指由于设计人自身原因比如设计错误修正、设计遗漏的补正等，或者由于发包人自身原因比如增减工程量、改变工程功能及评优要求、所提供的地质勘察等资料有误、因预期不足导致设计深度不够、更改使用环保材料等原因，或者由于其他原因比如技术突破等而需要对原先与承包人确定的设计方案、图纸、工作内容等进行的变更、修改、优化，等等。

由于设计变更，可能会导致承包人工期延误或对已完成工程部分进行拆除或修改、成本费用增加等，甚至是由于设计变更超出了原有申请批准的建设规模而需要等待发包人重新申请规划批准等手续而停工。对此而产生的所有损失，除非合同约定承包人需承担一定的风险比例，否则承包人有权向发包人索赔，要求赔偿损失及支付合理利润。

其中，应重视设计变更导致已完成工程部分的返工，对于重复工作的工程款结算，除了应结算最终竣工验收合格成果的价值外，还需计算因设计变更返工之前已完成的工作价值及拆除工程量。作为承包人应保存好返工前后已完成的工作成果、工作量等材料作为向发包人进行索赔的证据。

11. 发包人调整承包人合同工作量

发包人调整承包人工作量既包括增加工作量，也包括减少工作量。对承包人可能造成的影响既包括增加工作量导致的工程价款的增加，也包括减少工作量导致的单价上升和利润损失等，承包人可以据此向发包人提出索赔。承包人在接到发包人调整工作量通知后，应及时做好价值核算，如对承包人的工期、造价、利润产生影响的，应做好证据固定，及时提出索赔。

需要注意的是，如果在固定总价合同履行过程中发包人变更工程量的，根据《建设工程合同司法解释一》相关规定，承包人仅能就增减的工程部分价款单独参照合同约定或当地建设行政主管部门发布的计价方法或者计价标准进行计价结算，而不能要求对整个工程项目重新造价结算。

12. 发包人负责提供的材料和设备供应延误、供货地点变更或存在质量缺陷

已在建设工程合同的《发包人供应材料设备一览表》列明由发包人负责提供的部分原材料、机械设备等材料的，则发包人应严格按约定的材料及设备的名称、数量、价格、交货时间、地点及质量标准等确保供应。如发包人因自身原因导致由其提供的材料、设备无法准时交给承包人、交货地点变更或者存在质量缺陷，并造成承包人工程延误或者产生额外运输、保管等费用或造成工程质量缺陷的，承包人可以向发包人提出索赔并要求顺延工期。

但需注意的是，尽管发包人对合同约定由其提供的材料及设备的质量问题负有责任，但承包人出于对工程质量的负责应对发包人提供的材料及设备进行必要的检验。如果承包人对发包人提供的材料、设备等没有进行必要的检验或经检验不合格仍然使用的，由此导致工程质量缺陷的，承包人可能也需承担相应责任。

13. 发包人违约指定材料、设备生产厂家或供应商

如建设工程合同中约定由承包人采购的材料及设备，发包人不得强行指定生产厂家或者供应商。如发包人违约强行指定，承包人有权予以拒绝，由此导致工期延误或费用增加的，承包人可以向发包人提出索赔，但需保留发包人违约指定厂家或供应商的相关证据。

14. 发包人拖延支付工程款

承包人按照建设工程合同约定的工程进度完成施工的，发包人应按照合同约定及时向承包人支付预付款、进度款、结算款以及质量保证金等工程款。如果发包人拖延支付工程款，承包人有权向发包人索赔工程款以及要求支付逾期付款利息等费用。发包人不予支付的，承包人根据《中华人民共和国民法典》第八百零七条、《建设工程合同司法解释一》第三十五条、第四十一条规定对工程款享有优先受偿权；或者发包人对外享有到期债权的，承包人可以依法行使代位权。

15. 发包人指定的分包人延误或违约

我国法律、行政法规并未明确禁止发包人指定分包人，但是如果由于发包人指定的分包人违约或者工期延误而导致工程质量缺陷、费用增加或工期延误的，发包人对此应承担责任，承包人可以由此提出索赔。

但需要注意的是，承包人不是绝对的免责。承包人应履行对发包人指定的分包人进行合理监督检查的义务，如果承包人未履行监督检查义务，对工期延误或者工程质量缺陷存在过错的，承包人应对此承担相应的过错责任。

16. 发包人原因导致暂估价合同订立或履行迟延

暂估价项目因为有不确定因素，一般以暂估价的方式纳入总承包合同范围，若暂估价合同订立或履行迟延是因发包人违反合同约定不当干预或确认审批迟延等原因造成，承包人本身不具备过错，承包人有权向发包人索赔因此增加的费用或工期。

17. 发包人拖延分项工程验收以及工程整体竣工验收

对于建设工程合同约定的分项工程，发包人应根据约定按时进行验收。如果发包人延迟验收分项工程影响承包人下一道工序、造成承包人停工或者导致工程遮蔽而需要拆除重新查验等，承包人有权向发包人对增加的费用进行索赔，并要求顺延工期。

如果发包人无正当理由拖延整体工程的竣工验收，以承包人提交验收报告之日为竣工日期，承包人可以根据合同约定要求结算工程款。由于发包人拖延验收导致的承包人无法按时进行工程款结算、施工人员无法退场、工程无法交付等损失的，承包人可以向发包人提出索赔。

18. 发包人要求加速施工

由于发包人自身原因，要求承包人加速施工提前竣工时间的，承包人应综合考虑工程质量、施工安全措施、增加的费用等因素向发包人提出合理建议，如果发包人采取建议的，双方可签署相关协议，约定发包人承担增加的费用。

若基于前期发包人原因导致工期延误后发包人要求承包人赶工按期完工的，这可能会导致承包人需要增加施工人员、机械设备、作业场地等而导致费用增加，对此承包人可以对所增加的赶工费用进行计算，争取与发包人签署相关协议；若发包人不同意签署的，则承包人需要保留相关单据向发包人索赔。

但需要注意的是，承包人仍然要保证工程质量。如果提前竣工或赶工会影响工程质量的，承包人有权拒绝，否则承包人应对工程质量问题承担责任。

19. 发包人原因导致暂停或终止施工

因发包人原因引起的暂停施工，发包人应承担由此增加的费用和（或）延误的工期，并支付承包人合理的利润。

20. 发包人原因导致无法按时复工

暂停施工后，发包人和承包人应采取有效措施积极消除暂停施工的影响。在工程复工前，监理人会同发包人和承包人确定因暂停施工造成的损失，并确定工程复工条件。当工程具备复工条件时，监理人应经发包人批准后向承包人发出复工通知，承包人应按照复工通知要求复工。因发包人原因无法按时复工的，承包人有权提出索赔，但在建设工程合同中约定发包人在一定期限内暂停施工免责的除外。

21. 发包人要求承包人提前交付单位工程

发包人需要在工程竣工前使用单位工程的，或承包人提出提前交付已经竣工的单位工程且经发包人同意的，可进行单位工程验收，验收合格后，由监理人向承包人出具经发包人签认的单位工程接收证书。发包人要求在工程竣工前交付单位工程，由此导致承包人费用增加和（或）工期延误的，由发包人承担由此增加的费用和（或）延误的工期，并支付承包人合理的利润。

22. 发包人造成承包人人员伤亡及财产损失

合同履行期间，合同当事人有义务严格执行国家安全生产规定，防范或避免发生安全事故造成损失。对于发包人及监理人强令承包人违章作业、冒险施工的任何指示，承包人有权拒绝。承包人人员伤亡或财产损失系因发包人一方原因造成，发包人对此存在过错的，承包人有权提出索赔。

23. 发包人拖延竣工验收

在建设工程合同对于竣工验收、结算等程序作出明确约定的情况下，若发包人违反该等约定拖延竣工验收，将导致承包人无法向发包人交付工程、承包人工程结算款支付期限无法确定、承包人工程人员无法及时撤离施工现场等一系列不确定情形。因此，若发包人无正当理由拖延竣工验收、不按照约定组织竣工验收，承包人对因此增加的费用或延误的工期，有权向发包人提出索赔。

24. 发包人无正当理由拒绝接收工程

工程经竣工验收合格的，发包人都应接收工程并且及时结算、支付工程款。如果发包人无正当理由拒绝接收工程的，由此使承包人产生工程照管、成品保护、保管物品等费用，承包人可以向发包人提出索赔。

25. 监理人检查、检验影响施工正常进行

监理人需要按照合同约定对隐蔽工程或其他项目完成检查、检验，但其检查、检验应以不影响承包人的正常施工作业为前提，若因监理人判断失误导致承包人被迫将已隐蔽部位扒开或因检查、检验耽误时间而导致承包人无法进入下一步工作等，均会增加相关费用或延长工期。在此情况下，根据公平原则，若经检查、检验质量不合格，则可证明系因承包人施工不符合质量标准而产生的费用，应由承包人自行承担责任；若质量合格，则承包人增加的合同价款及延长的工期，应由发包人承担责任。

26. 监理人延期检查隐蔽工程或重新检查已覆盖隐蔽工程

监理人延期检查隐蔽工程与监理人检查、检验影响施工正常进行的情形相近，均是由于监理人的检查、检验行为使承包人额外增加费用或者延长工期，因此，承包人有权就此向发包人提出索赔。

27. 监理人重新试验和检验材料、设备及工程，结果符合合同要求的

监理人对承包人的试验和检验结果有异议的，或为查清承包人试验和检验成果的可靠性要求承包人重新试验和检验的，承包人应配合监理人共同进行重新试验和检验。重新试验和检验结果证明该项材料、工程设备和工程符合合同要求的，由此增加的费用和（或）延误的工期由发包人承担。

28. 监理或设计等原因导致工程试车费用增加和/或工期延误

因设计原因导致试车达不到验收要求，发包人应要求设计人修改设计，承包人按修改后的设计重新安装。发包人承担修改设计、拆除及重新安装的全部费用，工期相应顺延。因监理人原因导致试车达不到验收要求的，承包人因此增加的费用或延误的工期应由发包人承担。

29. 不利物质条件（包括但不限于地下文物）

不利物质条件一般是指承包人在施工过程中遇到的签订合同时无法预见的不利的自然物质条件、非自然的物质障碍和污染物，包括地表以下物质条件和水文条件以及专用合同条款所约定的其他情形，但不包括气候条件。承包人在遇到不利物质条件时应采取合理的措施克服不利物质条件继续施工，并且及时报告发包人及监理人，该不利条件不能克服的除外。由此产生的合理费用，承包人可以向发包人索赔。

典型的不利物质条件中包括发现地下文物。地下文物在前期地质勘探时比较难被发现，如果承包人在施工过程中发现地下文物，可能会导致工期延误、工程设计变更甚至是工程取消。作为承包人应严格遵守相关法律法规向相关行政部门以及发包人报告，等

待进一步的处理。为此工期延误或者费用增加的，承包人可依据合同相关约定向发包人发起索赔并且要求工期顺延。

30. 因发包人原因导致工期延期令承包人需增加履约担保的费用

在工程合同中，发承包双方往往会通过约定提供履约担保来保证双方权利得到保障。履约担保一般包括缴纳履约保证金或者要求第三方担保公司、保险公司或银行提供履约保函等。

发包人要求承包人提供履约保函的，一般履约保函的有效期截止为工程建设合同约定的工程竣工验收合格之日后的 30 天至 180 天，如果工期延误，势必需要对履约保函进行续期增加费用。如果由于发包人原因导致工期延期的，承包人为此所付的履约保函续约费，可向发包人索赔，但建设工程合同另有约定除外。

31. 基准日期后法律变化增加安全文明施工费

安全文明施工费由发包人承担，发包人不得以任何形式扣减该部分费用。因基准日期后合同所适用的法律或政府有关规定发生变化，增加的安全文明施工费由发包人承担。

32. 发包人未办理有关工程保险

工程保险一般指建筑工程一切险、安装工程一切险、综合财产险等。关于工程保险的投保主体，法律并没有明文规定。约定由发包人投保的，发包人应按照约定按时予以投保以及在施工工期内保险到期后予以续保。如果发包人未按约或未及时投保、续保以及发包人另行委托承包人代办投保续保的，承包人代办工程保险所支付的保险费等费用可以凭借投保单、缴纳凭证等材料要求发包人承担。

33. 遭遇不可抗力期间的停工窝工损失

不可抗力一般指无法预见、无法避免、无法克服的事件，包括但不限于严重的自然灾害、火灾、战争、政策等。在建设工程施工过程中如果发生不可抗力事件，承包人有权要求发包人承担如下责任，但合同另有约定的除外：

（1）承担永久工程、已运至施工现场的材料和工程设备的损坏，以及因工程损坏造成的第三人人员伤亡和财产损失；

（2）因不可抗力影响承包人履行合同约定的义务，已经引起或将引起工期延误的，应当顺延工期，由此导致承包人停工的费用损失由发包人和承包人合理分担，停工期间必须支付的工人工资由发包人承担；

（3）因不可抗力引起或将引起工期延误，发包人要求赶工的，由此增加的赶工费用由发包人承担；

（4）承包人在停工期间按照发包人要求照管、清理和修复工程的费用由发包人承担。

6.3.4　发包人可向承包人提出的工程索赔事件

以《建设工程施工合同（示范文本）》（GF—2017—0201）为例，发生下列事件时，发包人可以向承包人提出索赔：

1.因承包人原因导致工期延误

因承包人原因未能按合同进度计划完成工作，因承包人原因引起的暂停施工，承包人应承担由此增加的费用和（或）延误的工期。

暂停施工后，发包人和承包人应采取有效措施积极消除暂停施工的影响。在工程复工前，监理人会同发包人和承包人确定因暂停施工造成的损失，并确定工程复工条件。当工程具备复工条件时，监理人应经发包人批准后向承包人发出复工通知，承包人应按照复工通知要求复工。承包人无故拖延和拒绝复工的，承包人承担由此增加的费用和（或）延误的工期。

2.承包人违约更换项目经理

项目经理应为合同当事人所确认的人选，并在专用合同条款中明确项目经理的姓名、职称、注册执业证书编号、联系方式及授权范围等事项，项目经理经承包人授权后代表承包人负责履行合同。项目经理应是承包人正式聘用的员工，承包人应向发包人提交项目经理与承包人之间的劳动合同，以及承包人为项目经理缴纳社会保险的有效证明。承包人不提交上述文件的，项目经理无权履行职责，发包人有权要求更换项目经理，由此增加的费用和（或）延误的工期由承包人承担。此外，如未经发包人同意擅自更换项目经理的，则发包人有权要求承包人纠正并承担相应的违约责任。

3.承包人未能充分查勘、了解、估计施工现场和施工条件

承包人应对基于发包人提交的基础资料所做出的解释和推断负责，应对施工现场和施工条件进行查勘，并充分了解工程所在地的气象条件、交通条件、风俗习惯以及其他与完成合同工作有关的资料。因承包人未能充分查勘、了解前述情况或未能充分估计前述情况所可能产生后果的，承包人承担由此增加的费用和（或）延误的工期。

4.因承包人原因造成工程、材料、工程设备以及成品或半成品损坏

在承包人负责照管期间，因承包人原因造成工程、材料、工程设备损坏的，由承包

人负责修复或更换，并承担由此增加的费用和（或）延误的工期。对合同内分期完成的成品和半成品，在工程接收证书颁发前，由承包人承担保护责任。因承包人原因造成成品或半成品损坏的，由承包人负责修复或更换，并承担由此增加的费用和（或）延误的工期。

5. 因承包人原因造成工程质量未达到合同约定标准

因承包人原因造成工程质量未达到合同约定标准的，发包人有权要求承包人返工直至工程质量达到合同约定的标准为止，并由承包人承担由此增加的费用和（或）延误的工期。因承包人原因造成工程不合格的，发包人有权随时要求承包人采取补救措施，直至达到合同要求的质量标准，由此增加的费用和（或）延误的工期由承包人承担。无法补救的，发包人有权拒绝接收全部或部分工程。

6. 承包人挪用安全文明施工费导致暂停施工

承包人对安全文明施工费应专款专用，承包人应在财务账目中单独列项备查，不得挪作他用，否则发包人有权责令其限期改正；逾期未改正的，可以责令其暂停施工，由此增加的费用和（或）延误的工期由承包人承担。

7. 发生危及工程安全的事件，承包人无能力或不愿进行抢修

在工程实施期间或缺陷责任期内发生危及工程安全的事件，监理人通知承包人进行抢救，承包人声明无能力或不愿立即执行的，发包人有权雇佣其他人员进行抢救。此类抢救按合同约定属于承包人义务的，由此增加的费用和（或）延误的工期由承包人承担。

8. 施工现场的粉尘、废气、废水、固体废物和噪声对环境的污染和危害

承包人应在施工组织设计中列明环境保护的具体措施。在合同履行期间，承包人应采取合理措施保护施工现场环境。对施工作业过程中可能引起的大气、水、噪声以及固体废物污染采取具体可行的防范措施。承包人应当承担因其原因引起的环境污染侵权损害赔偿责任，因上述环境污染引起纠纷而导致暂停施工的，由此增加的费用和（或）延误的工期由承包人承担。

9. 承包人偷工减料、使用不合格的建筑材料、建筑构配件和设备

监理人有权拒绝承包人提供的不合格材料或工程设备，并要求承包人立即进行更换。监理人应在更换后再次进行检查和检验，由此增加的费用和（或）延误的工期由承包人承担。

发包人或监理人发现承包人使用不符合设计或有关标准要求的材料和工程设备时，有权要求承包人进行修复、拆除或重新采购，由此增加的费用和（或）延误的工期，由

承包人承担。

10.因承包人原因导致暂估价合同订立和履行迟延

因承包人原因导致暂估价合同订立和履行迟延的，由此增加的费用和（或）延误的工期由承包人承担。

11.覆盖隐蔽工程检查不合格或承包人私自覆盖隐蔽工程

承包人应当对工程隐蔽部位进行自检，并经自检确认是否具备覆盖条件。监理人应按时到场并对隐蔽工程及其施工工艺、材料和工程设备进行检查。经监理人检查确认质量符合隐蔽要求，并在验收记录上签字后，承包人才能进行覆盖。经监理人检查质量不合格的，承包人应在监理人指示的时间内完成修复，并由监理人重新检查，由此增加的费用和（或）延误的工期由承包人承担。

承包人覆盖工程隐蔽部位后，发包人或监理人对质量有疑问的，可要求承包人对已覆盖的部位进行钻孔探测或揭开重新检查，承包人应遵照执行，并在检查后重新覆盖恢复原状。经检查证明工程质量不符合合同要求的，由此增加的费用和（或）延误的工期由承包人承担。承包人未通知监理人到场检查，私自将工程隐蔽部位覆盖的，监理人有权指示承包人钻孔探测或揭开检查，无论工程隐蔽部位质量是否合格，由此增加的费用和（或）延误的工期均由承包人承担。

12.承包人使用的施工设备不能满足要求

承包人使用的施工设备不能满足合同进度计划和（或）质量要求时，监理人有权要求承包人增加或更换施工设备，承包人应及时增加或更换，由此增加的费用和（或）延误的工期由承包人承担。

13.承包人无正当理由拒绝移交工程

工程竣工验收合格后，承包人应按照建设工程合同的约定，在发包人颁发工程接收证书后按期移交工程。承包人无正当理由不移交工程的，承包人应承担工程照管、成品保护、保管等与工程有关的各项费用。

14.承包人逾期未完成竣工退场

承包人应在专用合同条款约定的期限内完成竣工退场，逾期未完成的，发包人有权出售或另行处理承包人遗留的物品，由此支出的费用由承包人承担，发包人出售承包人遗留物品所得款项在扣除必要费用后应返还承包人。承包人未按发包人的要求恢复临时占地，或者场地清理未达到合同约定要求的，发包人有权委托其他人恢复或清理，所发生的费用由承包人承担。

15. 缺陷责任期内承包人未履行维修义务

缺陷责任期内，由承包人原因造成的缺陷，承包人应负责维修，并承担鉴定及维修费用。如承包人不维修也不承担费用，发包人可按合同约定从保证金或银行保函中扣除，费用超出保证金额的，发包人可按合同约定向承包人进行索赔。承包人维修并承担相应费用后，不免除对工程的损失赔偿责任。发包人有权要求承包人延长缺陷责任期，并应在原缺陷责任期届满前发出延长通知。

6.3.5 工程总承包模式中的工程索赔分析

1. 关于设计部分的索赔事件

（1）法律和标准的变化。

《建设项目工程总承包合同（示范文本）》（GF—2020—0216）通用条款部分第 5.1.3 条［法律和标准的变化］约定了承包人完成设计工作所应遵守的法律、规范、标准发生重大变化的处理措施。在基准日期后，法律规定，以及国家、行业和地方的规范和标准发生重大变化，或者有新的文件实施的，承包人应向工程师提出遵守新规定的建议。如在基准日期之后，因国家颁布新的强制性规范、标准导致承包人的费用变化的，发包人应合理调整合同价格；导致工期延误的，发包人应合理延长工期。

（2）承包人文件审查。

《建设项目工程总承包合同（示范文本）》（GF—2020—0216）通用条款部分第 5.2 条［承包人文件审查］，重点强调设计人文件审查，该条明确如发包人对承包人递交文件的审查意见构成变更的，承包人应在 7 天内通知发包人按照第 13 条［变更与调整］中关于发包人指示变更的约定执行，双方对是否构成变更无法达成一致的，按照第 20 条［争议解决］的约定执行；但如因承包人原因导致无法通过审查的，承包人应根据发包人要求进一步修改报送，因此引起的工期延长和必要的工程费用增加，由承包人负责。

（3）承包人文件错误。

承包人文件存在错误、遗漏、含混、矛盾、不充分之处或其他缺陷，无论承包人是否获得了同意，承包人均应自费对前述问题带来的缺陷和工程问题进行改正，并按照第 5.2 条［承包人文件审查］的要求，重新送工程师审查，审查日期从工程师收到文件开始重新计算。因此条原因重新提交审查文件导致的工程延误和必要费用增加由承包人承担。《发包人要求》的错误导致承包人文件错误、遗漏、含混、矛盾、不充分或其他缺陷的除外。

2. 关于《发包人要求》的索赔事件

（1）《发包人要求》或其提供的基础资料中的错误。

承包人应尽早认真阅读、复核《发包人要求》以及其提供的基础资料，发现错误的，应及时书面通知发包人补正。发包人作相应修改的，按照第 13 条［变更与调整］的约定处理。

《发包人要求》或其提供的基础资料中的错误导致承包人增加费用和（或）工期延误的，发包人应承担由此增加的费用和（或）工期延误，并向承包人支付合理利润。

（2）现场合作。

承包人应按合同约定或发包人的指示，与发包人人员、发包人的其他承包人等人员就在现场或附近实施与工程有关的各项工作进行合作并提供适当条件，包括使用承包人设备、临时工程或进入现场等。

除专用合同条件另有约定外，如果承包人提供上述合作、条件或协调在考虑到《发包人要求》所列内容的情况下是不可预见的，则承包人有权就额外费用和合理利润从发包人处获得支付，且因此延误的工期应相应顺延。

3. 工程总承包模式下不能提出的索赔

相较于传统施工总承包模式中承包人履行按图施工职责不同的是，工程总承包合同下承包人是按约履行。工程总承包合同包含了设计部分，工程发包时往往只有方案设计或初步设计文件，承包人需根据发包人要求完成设计工作。因此，《建设工程施工合同（示范文本）》（GF—2017—0201）中可提出索赔的部分事件，在《建设项目工程总承包合同（示范文本）》（GF—2020—0216）已不复存在。律师在使用《建设项目工程总承包合同（示范文本）》（GF—2020—0216）时应当注意以下条款的缺失：

（1）图纸的提供和交底。

《建设工程施工合同（示范文本）》（GF—2017—0201）约定，发包人应按照专用合同条款约定的期限、数量和内容向承包人免费提供图纸，并组织承包人、监理人和设计人进行图纸会审和设计交底。因发包人未按合同约定提供图纸导致承包人费用增加和（或）工期延误的，按照第 7.5.1 项［因发包人原因导致工期延误］约定办理。《建设项目工程总承包合同（示范文本）》（GF—2020—0216）中缺失该索赔条款。

（2）承包人未充分查勘施工现场

《建设工程施工合同（示范文本）》（GF—2017—0201）约定，承包人应在订立合同前查勘施工现场，并根据工程规模及技术参数合理预见工程施工所需的进出施工现场的方式、手段、路径等。因承包人未合理预见所增加的费用和（或）延误的工期由承包人承担。《建设项目工程总承包合同（示范文本）》（GF—2020—0216）中缺失该条款。

6.3.6　工程索赔文件与资料

律师为当事人提供工程索赔法律服务时，应当严格遵照法律规定及合同约定，配合当事人及时、充分准备索赔文件，为成功索赔打下基础。有关工程索赔的文件与资料准备要求如下。

1. 索赔资料的准备

工程合同履行过程中，任何一方在发生索赔事件时，均可按照合同约定向相对方提出索赔，需向对方表明索赔意向，提出索赔要求或者声明保留索赔的权利，这些索赔工作程序之中，均离不开索赔资料的收集、整理、提交和处理。因此，索赔资料是索赔的基础，也是成功索赔的关键。

根据索赔阶段的不同，索赔资料的要求有所区别。律师在为当事人就索赔事项提供法律服务时，应有针对性地根据索赔事件的特点、索赔行为所处的具体阶段，与当事人共同做好索赔资料的收集、整理、提交、谈判、确认等相关法律服务。

通常，在资料准备工作，当事人及律师可以根据索赔事件的具体情形，做好如下准备工作：

（1）跟踪和调查索赔事件，掌握索赔事件产生的详细经过，形成基础材料；并且，不管是否有必要提出索赔，发承包双方都应当积极主动地积累和收集索赔相关证据、材料，以利于今后随时都能应对变更或突发状况；

（2）分析索赔事件产生的原因，划清各方责任，确定是否符合索赔条件，在基本符合索赔条件时，及时向对方提出索赔意向书；

（3）对索赔事件引起的损失或损害进行调查分析，确定工期索赔和费用索赔值，提供具体的计算过程和依据；

（4）围绕索赔搜集相关支撑证据，或通过公证等手段保全证据，为提出索赔报告获得充分而有效的证据支持；

（5）根据合同约定的文件格式和流程，起草、确定索赔报告。

2. 索赔文件

（1）索赔意向书。

发、承包双方在合同履行过程中，认为发生符合合同约定的索赔事件时，应以书面形式向对方提出索赔意向书，表达索赔的意向。索赔意向通知要简明扼要地说明索赔事由发生的时间、地点、简单事实情况描述和发展动态、索赔依据和理由、索赔事件的不利影响、索赔工期或赔偿的具体要求及其依据等，以便于对方了解诉求，并为下一步双方进行索赔谈判做好准备。

索赔意向书格式要点：

①事件发生的时间和情况的简单描述；

②索赔依据的合同条款和理由；

③有关后续资料的提供，包括及时记录和提供事件发展的动态；

④对工程成本和工期产生的不利影响及其严重程度的初步评估；

⑤声明／告知拟进行相关索赔的意向。

（2）索赔报告。

①索赔报告根据索赔事件的发展，可分为最终索赔报告和中间索赔报告。

提出索赔一方根据合同示范文本中有关索赔的程序性规定，在发出索赔意向通知后的 28 天内或经过监理工程师同意的其他合理时间内向监理工程师提交全部索赔文件。通常情况下，此类索赔报告应为最终索赔报告。

如果索赔事件工程的影响持续时间长，索赔一方则应按监理工程师要求的合理间隔（一般为 28 天），提交中间索赔报告，并在干扰事件影响结束后的 28 天内提交一份最终索赔报告。

索赔报告未在合同规定的时间内提交的，则将丧失就该事件请求索赔的权利。律师应当协助当事人确认索赔事件发生的时间，并提示当事人在合同约定的期限内提交索赔报告；且在索赔事件持续时，应当注意提示当事人及时提交中间索赔报告。

②索赔报告的内容。

索赔报告是索赔材料的正文，一般包括三个主要部分：

标题：报告的标题应言简意明地概括出索赔的核心内容。

事实与理由：该部分陈述客观事实，合理引用合同规定，建立事实与索赔损失间的因果关系，说明索赔的合理合法性。

损失与要求索赔的金额与工期：只需列举各项明细数字及汇总即可。

③索赔报告的编制要求。

编制索赔报告时应注意以下要求：

对索赔事件要叙述清楚明确，避免采用"可能""也许"等估计猜测性语言，造成索赔说服力不强。

报告中要强调事件的不可预见性和突发性，并且索赔方为避免和减轻该事件的影响和损失已尽了最大的努力，采取了能够采取的措施，从而使索赔理由更加充分，更易于对方接受。

责任要分析清楚，报告中要明确对方的全部责任。

计算索赔值要合理、准确。要将计算的依据、方法、结果详细说明列出，这样易于对方接受，减少争议和纠纷。

（3）支撑性文件。

索赔支撑性资料应包含支持索赔要求的各项证明文件，通常这类文件包括与索赔事件相关的如下资料，并由提出索赔一方根据索赔意向进行收集和整理：

①招投标文件、建设工程合同文本及附件、补充协议及其他合同性文件；

②双方往来的信件及各种会议、会谈纪要、备忘录或任何指示、指令文件；

③工程图纸及技术规范、技术交底文件、施工组织设计或专项施工方案及其审批文件等；

④施工进度计划和实际施工进度记录、施工现场的有关文件（施工记录、备忘录、施工月报、施工日志等）；

⑤施工现场视像资料，如索赔事件持续的，则应采取合理方式形成持续的视像资料记录；

⑥工程所在地的气象资料、工程地质勘查资料或报告等；

⑦工程检验记录、检（试）验报告、隐蔽工程验收记录、工程交接记录、各种检查验收报告和技术鉴定报告等；

⑧工程中送停电、送停水、道路开通和封闭的记录和证明；

⑨施工现场保留的人员及各项生产要素的记录文件；

⑩法律、法规或政策性文件，以及政府的相关规章或规范性文件、通知或要求等；

⑪工程款支付申请、工程款支付凭证、工程款发票等；

⑫其他相关文件材料或信息，如政府工程定额站发布的材料价格信息、外汇部门发布的汇率信息、金融部门发布的利率信息等。

3.索赔文件的要求

（1）真实性。索赔文件应确保其客观真实，不应存在伪造、变造文件或资料的行为。律师为当事人的索赔工作提供法律服务的，应当要求当事人就其所提供的索赔文件的真实性作出承诺，且对重要文件的真实性应当合理进行核实。

（2）全面性。索赔文件应全面反映索赔事件及索赔主张的事实，避免因文件遗漏等原因造成无法支撑索赔要求。

（3）关联性。索赔文件应紧扣索赔诉求，对索赔主张提供有效的支撑。

（4）有效性。索赔文件应当在其有效期内，可以作为索赔的依据。对于提供已经过期的文件材料的，建议应当就其参考价值作出说明。

6.3.7　工程索赔费用的组成

工程索赔费用通常可考虑如下费用项目，并根据实际情况及依据提出费用索赔。

1.人工费

（1）增加工作量的人工费索赔。

该费用指承包人完成建设工程合同之外的额外工作，由此导致承包人多花费了人工或延长了工作时间，承包人有权向发包人索赔增加的人工费用损失。

（2）延误工期的人工费索赔。

由于发包人对工程的无理干扰或未履行建设工程合同的配合义务打乱了承包人正常的施工计划并延误工期，造成承包人已投入的人力资源没有创造出相应的价值，承包人有权向发包人索赔由此造成的人工费损失，包括停工、窝工损失费和工作效率降低的损失费等。

2.材料费

该费用指索赔事件中发生材料实际用量超过计划用量或其他因素导致增加的材料费用，包括工程变更导致材料费用增加、合同约定以外的物价上涨造成的材料价格提高、非承包人责任工程延期导致的材料价格上涨和超期材料储存保管费用、发包人提出的变更材料品种和规格等因素造成的材料费增加等。

3.机械设备使用费

该费用指由于完成额外工作增加的机械设备使用费，包括由于完成额外工作增加的机械使用费、非因承包人责任增加的机械使用费、由于发包人或监理人原因导致机械停工窝工费用等。

4. 分包费用

该费用指分包人的索赔费，其费用项目包括人工、材料、机械使用费等，与承包人的索赔内容相同或相似；分包人的索赔也应列入总承包人的索赔总额内，通常由分包商向承包人提出索赔方案，由承包人汇总后再向发包人提出索赔。

5. 管理费

管理费包括项目现场的管理费和总部管理费，指完成额外工程、索赔事项工作以及工期延长期间的管理费。

通常，管理费的计算公式为：现场管理费 = 现场管理费比率 × 直接费用的索赔额

总部管理费 = 总部管理费比率 ×（直接费用的索赔额 + 现场管理费的索赔额）

6. 利息

该费用指发包人迟延支付工程款、退还保证金、垫资等产生的利息费用，也可能包括因发包人原因造成工期延误所增加的利息费用。

7. 利润

由于工程范围的变更、文件缺陷或技术性错误、发包人未能提供现场等引起的索赔，承包人可以提出利润索赔。但对于工程暂时停工的索赔，由于利润通常是包括在每项实施工程内容的价格之内，延长工期并未影响削减某些项目的实施，未导致利润减少，因此在工程暂停的情况下，利润损失一般难以得到支持。

8. 保险费

当发包人要求增加工程内容而使工期延长或因发包人的原因导致工程无法按期完工而增加工期时，承包人因延长保险期间所产生的保险费用可以向发包人提出索赔。

9. 保证金

因发包人取消工作内容导致合同金额减少的，承包人有权要求发包人降低保证金的金额，并要求发包人退还多出部分的保证金。如发包人逾期退还保证金的，则可考虑增加利息的索赔项目。

6.3.8 工程索赔之工期索赔

1. 工期的确定

（1）开工日期。

发包人和承包人对工程开工日期有争议的，可按照以下方式判断开工日期：

①合同中约定了开工日期，但发包人又批准了承包人的开工报告或发出了开工通

知，可采用发包人批准的开工报告或发出的开工通知的时间；

②合同中未约定开工日期的，应采用发包人批准的开工日期；没有发包人批准的开工日期，可根据施工日志、验收记录等相关证据确定开工日期；

③合同中约定了开工日期，因承包人原因不能按时开工，发包人接到承包人延期开工申请且同意承包人要求的，开工日期相应顺延；发包人不同意延期要求或承包人未在约定时间内提供延期开工要求的，开工日期不予顺延；

④因非承包人原因不能按照合同中约定的开工日期开工，开工日期相应顺延；

⑤因不可抗力不能按时开工的，开工日期相应顺延；

⑥不能提供发包人或承包人提前或推迟开工日期的证据，应采用合同约定的开工时间。

（2）竣工日期。

发包人和承包人对工程竣工日期有争议的，可按照以下方式判断竣工日期：

①工程经竣工验收合格的，以竣工验收之日为竣工日期；

②承包人已经提交竣工验收报告，发包人应在收到竣工验收报告之日起在合同约定的时间内完成竣工验收而未完成竣工验收的，以承包人提交竣工验收报告的时间为竣工日期；

③工程未经竣工验收，未经承包人同意而发包人擅自使用的，以转移占有工程之日为竣工日期。

2. 工期延误

工期延误，是指工程施工过程中任何一项或多项工作的实际完成日期迟于计划规定的完成日期，从而可能导致整个合同工期的延长。但是，部分工作的延误并非必然导致总工期延误，如该部分的工作不处于关键线路且未出现由非关键性线路转为关键线路的情形，则承包人以此提出工期索赔理据不足。

关键线路又称关键路径，是网络计划中工作持续时间最长的线路，是决定工期的路线。在工程项目中，关键线路是工程进度计划的主要要素，非承包人原因造成的关键线路上的工期延误，承包人可向发包人提起工期索赔。对于非关键性工序，其起止时间即使发生变化，也不会对总工期造成影响，承包人此时若想提出工期索赔，则需证明非关键性线路上的延误会转化为关键线路的工期延误，从而成为可索赔的工期延误。

3. 工期索赔的依据

（1）合同约定或双方确认的施工总进度规划；

（2）合同双方确认的详细进度计划；

（3）合同双方确认的对变更工期的文件；

（4）施工日志、气象资料；

（5）发包人或监理人的变更指令；

（6）影响工期的干扰事件；

（7）受干扰后的实际工程进度；

（8）合同约定或法律规定的工期索赔其他依据。

4. 停工、窝工索赔

《民法典》第八百零四条规定，因发包人的原因致使工程中途停建、缓建的，发包人应当采取措施弥补或者减少损失，赔偿承包人因此造成的停工、窝工、倒运、机械设备调迁、材料和构件积压等损失和实际费用。因此，承包人按合同约定完成施工组织或进入施工现场后，因设计方或发包方原因导致无法施工或无法正常施工所产生的损失，承包人有权向发包人进行索赔。但需要注意的是，《民法典》第五百九十一条第一款规定，当事人一方违约后，对方应当采取适当措施防止损失的扩大；没有采取适当措施致使损失扩大的，不得就扩大的损失请求赔偿。因此，对于停工、窝工损失的认定应当适用止损规则，承包人应采用适当措施阻止损失的进一步扩大，否则不得就扩大的损失要求发包人进行赔偿。承包人应严格按照建设工程合同约定的索赔程序提出索赔，在约定的赔偿范围、赔偿标准内计算损失费用。

6.3.9 工程索赔与工程反索赔的策略分析

专家辅助人应协助发包人 / 承包人建立完善的索赔管理制度，严格遵循索赔程序规定，正确行使索赔权利，提醒其在施工过程中注意资料管理，并在出现合同约定的索赔事项时及时按照合同约定的索赔程序提出索赔。

1. 索赔策略

根据民事诉讼法的举证原则，索赔方须证明索赔事实成立、损失后果与索赔事件存在因果关系、相对方对索赔请求承担责任有法律及合同依据，且索赔方已经按照合同约定的索赔程序和条件提出了索赔。因此，律师应提醒承包人 / 发包人在提出工程索赔时注意以下几方面内容：

（1）注意索赔时效和程序要求。承包人／发包人应做好合同交底工作，编制索赔清单，列明索赔事件、索赔期限和索赔程序，在索赔事件发生后，严格按照合同约定的索赔期限和索赔程序向约定的主体提出索赔意向，避免逾期索赔失权后果的发生；

（2）注意证据的搜集和管理。承包人／发包人应搜集和保存索赔事实及损失依据，做好索赔事实、索赔损失后果证据的固定工作，建立严格的文档记录和资料保管制度，以防相对方以索赔证据不足为由驳回索赔请求；

（3）规范索赔文书的制作。索赔文书应当载明索赔事实、索赔造成的后果、承包人／发包人行使索赔权利的合同依据和索赔的具体费用金额或工期顺延天数并附证明文件。索赔事件有持续影响的，应每月递交延续索赔通知，在索赔事件结束后提交最终的索赔报告；

（4）保存索赔文件的送达依据。承包人／发包人应当按照合同约定的送达地址向约定的主体提交索赔文件和索赔证明文件，并保存送达回执。送达回执应当清楚明确地记录送达文件内容、送达日期以及附件资料内容。

2.反索赔策略

反索赔主要指对索赔的反驳与应对。在收到索赔方提出的索赔请求后，反索赔方应主动积极应对，对于索赔方是否按合同规定的程序、时间和时限提出索赔进行审查，律师应提醒反索赔方注意以下几方面内容：

（1）审查索赔意见或索赔报告提出的时限。应审查索赔方是否在合同约定的索赔时限内提出了索赔意向或报告，如果对方未能及时提出书面的索赔意向和报告，则将失去索赔的机会和权利，对方提出的索赔则不能成立。

（2）分析索赔事件的原因和责任。应对索赔事件进行调查，分析事件产生的原因和责任归属。如果事件责任是由于索赔方自己疏忽大意、管理不善、决策失误或因其自身应承担的风险等造成，则应由索赔方自己承担损失，索赔不能成立。如果双方都有责任，则应按各自的责任大小分担损失。

（3）审查索赔依据。应审查对方的索赔请求是否存在合同依据或法律依据，并在合同中查找对己方有利和对对方不利的合同条款或法律条款。

（4）分析索赔证据。应分析索赔方所提供的证据是否真实、有效、合法，是否能证明索赔要求成立。证据不足、不全、不当，没有法律证明效力或没有证据，索赔则无法成立。

（5）审核索赔值。应对索赔报告中的索赔值进行认真细致的审核，审核的重点是索赔值的计算方法是否合理，各种费用的计取是否合理、适度，有无重复计算，计算结果是否准确等。

3. 工程总承包模式下的工程索赔管理要求

目前，司法实践中虽然对工程总承包模式下多数的索赔问题尚未有定论，但工程总承包模式下承包人的合同义务较施工总承包模式下发生较大变化，专家辅助人应提醒当事人注意不同承包模式下索赔项目和索赔程序的变化，协助当事人做好工程总承包模式下的索赔管理工作。主要有以下几点建议：

（1）明确约定责任分配，避免发生合同缺陷。

以《建设项目工程总承包合同（示范文本）》（GF—2020—0216）为例，该示范文本在"通用合同条件"第 4.7.1 条中表述为：承包人发现基础资料中存在明显错误或疏忽的，应及时书面通知发包人。但未明确约定承包人未能发现上述错误或者疏忽，或者未能及时书面通知发包人上述错误或者疏忽，应当承担何种责任。尽管从合同整体上看，未明确约定的承包人违约责任适用违约责任的一般约定条款，但是由于《建设项目工程总承包合同（示范文本）》（GF—2020—0216）缺乏对于明显错误或者疏忽，以及对于通知发包人的时限的明确界定，将导致发生此类纠纷时，对承包人是否违约以及违约程度认定的困难。因此在使用示范文本时，应特别重视合同条款的完整性，明确约定责任分配，必要时可以通过专用合同条件对上述通用合同条件进行修改，避免发生合同缺陷。

（2）准确编制《发包人要求》。

在《建设项目工程总承包合同（示范文本）》（GF—2020—0216）中《发包人要求》是明确承包人义务的重要文件，其准确性对于发包人而言是能否实现预期目的的关键。在工程总承包的模式下，发包人一般不提供作为施工依据的设计文件，且承包人在施工过程中的自主性增强，发包人的监督和干预明显减少，发包人通过变更工程设计成果调整工程施工成果的可能性和可行性显著减少，因此《发包人要求》的准确性显得尤为重要。

《建设项目工程总承包合同（示范文本）》（GF—2020—0216）约定，《发包人要求》或其提供的基础资料中的错误导致承包人增加费用和（或）工期延误的，发包人应承担由此增加的费用和（或）工期延误，并向承包人支付合理利润。《发包人要求》中某些重要的局部内容变化有可能引发合同工期、质量、价款的全方位调整，乃至合同中看似与变更内容无关的双方权利义务内容发生相应变动。作为发包人，应当特别谨慎地对待《发包人要求》的稳定性，切忌随意提出变更要求，确有必要进行的发包人要求变更，应当尽早依照合同约定的变更程序进行，以减少承包人返工、重做和 / 或采购合同变更等对发包人的索赔；承包人则应全面检视、预判发包人提出的局部要求变更对合同各部分内容的影响，提出相应的合同内容变更要求，并为全面的索赔、签证做准备。《发包人要求》的任何变更宜集中体现在不断更新版本的《发包人要求》文件中，并明确各版本经双方确认的日期，作为日后结算、办理签证或者处理索赔的依据。否则散落于各类会议纪要、来往函件、补充协议中的对发包人要求的变更内容，可能因为这些文件在合同文件中的优先解释顺序不同而引发争议。

6.3.10　非诉业务顾问服务

本节所称的非诉业务顾问服务与传统的造价咨询服务不同，主要指造价工程师与建工律师组成团队，为施工单位或建设单位提供索赔或反索赔的顾问服务，不参与具体的索赔或反索赔工作。

6.4　收费模式探讨

专家辅助人目前没有统一的收费标准，有些是参照造价咨询收费标准计算的，有些是参照律师收费标准计算的，也有些是综合造价咨询和律师收费标准测算的，还有些是由建工律师收取总费用，再与专家辅助人协商分配比例或者以顾问费用的方式支付给专家辅助人。总之，收费模式五花八门，最后求同存异，一方可以支付，另外一方也可以接受，大家都觉得合适就好。本节将按专家辅助人不同的服务方式进行分析探讨。

6.4.1　质证咨询服务的收费模式

1.质证咨询服务

（1）被动的专家辅助人模式。

当事人及建工律师相对比较专业或者其拥有专业的造价团队，可以发现鉴定意见中对其不公平或不合理的内容，并且在与鉴定人核对过程中也已经一再提出但未被接受的，需要换种思维和方式，聘请专家辅助人出庭进行质证和提问。这种模式专家辅助人主要基于自己的专家身份，通常只需要对己方当事人及建工律师提出的问题进行分析，并用更加专业但又通俗易懂的语言表达出来，出庭时最大限度影响法官的心证，从而使其作出对己方当事人有利的判决。

专家辅助人提供这种服务模式时，可以将工作时间大概折算成工作天数，以工作天数为收费单位收取专家辅助人的费用，如查阅资料 1 天，与当事人及建工律师沟通 1 天，研判及起草专家意见 1 天，出庭 1 天，合计 4 天。每工作天数的单价标准可根据自己的专业水平、职称及行业影响力等因素综合确定，也可以参照当地行业主管部门或行业协会发布的文件进行计算，如《四川省工程造价咨询服务收费参考标准（试行）》（川建价师协〔2022〕56 号）中给出一级造价工程师的工日单价为 3985 元，职称为高级工程师（也称为副高）时乘以系数 1.3，即 5180.5 元；职称为正高级工程师时乘以系数 2，即 7970 元。当然，专家辅助人也可结合自身情况、市场行情及文件规定等因素综合确定自己的工作天数和服务单价，然后与己方当事人协商，双方一致同意即可。该模式下经过测算后双方也可以进行包干计算。

《广东省建设工程造价咨询服务清单及计费指引》第 39 条规定，当事人申请专家出庭的，参照政府机关对于差旅费有关规定和标准执行，并给予适当报酬，参照以下标准执行：（一）院士、全国知名专家的交通费、住宿费、伙食补助费参照部级标准，报酬按照 20000 元 /（人·日）；（二）具有正高级技术职称的，或在本省范围内一定专业领域具有影响的专家、学者的交通费、住宿费、伙食补助费参照司局级标准，报酬按照 15000 元 /（人·日）；（三）具有副高级及以下技术职称的，或在本市范围内一定专业领域具有影响的专家、学者的交通费、住宿费、伙食补助费参照其他人员标准，报酬按照 10000 元 /（人·日）。前款费用标准，不足半日的按照半日计算，超过半日不满 1 日的按 1 日计算。

《浙江省建筑业行业协会关于专家辅助人及争议评审专家参考性收费标准》（2016 年 8 月 5 日浙江省建筑业行业协会四届六次常务理事会讨论通过，自 2016 年 9 月 1 日起施行）中规定，根据《建设工程争议专家评审规则》和《关于在工程建设领域建立专家辅助人推荐制度的规定》有关规定，争议评审专家和专家辅助人收费标准，原则上根据市场需求由各方协商确定，并由委托人自行承担有关费用。但为了便于协商，本会根据市场情况，提供一个参考性的收费标准，供各方协商时参照：第一条，专家辅助人对每个案件的收费，如出庭提供专家意见而不出具专家报告收费为 3 万元，如果出庭并提供书面专家报告收费为 5 万元。该费用不包括差旅费。具体报酬标准由各方协商确定。

该模式下专家辅助人费用的支付方式一般建议在合同签订后一次性支付，也可以在合同签订后支付 50%，待开庭前 3 日内支付另外 50%。如果当事人或建工律师在洽谈时把支付节点放在开庭后或判决后，专家辅助人需要引起注意，对方可能诚意不够或者可能有白嫖的嫌疑。

（2）主动的专家辅助人模式。

当当事人及建工律师确实缺乏对鉴定意见的认知和质证能力时，如有些不经常接触建设工程又没有专业管理团队的投资商（以往遇到的类似当事人就有家具公司、医药公司、服装公司、科技公司等）、实际施工人、劳务班组等，他们面对鉴定意见基本束手无策，如果没有专家辅助人的协助，他们基本无法质证，也就无法维护自己的合法权益。所以，他们对专家辅助人的需求更加迫切。

专家辅助人对于这种模式，需要主动去查阅所有案件资料并进行剖析，然后找出鉴定意见中对己方当事人不利的所有内容，并与当事人及建工律师沟通，最终确定哪些需要专家辅助人开庭时发言，哪些需要由建工律师开庭时提出。该模式与"被动的专家辅助人模式"中的工作流程基本一致，只是花费的精力和时间要更多，因此可以参照"被动的专家辅助人模式"中的收费方式计算，同时增加工作天数。此外，通常可以与己方当事人对于因造价专家辅人的作用产生的效益进行分成达成约定，效益分成的计算基础需要区分当事人的身份，如己方当事人为发包人（或支付款项一方）时，以减少的金额为基础进行计算；如己方当事人为承包人（或接收款项一方）时，以增加的金额为基础进行计算，效益分成的比例在 5% ~ 10%，具体可以根据涉案项目的实际情况和专家辅助人的具体工作确定。

该模式下专家辅助人费用中基本费用的支付方式一般建议在合同签订后一次性支付；也可以在合同签订后支付 50%，待开庭前 3 日内支付另外 50%；效益分成部分在判决书发出且生效后 10 日内一次性支付。

（3）主动的专家辅助人 + 造价工程师模式。

该模式一般是基于"主动的专家辅助人模式"产生的，专家辅助人在查阅案件资料时，根据专业经验发现鉴定意见不仅在鉴定程序、鉴定方法或鉴定依据等方面存在问题，工程量和单价也同样存在问题，则需要和己方当事人及建工律师沟通，确定是否需要重新对工程量和单价进行计算，然后申请与鉴定人重新核对，或者在开庭质证时通过提出工程量和单价的错误，要求与鉴定人重新核对后出具补充鉴定意见。如果己方当事人及建工律师认可专家辅助人的专业意见，并取得了人民法院的许可，则专家辅助人收费一般可以包含以下三项内容：第一，造价工程师的费用，可以以鉴定意见中载明的金额为计算基础，收费比例按 3‰ ~ 10‰ 计算，具体可以根据涉案项目的规模、复杂程度等因素确定；第二，专家辅助人的费用，可以参考"被动的专家辅助人模式"的标准计算；第三，效益费，可以参考"主动的专家辅助人模式"中的效益费比例计算。如果不需要专家辅助人出庭或案件相对比较简单，则第一和第二项费用可以合并，即第二项费用归于第一项，不单独计算。

该模式下专家辅助人费用中第一项和第二项的支付方式一般建议在合同签订后一次性支付；也可以在合同签订后支付 50%，待提供成果文件后 3 日内或开庭前 3 日内支付另外 50%；效益分成部分在判决书发出且生效后 10 日内一次性支付。

2. 质证顾问服务

根据"6.1.5 诉讼过程中的质证顾问服务"中对质证顾问服务的定义，当专家辅助人仅仅作为顾问向己方当事人及建工律师提供专家服务时，可以根据自己的专业水平、职称及行业影响力等因素综合确定单价，再根据服务时间确定总价；也可以直接测算出总价，然后按总价包干，最终与己方当事人达成一致即可。

该模式下专家辅助人费用的支付方式一般建议在合同签订后一次性支付，专家辅助人收到费用后再开始进行顾问工作。也可以签订合同之后先支付 50% 的费用，然后开始工作，另外 50% 可以在服务过程中分期支付。

6.4.2 全流程造价咨询服务的收费模式

1. 全流程造价咨询服务

专家辅助人全流程造价咨询服务从当事人有诉讼的想法即可开始，有时介入时间可能还早于建工律师。根据其工作内容区分，可以分为两种模式：第一，真正意义上的全流程；第二，从鉴定意见征求意见稿开始的全流程。

（1）真正意义上的全流程。

真正意义上的诉讼阶段全流程咨询服务包含了起诉思路的分析、证据内容的梳理、诉讼标的金额的确定、与建工律师的研讨、与鉴定人的博弈、向法官的解释，以及应对对方当事人聘请的专家辅助人时的专业对质等内容。该模式的收费通常按照诉讼标的金额确定合同暂定价格，最终用生效判决书的金额调整合同结算价格。如案件进入再审程序，则需要服务至再审判决书发出之后，收费的计算比例一般为 5‰ ~ 15‰，包含了专家辅助人出庭的费用。项目规模如果偏大或偏小，可以根据该费率进行调整，也可以向上或向下包干计取。

该模式下专家辅助人费用的支付方式一般建议在合同签订后支付合同价格的 50%，提交造价成果后 10 日内支付合同价格的 20%，待开庭前 3 日内支付 10%，判决书发出并生效后 10 日内支付剩余所有费用，实际费用金额根据约定的比例进行调整。该模式下一般不计算效益分成费用，因为效益费计算基数不易确定。

（2）从鉴定意见征求意见稿开始的全流程。

该模式是在当事人及建工律师收到鉴定机构的鉴定意见征求意见稿时开始介入。该阶段通常需要计算工程量及单价，工作内容与"主动的造价工程师 + 专家辅助人模式"基本相似，因此收费也可以参照以上模式计算，其中造价工程师费用的计算基数调整为鉴定意见征求意见稿中载明的金额。

该模式下专家辅助人费用的支付方式一般建议在合同签订后一次性支付；也可以在合同签订后支付 50%，待开庭前 3 日内支付另外 50%；效益分成部分在判决书发出且生效后 10 日内一次性支付。

2. 全流程顾问服务

全流程顾问服务一般从分析诉讼思路开始，到判决书发出并生效终止。专家辅助人可根据涉案项目的规模、复杂程度及自己的专业水平、职称及行业内的影响力与当事人及建工律师进行协商，可以按比例收取也可以按工作时间测算后总价包干，支付方式可以按约定的节点分期支付。

6.4.3 非讼业务咨询服务的收费模式

1. 非诉业务咨询服务

非诉业务咨询服务主要指专家辅助人与建工律师组成专业团队，为施工单位提供招投标文件分析增收、施工过程中专项内容的管理、索赔、谈判、结算策划或全过程服务管理及为建设单位提供反索赔管理等服务。

该模式收费的计算方式通常由基本咨询服务费和效益费组成，其中，基本咨询服务费一般可以按照整体谈判金额的 5‰ ~ 15‰ 计算，具体可以根据项目的规模、复杂程度等因素确定；也可以按照测算金额包干计算。无论采用何种计费方式，合同签订后一般收取 50% 左右的费用之后再开始进行服务工作，以避免人民法院中途放弃导致无法收取费用。为提高专家辅助人的积极性，非诉业务咨询服务也可以参照前述内容收取效益费用。

2. 非诉业务顾问服务

非诉业务顾问服务周期一般相对比较长，专家辅助人可根据涉案项目的规模、复杂程度及自己的专业水平、职称、行业内的影响力与当事人进行协商，可以按比例收取也可以按工作时间测算后总价包干，支付方式可以按约定的节点分期支付。

6.5　获客方式

6.5.1　传统业务口碑的转化

传统造价咨询业务一般包含投资估算、设计概算、工程量清单、招标控制价、投标报价、施工阶段的造价控制及竣工结算等内容的编审工作。这些服务工作的服务主体是造价咨询机构和造价工程师，每一项服务工作一般都会涉及建设项目的两个责任主体，即建设单位和施工单位，有时可能还存在分包单位或供应商。建设单位和施工单位一旦对工程造价等产生纠纷并诉诸法律，则二者均被称为当事人。如果造价咨询机构和造价工程师在传统的造价咨询业务中取得了建设单位和施工单位的充分信任，则当他们成为当事人时，一旦对自己的专业能力不自信或者认为自己在质证阶段质证能力不足甚至没有质证能力，一般最先想到的还是自己最信任的造价工程师或造价咨询机构。此时，这些备受信赖的造价工程师就成为当事人选择专家辅助人的首选。如果当事人只是信赖造价咨询机构，而不是信赖某一个造价工程师，则可委托信赖的造价咨询机构，根据项目的具体情况，委托最合适的专家辅助人为其提供服务。

造价咨询机构和造价工程师在为客户提供传统的造价咨询服务时，必须具备扎实的专业知识、精湛的专业技能、丰富的执业经验、高效的服务水平，努力成为"最能理解客户痛点、最能解决客户问题、最能获得客户信任"的优质造价咨询人。让客户既能看到造价工程师的专业能力，又能感受到造价工程师的服务水平，还能体会到造价工程师的服务意识，最终对造价工程师的造价咨询服务完全满意。当客户需要专家辅助人时，这样的造价工程师就是客户的首选。造价工程师如果有从事专家辅助人业务的意向，则需要未雨绸缪，事先布局知识构架和能力，比如按本书第 2 章第 2.2 节和第 2.3 节的内容自我学习修炼，一旦有业务时，确保可以直接应对。造价咨询公司如果有从事专家辅助人业务的意向，可以对公司综合素质相对较高的造价工程师进行培养，使其具备本书第 2 章第 2.2 节和第 2.3 节要求的知识内容与能力素养。

6.5.2　工程造价鉴定口碑的转化

工程造价鉴定在诉讼过程中的作用举足轻重，鉴定人作为造价鉴定的实施主体，本质上就是造价鉴定行业的移动宣传牌，其口碑来自于在造价专业领域有一定的权威性和公信力，同时熟知法律，能够在造价纠纷中公平、公正、客观、独立地实施鉴定和处理纠纷，能够让当事人定分止争，能够让案件案结事了。这种口碑可以转化为专家辅助人的市场竞争优势和业务来源。

当事人选择专家辅助人时，除了一级造价工程师、高级职称及经验丰富等要求之外，还有一个非常重要的指标，那就是具备造价鉴定工作的执业经历，而且要在造价鉴定工作中表现优秀。究其原因，可以从几个方面进行分析。

（1）鉴定人的基本条件是一级造价工程师，另外经验丰富同时熟悉法律也是一级造价工程师成为鉴定人的重要条件，只有这样才能对涉案工程项目进行准确、客观地实施造价鉴定工作，出具科学合理、公平公正的鉴定意见，赢得人民法院和当事人的认可，即在造价鉴定工作中树立口碑。

（2）专家辅助人在诉讼过程中，需要代表当事人对鉴定意见进行质证，或对案件事实所涉及的专业问题提出意见。这就要求专家辅助人不仅要具备扎实的专业知识，还要有丰富的实践经验和良好的表达能力。

（3）当当事人需要聘请专家辅助人时，他们往往会选择那些在造价鉴定行业里面表现优秀、有口碑的鉴定人，这样的选择和聘用专家辅助人的目标有关，即专家辅助人需要通过和鉴定人进行博弈以维护己方当事人的合法权益，而由表现优秀、有口碑的鉴定人转化的专家辅助人和鉴定人在博弈时更加有主动权，正所谓"知己知彼，百战不殆"。

6.5.3　建工律师的专业需求转化

建工律师在法律层面往往无可挑剔，但在建设工程或工程造价专业方面往往心有余而力不足。此时，建工律师对专家辅助人的需求是必要的，也是渴望的，因为专家辅助人的专业知识和丰富经验刚好填补了建工律师在专业方面的空白，协助建工律师对案件中的专业性问题提供权威解答和解释说明或者对鉴定意见进行质证，从而增强当事人陈述的说服力。或者直接由己方当事人申请专家辅助人出庭质证，以推动实现当事人的诉讼主张。由于目前建工律师从事建设工程案件时的收费方式大多数采用的是全风险代理或半风险代理，诉讼过程中一旦有专家辅助人的加持或助力，会大幅度提升当事人赢得官司的概率，进而可以同时提高当事人和建工律师的收益，最后往往皆大欢喜。这是建工律师从经济效益方面对专家辅助人的需求。

既然建工律师对专家辅助人有非常强大的需求，专家辅助人就要利用各种机会或场合与建工律师成为朋友，并向建工律师展现出自己在造价专业方面和造价鉴定方面的丰富经验。这样可以让建工律师一旦有需求，立马想到某某专家辅助人。专家辅助人为建工律师作造价专业技术或造价法律融合分享，是与建工律师结交成为朋友或搭档的一个非常好的方式，同时可以提升自己的语言表达能力，为出庭对鉴定意见进行质证和向鉴定人提出专业性问题奠定基础。专家辅助人也可以和建工律师形成联合体为当事人提供服务。

6.5.4 拥抱自媒体的转化

自媒体是新时代重要的传播方式，目前主流的自媒体有公众号、视频号、抖音、小红书、B 站、今日头条、朋友圈等。作为专家辅助人，除做好造价专业服务外，还需要去拥抱自媒体、接受新事物，让自媒体为自己赋能，以获得更多的专家辅助人业务。一个优秀的专家辅助人，如果能灵活地运用自媒体宣传，则更是锦上添花，如虎添翼。专家辅助人可以只选择一种自媒体，然后深耕，也可以进行矩阵式的操作，关键是找到适合自己的自媒体传播方法。

专家辅助人提供的产品是一种专业的咨询服务，所以这种产品一定要将专业和服务充分融合，用精湛的技术和上乘的服务让客户满意。只有客户满意，专家辅助人才有存在的价值，否则，存在毫无意义。但由于市场上专家辅助人众多，即使其做到以上要求，也不一定有广阔的市场，因此需要宣传。自媒体刚好可以发挥这个功能。但专家辅助人宣传要适度，切忌夸大或高出自己实际能力或哗众取宠式的宣传，否则可能适得其反，因为自媒体传播负面消息比正面消息的速度更快。

1. 自媒体的功能

自媒体通常有以下四项功能：

（1）构建专业形象。自媒体平台是展示个人专业知识和经验的窗口。专家辅助人可以利用自媒体发布关于造价咨询、造价鉴定及专家辅助人的专业文章、视频或音频内容，分享行业见解和解决方案，从而树立自己在专家辅助人领域的专业形象。

（2）扩大行业影响力。通过自媒体平台，专家辅助人可以与更广泛的受众建立联系，包括同行以及行业相关的关注者。这有助于提升专家辅助人的行业知名度和影响力，也可以与同行交流经验、分享资源，甚至寻求合作机会，为拓展业务打下坚实基础。

（3）吸引潜在客户。自媒体平台上的内容营销有助于吸引潜在客户的关注。专家辅助人可以通过发布有价值的内容，如专家辅助人系统知识介绍、案例分析、行业趋势解读等，吸引潜在客户的兴趣，并引导他们进一步了解服务。通过以上了解，一旦他们有需求，可能就会想起来，然后联系。

（4）提升个人品牌。自媒体平台有助于打造个人品牌。通过持续输出高质量的内容，专家辅助人可以逐渐积累口碑，形成自己独特的品牌形象，进而提升在行业内的竞争力。专家辅助人的个人品牌一般可以分为三个级别：第一，听说过该专家辅助人；第二，知道该专家辅助人是做什么的；第三，知道该专家辅助人是做什么的，而且觉得该专家辅助人应该做得不错，同时愿意将自己的事情交给该专家辅助人去做。专家辅助人一定要努力让自己的品牌上升到第三个层级，这样业务才会源源不断。

自媒体为专家辅助人提供了一个展示自我、扩大影响力、吸引客户和提升品牌的宝贵平台，有助于他们在激烈的市场竞争中脱颖而出。

2. 专家辅助人如何使用自媒体

专家辅助人使用自媒体，可以按照以下方式进行：

（1）确定目标受众。首先明确想要吸引的是哪些人群，比如当事人（发包人或承包人）、建工律师等，以便有针对性地制作相应的自媒体内容。

（2）选择自媒体平台。根据目标受众的习惯，选择合适的平台，如微信公众号、视频号、知乎、B站、抖音等，发布图文、视频或音频内容。朋友圈其实也是一个非常重要的自媒体平台。

（3）发布专业内容。分享专家辅助人的专业知识、案例分析、成功经验等有价值的内容，展现个人或团队的专业能力及服务水平。这主要是为了确保受众群体看到有价值的内容后，觉得有收获，然后愿意关注自媒体号，愿意不断跟着博主学习，相信博主讲的内容，最后成为博主的粉丝。这个会决定博主的IP打造是否成功，人们是否会为博主而买单。这个内容和利他精神其实是完全契合的。

（4）互动交流。积极回复评论和私信，解答受众疑问，增强与受众的互动和黏性。即使出现黑粉，也要正面回答问题，耐心加以引导，让黑粉逆变为铁粉。

（5）合作与推广。可以与其他专家辅助人或相关行业从业者进行合作，互相推广，扩大影响力。自媒体不是一个人的事情，同行之间的相互支持、资源互补、彼此赋能，是一种高效的合作模式，也有助于整个行业的良性发展。

（6）持续更新。保持内容更新的频率，定期发布新内容，维持受众的关注。另外，更新的内容需要有垂直度，不能过于凌乱，否则平台无法识别和推广，影响流量和效果。

（7）深度运营平台。使用自媒体平台数据分析工具（如抖查查、蝉妈妈、飞瓜数据等），实时监测"完播率""互动率""粉丝画像"等核心指标。挖掘爆款内容特征，归纳总结优质内容的共性。

（8）建立内容矩阵。在广度上进行布局，做横向矩阵，覆盖得越广，公域流量承接得越多；做纵向矩阵，选择一个目标群体重叠较高或流量较大的平台做深度布局。

（9）进行社群运营。搭建垂直领域社群，如微信、QQ群，及时发送行业知识、新闻热点，制定互动规则与激励机制，通过专属活动增强用户黏性。

通过以上方式，专家辅助人可以有效利用自媒体平台，提升自己的知名度和影响力，同时能为更多有需要的人提供帮助。

3. 朋友圈是一个非常大的自媒体

（1）什么是朋友圈？

朋友圈是什么？每个人的回答不尽相同。朋友圈其实是当代人最熟悉又最陌生的微信发布动态、分享生活和交流见解的信息平台。但很多人并没有认识到，这个看似普通的平台，在很大程度上影响着我们的切身利益和未来生活。

以前的朋友圈我们可能认识里面的每一个人，但现在却截然不同，朋友圈的朋友我们可能并不熟悉，甚至有些近似陌生，或者只是曾经某个场合的一面之缘，大家其实并不了解。从某种意义上来讲，这种互不认识或不熟悉的朋友圈没有任何意义。

那问题来了，我们如何能让这些朋友圈资源动起来，让大家相互了解、相互帮助、相互赋能、共同进步，实现多赢呢？解决这个问题的唯一方法就是要真正会发朋友圈，让朋友圈的朋友知道你是做什么的，你什么做得最好。久而久之，朋友圈的需求和供给就会自然匹配，然后朋友圈就会出现你意想不到的效果。例如，你需要想办法让你朋友圈的朋友知道你是专家辅助人，否则，你身边的很多机会可能就会和你擦肩而过。

朋友圈既然如此重要，那应如何经营呢？朋友圈经营好了，往往可以得到意想不到的效果或收益。朋友圈展示不可刷屏，每天建议不超过5条动态，可以展示生活中的美好，也可以展示工作中的优秀，还可以分享专业或对热点问题的见解，这样就可以多维度展示和宣传自己，让朋友了解自己、认识自己，为合作创造更多可能性。

当有人评论我们的朋友圈时，我们需要针对每一条评论做认真的回复，以释放善意和感谢。切忌用一条通用回复一次性回复所有评论或点赞的朋友。另外，对于朋友圈其他朋友的动态，不要只点赞，点赞是单向输出，无法得到回复，特别是对于那些大咖的朋友圈，点赞人数太多，你点赞后大咖可能根本就不知道或记不住，所以要用心去做一些高质量的评论，以体现你对动态主人的关注、关心和走心。幽默或深刻的评论也可体现出你的能力或独到的见解。如果实在不了解动态，但又要评论，建议可以先去搜索学习相关知识，然后再给出有价值的反馈。

经营朋友圈为什么重要？简单来说，就是因为朋友圈是很多朋友对你的"第一印象"。在高信息时代，想要在微信好友中留下好印象，经营朋友圈非常重要。

我们学习经营朋友圈，并不意味着我们要成为网红或者有网感。但是，在高速发展的网络时代能受人欢迎，一定是新时代每个人都应掌握的底层逻辑和能力。作为新时代的专家辅助人，应成为这样的人。

（2）朋友圈的禁忌。

如前所述，朋友圈既然是交际圈，那就需要有所禁忌，不能太过于自我，否则可能会适得其反。完全不靠朋友圈这个交际圈建立人设的除外。

①朋友圈设置 N 天可见。这样会让朋友圈的圈友们无法及时了解我们，因为并不是每个人都随时会看微信或朋友圈。

②朋友圈屏蔽他人。换位思考一下，如果我们有意或无意翻看他人的朋友圈时，看到的却是一道横线，我们作何感想呢？所以，如果加了对方，就不要屏蔽，否则干脆不要加。

③用证件照作图像。这样过于死板，建议可以用一些高级的艺术照、形象照或其他清晰可见且很有特色的生活照片。

④微信昵称前加 A。微信昵称前加 A 的大多是微商、销售，或者淘宝、京东的电商。之前有个段子：某公司有个客服女孩叫赵蓓，因业务需要，为了在通讯录里能排在前面，便在名字前面加了个 A。结果此后同事总喊她"A 赵蓓，A 赵蓓"，谐音听起来像"A 罩杯"。

⑤微信昵称后加电话，这样略显不矜持。

⑥微信昵称太长，且都是自己或公司的业务简称，这样会让客户或朋友既忘记我们的名字，也没有记住业务。

⑦微信昵称不用真名。一个微信都不用真名的人，往往让人不是那么信任。另外，即使不用真名，也不要使用太过于奇怪或偏激的名称。

⑧常年不发朋友圈。建议每天更新朋友圈，可以发生活，也可以发工作，至少让朋友圈这个交际圈的朋友知道我们是做什么的，以打造自己的 IP。特别现在大家都比较忙，即使在同一城市，朋友之间见一面还是很难，朋友圈也是一个很好的交流展示平台。

⑨朋友圈更新过于频繁。这是常年不发朋友圈的另外一个极端，容易让朋友圈的朋友反感，甚至拉黑屏蔽，除非我们发的每一条都是干货，都是人人都想看的内容。但还是不建议过于频繁，一般建议每天不超过5篇。

⑩不发和工作相关的朋友圈。朋友圈是一个很好的资源圈，我们至少要让朋友圈的朋友知道我们是做什么的，这样既可以让朋友有需要时找到我们，增强我们和朋友的黏性，也有可能成就我们的工作或事业。工作保密或不想让朋友知道自己工作的人除外。

⑪朋友圈只转发内容但不做任何评论。只转发，不评论，感觉像是人工智能所为，不能体现个人的思想和价值。所以转发相关内容的时候，可以适当发表一些自己的想法。另外，如果转发朋友圈内其他朋友的原创文字，建议备注来源，以免引起被转发朋友的反感或不爽。

⑫只谈工作但从不谈生活。工作＋生活，让朋友圈内容丰富起来，让自己的人设迅速立起来。

⑬把对他人的不爽或吐槽发到朋友圈。在朋友圈发泄是一种最不恰当的行为，如果确实想在朋友圈发泄，那就设置私密，只给自己看，让自己缓解压力就好了。没有人愿意在朋友圈看到发泄或负能量，长期有此内容的朋友圈很快会被拉黑或屏蔽。

⑭长期只给朋友或客户点赞但从不评论。点赞之交淡如水；我们会对只点赞不评论的好友有特别的感觉吗？这个需要做换位思考，然后立刻就明白了。有质量的评价可以很快拉近两个圈友的距离，同时会找到很多共同好友，进而互相增进朋友之间的友谊。

4. 专家辅助人使用自媒体的注意事项

专家辅助人使用自媒体时，除了以上需要关注的事项外，还要注意以下事项，避免效果不好或产生负面影响。

（1）明确做自媒体的目标，专家辅助人必须先明白自己做自媒体的目标，做到有的放矢，根据目标选择适合的自媒体工具及需要编辑的内容，这样才能更好地吸引自媒体的受众群体。

（2）区分内容，哪些需要用视频宣传？哪些需要用文章宣传？视频的内容一般不能太长，专业视频建议3分钟左右，太长了受众群体不容易看完，会造成完播率偏低，从而降低视频的推流；太短了，不容易把问题说清楚。不能通过3分钟左右视频说清楚的内容或者需要仔细研读的内容一般建议采用文章的形式推广传播，这样更便于受众群体保存、研究及学习。

（3）专家辅助人选择自媒体要以知识和经验分享为主，切忌简单粗暴的广告植入或者纯粹就是打广告，这样容易掉粉或者不易传播。

（4）自媒体是一种传播和引流的模式，在这种模式下，如何有效或满意交付是重中之重。自媒体是双刃剑，正面信息传播很快，但负面信息传播更快，一旦没有实现有效或满意交付，这种负面影响会迅速地传播到圈内，严重影响品牌、口碑和业务。

（5）准确理解粉丝和精准粉丝的内涵。对于自媒体来说，粉丝数量无疑是一个硬指标。但对于专业自媒体来讲，专家辅助人需要辩证地看待粉丝数量，不能一味地求多，而是要通过粉丝的数据画像，去研究精准的粉丝，因为精准的粉丝才是成为客户的根基。

（6）如前所述，专家辅助人可以是一个人，也可以是一个团队或公司。当是一个人时，这个人就可以成为其自媒体的博主；如果专家辅助人是一个团队或公司，则这个团队或公司的领导就要考虑好博主的人选，否则一旦博主火了之后，可能就会产生纠纷，这方面的诉讼案件举不胜举。

（7）任何事情，只要想做好，就必须投入大量的时间，没有时间的保障，任何事情都是异想天开。只有长时间去做，才会增加在自媒体中出彩的概率。

（8）有至少坚持拍摄100个短视频作品的决心。任何事情都要坚持，坚持下去量变就可能产生质变，然后有飞跃式的发展，一旦决定要拍摄短视频，那就至少要能坚持拍摄100个，用坚持和垂直度在短视频领域获取自己的地位。

（9）自媒体不是法外之地，除了分享专业知识、实务经验等内容之外，不要涉及违法违规的内容。博主要加强自媒体的管理，健全常态化管理制度机制，推动形成良好网络舆论生态。转发行业快讯、政策文件时，务必去官方网站核实，核实清楚之后才能转发，并且需要增加转发的源文件来源。自媒体发布信息不得无中生有、断章取义、歪曲事实，不得以拼凑剪辑、合成伪造等方式，影响信息真实性。更不能肆意搬运他人的原创视频，窃取别人的劳动成果。

6.5.5 当事人口口相传的转化

当事人口口相传的转化是指通过当事人的口头推荐和分享，将专家辅助人的信息和优质服务传递给更多人，从而引发潜在当事人聘请该造价专家辅助人的行为。这种转化方式有高度的信任度和影响力。口口相传的转化过程通常是这样的：当事人对某个专家辅助人的服务感到满意，然后他们通过日常的社交互动，如与朋友、家人或同事、同行的交流，将这种满意和推荐传递出去。潜在的当事人在听到这些正面的口碑后，往往会对造价专家辅助人产生浓厚的兴趣，进而在需要时采取行动进行尝试或购买服务。

专家辅助人要实现口口相传的转化，关键在于以下几点：

（1）专家辅助人的服务质量。质量是口碑传播的基础，只有在当事人对专家辅助人的服务感到满意时，他们才会愿意向他人推荐。

（2）当事人体验。除了专业的服务本身，当事人的整体体验也非常重要，这包括服务的及时性、服务的态度、服务者的沟通能力等。良好的体验能够增加当事人的满意度，进而促进口碑传播。专家辅助人为当事人提供情绪价值，也是提高当事人体验非常有效的路径和方法。

（3）激励机制。专家辅助人可以通过设置一些激励机制，如推荐奖励，来鼓励当事人对自己进行口碑传播。这些机制能够激发当事人的积极性，提高口碑传播的效果。

（4）社交媒体利用。社交媒体是现代口碑传播的重要渠道。专家辅助人可以通过社交媒体平台与当事人进行互动，了解他们的需求和反馈，同时可以通过这些平台发布有价值的内容，吸引更多潜在当事人的关注。这个与拥抱自媒体的转化有异曲同工之妙。

（5）口碑管理。专家辅助人需要积极管理自己的口碑，包括及时回应当事人的反馈和投诉，以及处理负面口碑。对于负面口碑，专家辅助人不能回避或忽视，相反，应积极回应并解决问题，以挽回当事人的信任。通过积极的口碑管理，专家辅助人可以维护自己的品牌形象，增强当事人的信任度。

（6）确保信息的真实性。口碑传播的信息必须是真实的，不能夸大其词或虚假宣传。否则，一旦当事人发现被欺骗或者名不副实，无法为自己解决问题或无法维护自己的合法权益，口碑传播的效果将适得其反，甚至比正面口碑传播得更快。

（7）精准定位。专家辅助人可以选择合适的机会组织一些当事人的沙龙活动，通过沙龙活动向既有当事人和潜在当事人提供专业的分享，也可以为当事人口口相传提供场景。

（8）持续监测和优化。专家辅助人需要持续监测口碑传播的效果，并根据反馈进行优化和调整。例如，可以根据当事人的需求和偏好，改进专家辅助人服务的质量和功能，或者服务内容及服务方法。

当事人口口相传的转化是一种高效且低成本的营销方式。专家辅助人应充分利用这一优势，通过提升服务质量、提供情绪价值、鼓励当事人分享、利用社交媒体以及及时回应反馈等策略，让业务快速增长，实现口碑传播的最大化效益。

6.5.6 撰写文章或著作的转化

撰写文章或著作对专家辅助人业务的转化有积极且深远的影响。

（1）通过撰写文章或著作，专家辅助人可以深入阐述其产品或服务的核心价值、特点和优势，从而增强客户对专家辅助人品牌的认知和理解。这种深入的内容营销有助于树立专家辅助人专业、可信赖的形象，提高客户对品牌的信任度和忠诚度。

（2）文章或著作作为传播媒介，能够广泛覆盖潜在客户群体。通过分享有价值的内容，专家辅助人可以吸引潜在客户的关注，激发他们的兴趣，进而引导他们了解并购买产品或服务。这种转化过程是基于内容的质量和吸引力，因此，撰写高质量的文章或著作对于专家辅助人提升业务转化至关重要。

（3）撰写文章或著作还可以为专家辅助人带来长期的业务转化效益。一旦文章或书籍被广泛传播和引用，它们将持续为专家辅助人带来流量和潜在客户。此外，这些内容还可能被其他媒体或平台转载，进一步扩大企业的影响力，促进业务增长。

为最大化文章或书籍对专家辅助人业务的转化效果，专家辅助人需要注意以下几点：

（1）确保文章或书籍的内容与专家辅助人的产品或服务紧密相关，能够突出专家辅助人的核心价值和优势。

（2）撰写高质量、有价值的内容，以吸引潜在客户的关注和兴趣。

（3）优化文章或著作的传播渠道，确保它们能够广泛覆盖潜在客户群体。

（4）鼓励读者分享、转发和评论文章或书籍，以扩大其影响力和传播范围。

（5）实时监测数据，对"爆款内容"进行结构拆解，提取核心要素，找到吸引人的"钩子"，实现爆款升级。

撰写文章或著作是提升业务转化的有效手段之一。通过撰写高质量、有价值的内容，专家辅助人可以增强客户对品牌的认知和理解，吸引潜在客户的关注，促进业务增长。

6.6　工程造价专家辅助人容易走入的误区

6.6.1　对能力理解的误区

专家辅助人不能仅掌握工程造价专业知识，还必须具备本书第 2 章第 2.2 节知识体系和第 2.3 节能力素养中要求的知识和能力，这样才能和当事人及建工律师进行深入有效的沟通，为法官深入浅出地解释专业问题，在与鉴定人的博弈过程中处于有利地位，并从容应对对方当事人及建工律师的询问。若只用单一的工程造价知识和能力，一般很难实现上述工作需求。因此，部分专家辅助人认为只要具备造价专业知识就能胜任工作的想法存在局限性，也是对专家辅助人认知的误区。

6.6.2　对工作内容的误区

专家辅助人虽然是造价专家，但其不能只做工程造价的事情，否则很难开拓市场或赢得当事人的认同。专家辅助人需要具备本书第 2 章第 2.2 节知识体系和第 2.3 节能力素养中要求的知识和能力，在与建工律师进行案件研讨时，既要实现工程造价和法律知识的深度融合，又要契合建工律师的法律工程思维，为当事人及建工律师提供工程造价法律思路，并全面分析案件。经过研讨后，把问题分为两类，即工程造价问题和法律问题。专家辅助人如果仅仅把自己的工作范围限定在工程造价本身，注定无法在专家辅助人这个领域生存。

6.6.3　对出庭发言的误区

专家辅助人接受当事人的委托并获取酬金，部分酬金还与当事人的收益有关，类似于建工律师的风险代理费。因此，有些专家辅助人在出庭发言时，往往会站在己方当事人的视角去考虑问题并作出发言。从专家辅助人与己方当事人的委托合同关系来看，这样没有任何问题。但从审判法官的视角来看，法官更重视专家辅助人的造价专家身份，更希望专家辅助人能客观公正地对于专业问题给予专业的解释，让法官对专业问题作出准确的判断。所以，专家辅助人在庭审发言时，一定要以客观公正的心态基于造价知识和能力对造价专业问题进行解释说明或询问、质证，并且严禁涉及法律问题，避免审判法官中途要求专家辅助人退场。

6.7 当事人针对鉴定人的两个误区

6.7.1 我要投诉鉴定机构

在与鉴定人核对或接触过程中，当事人或其建工律师经常会警告、威胁或直接去当地住建局、住建厅等主管部门以及到当地造价工程师协会等相关部门去投诉鉴定机构，那么这种投诉有用吗？答案是否定的。《中华人民共和国宪法》第一百三十一条规定："人民法院依照法律规定独立行使审判权，不受行政机关、社会团体和个人的干涉。"住建局或住建厅等行政主管部门和造价工程师等行业协会接受有关鉴定意见书的投诉，实质上是干涉了人民法院的独立审判权。因此，当事人或其建工律师不能去投诉鉴定机构或鉴定人，即使投诉，相关部门也不得接受投诉。当事人或其建工律师要对这个问题有清醒的认知，否则既浪费时间，又达不到效果。

6.7.2 我要起诉鉴定机构

当事人或其建工律师认为由于鉴定人可能存在过错导致自己的权益受损时，可以起诉鉴定机构吗？《民事诉讼法》第三条规定："人民法院受理公民之间、法人之间、其他组织之间以及他们相互之间因财产关系和人身关系提起的民事诉讼，适用本法的规定。"造价鉴定属于准司法行为，鉴定机构与当事人并无民事法律关系，所以当事人不能起诉鉴定机构。

在某涉案项目中，一方当事人认为法官采信错误鉴定意见进行判决，导致其权益受损，于是向某基层法院起诉鉴定机构。基层法院以证据不足驳回其诉讼请求。该当事人又向中级人民法院提起上诉，二审法院认为当事人起诉鉴定机构不属于法院受理范围，认定一审法院适用法律有误，应予以纠正，遂撤销一审判决，并驳回当事人的起诉申请。该当事人又向省高级人民法院申请再审，省高级人民法院认同二审法院的判决，并驳回当事人的起诉。

第7章

工程造价专家辅助人实务案例介绍

为让更多造价工程师或鉴定人快速转型，快速适合专家辅助人业务，提升诉讼案件的效率和当事人的满意度，本章将实务中专家辅助人业务案例进行摘选汇总，便于读者更好地理解业务实践，为实际工作提供参考。本章所述案例均为专家辅助人实际业务案例，为保护客户隐私，案例中对案件信息进行特别模糊处理。

7.1 案例一

7.1.1 项目背景介绍

接受甲公司（承包方）委托，对甲公司与其甲方乙公司签订的《某项目施工合同》第九条第 6 款中"本次招选财评价"的理解与适用进行评析，甲公司以专家辅助人专家意见形式提交给人民法院。该涉案项目专家辅助人未出庭，仅提供了专家意见。

7.1.2 评析意见摘选

关于甲公司与乙公司建设工程合同纠纷--案中"本次招选财评价"的评析意见

甲公司：

受贵司委托，我司造价专家辅助人对甲公司与乙公司签订的《某项目施工合同》第九条第 6 款中"本次招选财评价"的理解与适用进行评析，评析意见如下：

一、评析意见

针对本合同条款中"本次招选财评价"的理解分歧，我公司造价专家辅助人认为，根据本项目的招投标相关文件资料及行业习惯，招标时发布竞选文件中提供的最高限价10377425.36 元应理解为"本次投标限价"或称为"本次招标控制价"。

二、评析依据

（一）委托人提供的资料

1.《竞选文件》（2017 年 11 月）；

2.《招标控制价》（2017 年 11 月）；

3.《中选通知书》（2017 年 11 月 20 日）；

4. 甲公司与乙公司签订的《某项目施工合同》（2017 年 12 月 1 日）；

5. 某区财政局关于某中级人民法院来函的复函。

（二）有关法律法规和标准规范

1.《最高人民法院关于人民法院民事诉讼中委托鉴定审查工作若干问题的规定》法〔2020〕202号；

2.《最高人民法院关于审理建设工程施工合同纠纷案件适用法律问题的解释（一）》法释〔2020〕25号；

3.《最高人民法院关于民事诉讼证据的若干规定》（法释〔2019〕19号）；

4.《建设工程造价鉴定规范》（GB/T 51262—2017）；

5.《建设工程工程量清单计价规范》（GB 50500—2013）；

6.《中华人民共和国招标投标法》；

7.《建设工程价款结算暂行办法》（财政部 建设部 财建〔2004〕369号）。

三、评析原则

本次评析严格遵循依法、独立、客观、公正的原则，严格遵守国家机关及建设领域的相关标准，在评析活动的各个环节都严格依照法律、法规、规章的要求。评析过程中不受外界的干扰，独立自主地对评析事项作出科学判断，以科学技术标准为基础提出评析意见，并对评析意见负责。

四、评析过程

（一）合同签约过程分析

1. 某区财政局于2017年10月30日出具《某项目招标控制价评审结论的函》（某区财评函〔2017〕572号），该项目审核后出具的招标控制价总额为36903022元。

2. 2017年11月，乙公司发布某项目竞选文件，其中显示：①合作内容：工程量清单所列内容中除甲供材料（钢筋混凝土管、钢筋、石材、砂石、商品混凝土，具体明细详见甲供材料汇总表及合同条款）以外的全部材料及施工内容。②工程量清单：邀约方提供工程量清单（电子版），清单作为报价依据，其中清单中的量具实收方并以审计结论为准进行结算；清单中各单项价格按中选单位的中选价同比例下浮后作为双方的结算单价且单价后期不做任何调整，竞选方在报价时请结合图纸综合考虑合理报价。（本工程清单含部分已完工路基清表及土石方，其中土石方已完工约140000m³，路基清表已完工约14000m³，具体以实际收方为准，该已完工项目不在本次合作范围内。）③报价方式及最高限价：a. 本工程安全文明施工费含税总价为：175818.26元（大写：壹拾柒万伍仟捌佰壹拾捌元贰角陆分），该项费用作为不可竞争费用，报价时不作下浮，结算时按甲方《劳务合作单位考核办法》工程安全文明施工考核评分结果的分值按比例进行支付。b. 不含安全文明施工费的工程量清单含税价为：10201607.10 元（大写：壹仟零贰拾万壹仟陆佰零柒元壹角零分）。含税报价高于该项最高限价为无效报价（详见报价函）。上述价格不作为拨款依据，拨款以合同为准。具体报价方式详见竞选报价函。

c. 该工程全费用含税控制总价为：10377425.36 元（大写：壹仟零叁拾柒万柒仟肆佰贰拾伍元叁角陆分）。

3. 2017 年 11 月 15 日，甲公司提供投标文件并予以报价：本工程安全文明施工费含税价为 175818.26 元；不含安全文明施工费的工程量清单含税价为 9181446.39 元，工程量清单综合单价以甲方竞选文件提供的工程量清单同比例下浮 10%（下浮比例为中选单位报价下浮比例），且综合单价后期不做任何调整。该工程合同暂定总价为 9357264.65 元，该价款含 11% 的增值税专票。2017 年 11 月 20 日，乙公司向甲公司提交该投标价的"中选通知书"。

4. 2017 年 12 月 1 日，甲公司与乙公司签订《某项目施工合同》。其中第五款约定的"工程款"与竞选和中选中约定的价款结算方式一致。

综上，某区财评函〔2017〕572 号作出的评审价格包括本项目所有的人工、材料、机械及其他费用的总额价。乙公司针对控制价 36903022 元（某区财评函〔2017〕572 号）中的劳务即人工费自行制作清单和对应的最高限价 10377425.36 元进行单独发包，其中，安全文明施工费含税价为 175818.26 元，不含安全文明施工费的工程量清单含税价为 10201607.10 元。甲公司对乙公司的劳务合作《竞选文件》进行了投标响应，得到乙公司认可并向其发放"中选通知书"。双方在施工前，对"某施工项目"进行了完整的招标、投标、中选、合同签订程序，双方的竞选程序和签约过程符合招标投标法的相关规定。乙公司招标时发布竞选文件中提供的最高限价 10377425.36 元对招投标双方应具有约束力。

（二）双方合同条款异议分析

1. 乙公司认为本次招选财评价应结合合同中工程量清单以及财政评审函（某区财评函〔2017〕572 号）中的单价，从总的财政评审价 36903022 元中剥离，以剥离出来的价格作为本合同中的"本次招选财评价"。

评析：此结算方式不符合双方招投标程序约定的结算方式和合同约定价款结算精神及行业惯例的结算处理方式，意见如下：

①某区财评函〔2017〕572 号作出的控制价包括本项目人工、材料、机械和其他费用等与本项目有关的所有费用，与双方本合同约定的劳务合作内容不一致。双方约定的

施工内容为工程量清单（10377425.36 元）所对应的内容，其中除甲供材料（钢筋混凝土管、钢筋、石材、砂石、商品混凝土，具体明细详见甲供材料汇总表及合同条款）以外的全部材料及施工内容。

②从某区财评函〔2017〕572 号财政评审价 36903022 元中剥离出来的价格不是双方招标投标及合同约定的工作内容清单，事后剥离出来的价格清单对中标人应不具有约束力。此剥离方式未在竞选文件或合同中约定。

③双方在合同签订前进行了竞选程序，竞选过程中乙公司明确提供了投标最高限价 10377425.36 元，此清单价款对投标人和合同双方都应具有约束力。背离此清单价款的结算方式有违《中华人民共和国招标投标法》精神和合同约定，有失公平原则和《建设工程价款结算暂行办法》及《建设工程工程量清单计价规范》相关规定。

2. 关于双方对本合同中"本次招选财评价"的理解。

评析：根据双方的竞选程序和合同约定，本合同中的"本次招选财评价"应理解为对双方具有约束力的"投标最高限价 10377425.36 元"，意见如下：

①国家标准术语中未对"本次招选财评价"予以定义或注释，本合同及竞选文件中亦未对"本次招选财评价"进行注释。根据本案中前期招投标程序和行业惯例以及招投标法相关规定，招标人提供的对投标人具有约束力的最高限价或清单价应视为本合同中的"本次招选财评价"，即乙公司提供的"投标最高限价 10377425.36 元"应理解为本合同的"本次招选财评价"。

②一般情况下，若招标人提供的经财政评审后的价格称为"招标控制价"或"财评价"或"财政评审价"。乙公司在诉讼过程中提供的区财评函〔2017〕572 号评审的 36903022 元控制价，此价格未纳入双方招投标范围和合同约定，对投标人和中标人均不具有约束力。同理，从中剥离出来的价格清单或控制价对中标人亦不具有约束力。

③针对本合同中"本次招选财评价"双方的理解分歧在"财评价"三个字上，但针对投标人或中标人来说，招标人提供的招标清单或价格清单是否经过"财评"或"财政评审"不是投标人或中标人的义务，相反应是招标人的责任。根据《某区财政局关于某中级人民法院来函的复函》显示，乙公司是自行调整评审控制价 36903022 元（某区财评函〔2017〕572 号）后，以 10377425.36 元作为劳务招标的最高限价，其准确性和真实性应由招标人自行负责。

综上，本合同中"本次招选财评价"应理解为"本次投标限价"或称为"本次招标控制价"，即乙公司招标时发布竞选文件中提供的最高限价 10377425.36 元。

五、意见说明

本次评析意见系根据委托方提供的现有资料进行的，资料的真实性、准确性、完整性由委托人负责。因资料的真实性、准确性、完整性可能引起的结论偏差，由委托人自行承担。

附件：

1. 评析机构营业执照

2. 评析机构在某中级人民法院入围证明

3. 专家辅助人资格证书、职称证书及其他证明能力的资料

7.2 案例二

7.2.1 项目背景介绍

接受甲公司（发包人）委托，对"某惠民工程"一审中造价鉴定意见进行分析并发表专业性质证意见。该涉案项目专家辅助人参与了出庭活动，并对鉴定人进行了质询和提问。

7.2.2 专家意见摘选

"某惠民工程"专家辅助人咨询意见

甲公司：

受贵公司委托，根据合同约定，由我司作为"某惠民工程"造价专家辅助人对该项目造价鉴定意见书进行分析并发表专业性咨询意见。委托单位——甲公司的责任是提供该工程的相关资料并对相关资料签署及收集的合法性、真实性、准确性和完整性负责，我们的责任是客观、公正、规范、科学地对该工程的造价鉴定意见书发表专业性咨询意见并对意见的真实性和合法性负责。经复核，现将咨询意见报告如下：

一、基本情况

1. 项目名称：某惠民工程

2. 建设地址：××××××

3. 建设单位：甲公司

4. 施工单位：乙公司

5. 建设内容：土建、水电安装

6. 委托日期：××××××

7. 鉴定机构：某鉴定机构

二、依据

1. 该项目送鉴资料；

2.《某惠民工程造价鉴定意见书》；

3.《关于某惠民工程造价鉴定意见书补正书》；

4. 某鉴定机构《关于某惠民工程造价鉴定意见书质证问题的回复》；

5.《某中级人民法院民事判决书》；

6.《建设工程造价鉴定规范》（GB/T 51262—2017）；

7.《造价专家辅助人服务合同》。

三、鉴定意见分析

1. 马凳筋（支撑用钢筋）问题

（1）双方的主张及证据：

原告（施工单位）主张按《钢筋工程施工方案》中马凳筋布置方案计算，该方案有施工单位、监理单位、建设单位签字盖章，其中监理单位专监翟某利签署意见为"严格按该方案和相关规范要求施工，但竣工结算按施工现场实际签证为准，但须报经建设单位审定后作为结算依据"、总监刘某波签署意见为"经复审，同意监理工程师审查意见，但必须严格按照施工合同和补充协议执行"，建设单位周某友签署意见为"同意监理单位意见"。原告方提供的《施工组织设计》中马凳筋做法与《钢筋工程施工方案》一致，其中监理单位专监翟某利签署意见为"严格按该方案和相关规范要求施工，但竣工结算按施工现场实际签证为准，但须报经建设单位审定后作为结算依据"，建设单位孙某军签署意见为"同意监理单位意见，仅作技术资料，不作结算依据"。

被告（建设单位）认为施工方未按方案布置马凳筋，而是采用混凝土垫块代替的。

（2）鉴定机构鉴定意见："本次鉴定考虑了实际施工可能会与施工方案存在一定偏差以及行业普遍实际施工行为，最终确定楼板马凳筋按 Φ8（施工方案中为 Φ12）、间距大于施工方案设置的间距，即酌情按施工方案计算量的一半计量；筏板、抗水板按施工方案计算量确定。"鉴定意见中共计算马凳筋 533.018 吨，鉴定造价共 2493571.07 元，全部列入确定性鉴定意见。另外，鉴定单位在《关于对某惠民工程造价鉴定意见书质证问题的回复》第 6（6）条中说明："经复查，鉴定意见书中因这 4 栋主楼是分三个阶段

（1～10层、11～20层、21～30层）计价，上量时重复计量未将总量除以3，涉及造价1303484.81元应予以调减"。但法院判决时未采信。

（3）存在的问题：

双方当事人对现场是否按方案采用了钢筋马凳筋的事实存在争议，且监理单位明确签署"竣工结算按施工现场实际签证为准，但须报经建设单位审定后作为结算依据"、建设单位明确签署方案"仅作技术资料，不作结算依据"，在原告未提供马凳筋的相关签证且法院未认定事实的情况下，鉴定机构自行认定马凳筋为Φ8并按施工方案的一半计量，并列入确定性鉴定意见没有依据，与《鉴定规范》第4.7条及第5.11条的要求相违背，侵犯了法官的审判权。

根据2024川内新证字第1796号公证书显示：楼板马凳筋直径为Φ6，单根长度为57厘米，在间距不变的情况下，按此规格计算的马凳筋总量约为40吨，而鉴定意见书共计算401.12吨。

同时，鉴定机构在发现鉴定意见中的计算错误时，未按《鉴定规范》第5.12.1条的要求，通过出具正式的补充鉴定意见或补正意见进行更正，而是通过书面回复的方式进行说明，导致法院审理认为"回复意见缺少相应证据支撑，亦未附对量清单对比印证，且其他鉴定人未签名认可""且鉴定回复意见并非鉴定补充意见或更正意见，不符合鉴定结论意见的相关鉴定程序和鉴定方式的要求"，对该项回复意见不予采信，造成实际判决金额多计1303484.81元。

2. 土方运距问题

（1）双方的主张及证据：

原告（施工单位）主张挖填均按8.8km运距计算，提交的证据为《关于"工程材料认质认价、土方运距"工作联系函》及《土方运距确认单》，上述证据中只有施工单位的项目部印章及签字，无监理单位、建设单位签字盖章。

被告（建设单位）认为土方挖填均无外运，某市弃土场地和外运土石方需要在政府部门办理相关手续和缴纳相关费用，原告均未提供相关证据。

（2）鉴定机构鉴定意见："本次鉴定结合通常施工状况，对挖方按5km计算运距，填方未计算运距"。鉴定意见中计算的外运费用共计100630.08元，全部列入确定性鉴定意见。

（3）存在的问题：土石方是否存在外运跟土方开挖量的大小和场地内是否有堆场均有直接的关系，且每个项目所处位置不同，运距也大不相同，鉴定机构在无有效证据的情况下直接认定该项目土方运距为 5km 没有任何依据，并列入确定性鉴定意见，与《鉴定规范》第 4.7 条及第 5.11 条的要求相违背，侵犯了法官的审判权。

3. 土方捡底的问题

（1）双方的主张及证据：

原告（施工单位）主张按设计图中的 300mm 厚度计算捡底工程量。

被告（建设单位）认为该项目"基础是非常坚硬的，我们是硬基础交给施工单位的"，总包单位无捡底，被告也未提供双方测量标高的证据，不认可。

（2）鉴定机构鉴定意见："由于建、施双方未办理本应在总包单位开始施工前的工作面移交手续（包括基底标高抄测记录），由此造成了是否存在捡底的争议，而所有的设计都会按规范要求留 300mm 厚度采用人工捡底，避免地基持力层被扰动或被雨水浸蚀，导致超挖换填增大建设成本，但结合施工惯例及本项目地基为极软岩石的实际情况，完全按设计 300mm 厚度较为偏大，本次鉴定参照了 2018 年 1 月 25 日建、施双方收方记录数据确定，厚度约为 180mm"，计算造价共计 113262.95 元，列入确定性意见。

（3）存在的问题：事实和证据的认定为法官的审判权的范围，双方对有无捡底的事实存在争议，对证据也存在争议（被告方质证认为 2018 年 1 月 25 日收方记录无效），在被告方未提供标高抄测记录、法院也未对事实和证据认定的情况下，鉴定单位自行认定原告施工了 180mm 厚的捡底没有依据，且将该项造价列入确定性鉴定意见，与《鉴定规范》第 4.7 条及第 5.11 条的要求相违背，侵犯了法官的审判权。

4. 签证单 001——围挡外移

（1）双方的主张及证据：

原告（施工单位）主张按签证单 001 号计算，提供的《工程经济签证单》（编号：001）中只有施工单位人员签字盖章，无监理单位和建设单位签字盖章。

被告方不认可该项签证。

（2）鉴定机构鉴定意见："虽然建设单位签字手续不完善，但围挡外移有影相照片……按《鉴定规范》第 5.4 条规定，应予以计量计价"，鉴定意见按签证单 001 计算，计算价格为 816.94 元，列入确定性鉴定意见。

（3）存在的问题：在签证单无监理单位和建设单位签字盖章的情况下，仅凭两张照片就自行认定事实，存在以鉴代审之嫌，且将该项造价列入确定性鉴定意见，与《鉴定规范》第 4.7 条及第 5.11 条的要求相违背，侵犯了法官的审判权。

5. 签证单002——A地块增设防撞墙及挡水线

（1）双方的主张及证据：

原告方主张按签证单002计算，提供的《工程经济签证单》（编号：002）只有施工单位人员签字盖章，无监理单位和建设单位签字盖章。后附收方记录中有周某友签字。

被告方不认可该项签证。

（2）鉴定机构鉴定意见："虽然建设单位签字手续不完善，但增设防撞墙及挡水线有建设方签字的收方记录……按《鉴定规范》第5.4条规定，应予以计量计价"，鉴定意见按签证单002计算，计算价格为19793.82元，列入确定性鉴定意见。

（3）存在的问题：在签证单无监理单位和建设单位签字盖章，收方单也有争议的情况下，鉴定机构自行对证据和事实进行认定，存在以鉴代审之嫌，且将该项造价列入确定性鉴定意见，与《鉴定规范》第4.7条及第5.11条的要求相违背，侵犯了法官的审判权。

6. 签证单003——放弃生活区

（1）双方的主张及证据：原告方主张按签证单003计算，提供的《工程经济签证单》（编号：003）有施工单位人员签字盖章，监理单位刘某波和建设单位周某友、孙某军签字。后附收方记录有周某友签字。

被告方不认可该项签证。

（2）鉴定机构鉴定意见："放弃的生活区是因为建设方场地问题发生的重复性生活区建设，属于应签证计量计价项目，且已有建设方收方记录及完善的签字手续，应予以计量计价"，鉴定意见按签证单003计算，计算价格为31599.09元，列入确定性鉴定意见。

（3）存在的问题：生活区的建设属于临时设施费包含的内容，如果存在因建设方的原因造成重复建设，在签证手续完善的情况下应按实计算，但如果没有在其他地方另行建设生活区，则不应与临时设施费重复计算。在证据存在争议、是否存在二次建设生活区的事实还未查明的情况下，鉴定机构自行对证据和事实进行认定，存在以鉴代审之嫌，且将该项造价列入确定性鉴定意见，与《鉴定规范》第4.7条及第5.11条的要求相违背，侵犯了法官的审判权。

7. 签证单006——抢险部位素喷混凝土

（1）双方的主张及证据：原告方主张按签证单006计算，提供的《工程经济签证单》（编号：006）有施工单位人员签字盖章，监理单位刘某波和建设单位周某友、孙某军签字。后附收方记录有周某友签字。

被告方不认可该项签证。认为原告提供的该部位的试块为商品混凝土试块，存在造假，现场实际采用的是喷射砂浆。

（2）鉴定机构鉴定意见：认为"本项目若是以商品混凝土作为试件，可认为是试件造假，但也不能确定为护壁喷射混凝土造假"，鉴定意见按现场搅拌喷射混凝土计算，计算价格为 42804.87 元，列入确定性鉴定意见。

（3）存在的问题：如因建设方原因造成的护壁抢险，在签证资料完善的情况下应予计算，但如因施工方原有护壁施工质量问题或施工组织不力的原因造成的护壁垮塌重做，则不应计算。该案在证据存在争议、是否采用的是喷射混凝土的事实还未查明的情况下，鉴定机构自行对证据和事实进行认定，存在以鉴代审之嫌，且将该项造价列入确定性鉴定意见，与《鉴定规范》第 4.7 条及第 5.11 条的要求相违背，侵犯了法官的审判权。

8. 签证单 014——地下室顶板加固

（1）双方的主张及证据：原告方主张按签证单 014 计算，提供的《工程经济签证单》（编号：014）中只有施工单位人员签字盖章，监理单位和建设单位均未签字盖章。后附收方记录有周某友签字。提供的《B 地块地下室顶板车道及材料堆场加固方案》审批表中除施工单位签字盖章外，监理单位刘某波签字并加盖公司公章，建设单位周某友、孙某军签字。

被告方不认可该项签证。

（2）鉴定机构鉴定意见：按签证单 014 计算，金额为 126916.13 元，列入确定性鉴定意见。

（3）存在的问题：签证单 014 为原告方主张的加固钢管支撑架搭拆人工费、租赁费、车费等，无监理单位和建设单位的签字盖章，租赁时长、租赁单价、人工单价等均未得到监理单位和建设单位的确认。鉴定机构直接按原告单方面主张金额进行认定，存在以鉴代审之嫌，且将该项造价列入确定性鉴定意见，与《鉴定规范》第 4.7 条及第 5.11 条的要求相违背，侵犯了法官的审判权。

9. 签证单 019——别打窗上眉混凝土

（1）双方的主张及证据：

原告方主张按签证单 019 计算，提供的《工程经济签证单》（编号：019）中只有施工单位人员签字盖章，监理单位和建设单位均未签字盖章。

被告方不认可该项签证。

（2）鉴定机构鉴定意见：按签证单019计算，金额为1531.76元，列入确定性鉴定意见。

（3）存在的问题：该签证无监理单位和建设单位的签字盖章，证据效力存在争议。鉴定机构直接按原告单方面的主张进行认定，存在以鉴代审之嫌，且将该项造价列入确定性鉴定意见，与《鉴定规范》第4.7条及第5.11条的要求相违背，侵犯了法官的审判权。

10. 商业屋面炉渣找坡层

（1）双方的主张及证据：建、施双方对商业屋面找坡层是否施工存在争议，建设方认为未施工，施工方认为已施工。

（2）鉴定机构鉴定意见："参考施工视频影像资料，商业屋面已完成了找坡层施工，并开始防水层施工，本次鉴定对商业屋面找坡层进行了计算（含炉渣找坡层、水泥砂浆找平层及透气管）"，其中炉渣找坡层共计算79155.96元，列入确定性意见。

（3）存在的问题：原被告双方对是否实施了商业屋面找坡层的事实存在争议，在法院还未对事实作出认定的情况下，鉴定机构直接认定已经施工，存在以鉴代审之嫌，且将该项造价列入确定性鉴定意见，与《鉴定规范》第4.7条及第5.11条的要求相违背，侵犯了法官的审判权。（根据2024川内新证字第1796号公证书显示：商业屋面无炉渣层，故鉴定结论中的79155.96元应予扣除）

11. 地下室后浇带

（1）双方的主张及证据：建、施双方对后浇带是否施工存在争议，建设方认为未施工，施工方认为已施工。

（2）鉴定机构鉴定意见："由于后浇带的留设需占用大量周转材料导致施工方成本增加，后浇带未封闭还需持续保持地下水抽排导致建设方成本增加，以及各类施工通道都需要尽早满足通行需求，所以在实际施工中建施双方均会尽早完成对后浇带的施工。综上所述并结合本项目施工方退场时的施工形象进度（二次结构全部完成，抹灰完成三分之二以上），理论上应确定为后浇带已施工。本次鉴定结合三方对量数据及2018年1月25日建、施双方收方记录数据确定后浇带施工工程量"，共计算276963.62元，列入确定性意见。

（3）存在的问题：原被告双方对是否实施了后浇带的事实及2018年1月25日的收方记录存在争议，在法院还未对事实和证据作出认定的情况下，鉴定机构直接认定已经施工，存在以鉴代审之嫌，且将该项造价列入确定性鉴定意见，与《鉴定规范》第4.7条及第5.11条的要求相违背，侵犯了法官的审判权。

12. 不同强度等级混凝土金属网

（1）双方的主张及证据：建、施双方对不同强度等级混凝土加设钢丝网是否施工存在争议，建设方认为未施工，施工方认为已施工。

（2）鉴定机构鉴定意见："若未采用钢丝网进行隔断，将会导致高强度等级混凝土流入低强度等级部位，造成施工成本的浪费，但行业普遍实际施工行为均是局部加设，且本项目建、施双方均不能举证是否全部加设或全部未加设，本次鉴定按图纸计算的工程量的一半计取"，共计算13974.38元，列入确定性意见。

（3）存在的问题：原被告双方对不同强度等级混凝土间是否加设了钢丝网的事实存在争议，在法院还未对事实作出认定的情况下，鉴定机构直接认定已经施工，存在以鉴代审之嫌，且将该项造价列入确定性鉴定意见，与《鉴定规范》第4.7条及第5.11条的要求相违背，侵犯了法官的审判权。

13. 冠梁施工

（1）双方的主张及证据：建、施双方对冠梁是否施工存在争议，建设方认为未施工，施工方认为已部分施工。

（2）鉴定机构鉴定意见："在2018年1月25日建施双方签字的《结算工程量确认单》中存在约30m长度的冠梁工程量，即施工了少量的局部冠梁，本次鉴定对这部分予以了计量计价"，共计算16216.29元，列入确定性意见。

（3）存在的问题：原被告双方对是否实施了冠梁的事实及2018年1月25日的收方记录存在争议，在法院还未对事实和证据作出认定的情况下，鉴定机构直接认定已经施工，存在以鉴代审之嫌，且将该项造价列入确定性鉴定意见，与《鉴定规范》第4.7条及第5.11条的要求相违背，侵犯了法官的审判权。

14. 定额组价的问题

（1）外墙界面处理，设计图中为基层处理后刷界面处理剂，施工方主张按界面剂计算，建设单位认为未施工，在2022年11月10日《土建专业现场核实记录》第9条记录：建设单位同意对设计有界面剂的按刷浆（加胶）定额处理。而鉴定机构认为"为确保外墙质量要求，满足外墙砂浆的粘结性，施工中对外墙基层处理有较高的要求，通常可有刷界面处理剂、涂刷界面砂浆、涂刷加胶水泥浆多个选项，结合本项目没有具体的施工资料但外墙粘结现场观感质量良好（未出现局部脱落现象），本次鉴定按涂刷界面砂浆计价"。鉴定机构凭观感质量良好来推断基层做法没有依据，也与设计做法中的刷界面处理剂不符，同时与2022年11月10日记录的建设单位同意按刷浆（加胶）定额处理的妥协性意见不符。按涂刷界面砂浆计价比按刷浆（加胶）计价多计 328483.65 元。

（2）经济签证单 004 和 008 中反映，共有 1542.2+396=1938.2m² 为素喷，而鉴定意见中全部按网喷计算，多计 4419.94 元。

（3）根据定额计算规则规定：机械挖土外运时不套用"机械运土≤1000m"项目，但外运距离也不扣除基本运距。而鉴定意见中套用了基本运距定额，多计 43107.02 元。

（4）根据定额说明：墙模板中的"对拉螺栓"用量以批准的施工方案计算重量，地下室墙按一次摊销进入材料费，地面以上墙按 12 次摊销进入材料费。周转使用的对拉螺栓摊销量按定额执行不作调整，如经批准施工组织设计为一次性摊销使用的，则按一次性摊销使用进入材料费，并扣除定额已含的铁件用量。地下室止水螺杆只应增加材料费，不应另行套预埋铁件定额。鉴定意见中按预埋铁件计算，多计 21242.82 元。

（5）根据定额解释：用于地下室外墙防水、保温施工的脚手架已包含在建筑工程综合脚手架内，不另计算；地下室外墙防水保护墙的砌筑脚手架未包含在建筑工程综合脚手架内，可根据批准的施工方案及实际搭设情况套用相应单项脚手架定额项目。原告未提供地下室外墙防水保护墙的砌筑脚手架方案，鉴定机构按双排外脚手架计算没有依据，该项多计 106512.56 元。

（6）地下室接地连接板定额组价问题：接地连接板是预埋在土建结构内的连接钢板，供设备接地连接及测试使用，接地模块是埋入地下的成套接地装置；接地连接板不应套用"防雷及接地装置 接地模块"，应套用"接地测试板安装"，该项多计 11200.80 元。

（7）根据室内外界面划分及定额解释：外墙雨水管及空调冷凝水管道属于室外管道，鉴定意见套用室内管道定额，管件用量远大于实际用量；应套用"给排水、采暖、燃气管道 室外塑料排水管（粘接）"定额，该项多计 245129.83 元。

四、咨询意见和建议

通过上述分析，我们认为某鉴定机构出具的鉴定意见书存在以下几个方面的问题：

1. 对鉴定意见中出现的计算错误，未按造价《鉴定规范》第 5.12.1 条的要求，通过出具正式的补充鉴定意见或补正意见进行更正，而是通过书面回复的方式进行说明，导致法院审理认为"回复意见缺少相应证据支撑，亦未附对量清单对比印证，且其他鉴定人未签名认可"，"且鉴定回复意见并非鉴定补充意见或更正意见，不符合鉴定结论意见的相关鉴定程序和鉴定方式的要求"，对该项回复意见不予采信，造成实际判决金额多计 1303484.81 元。

2. 双方当事人对部分证据或事实存在争议，在法院还未作出认定的情况下，鉴定人在鉴定时对双方当事人对证据和事实的争议直接进行了认定，相应造价全部列入了确定性鉴定意见，未按造价《鉴定规范》第 5.11 条要求出具选择性鉴定意见或推断性鉴定意见，侵犯了法官的审判权，存在以鉴代审之嫌。

3. 存在部分定额套用、组价不合理的地方，造成鉴定结论有偏差。

建议：

1. 建议贵司就上述问题提请法院要求鉴定机构出具补充鉴定意见或补正意见进行更正。

2. 关于贵司提出的综合单价中材料价格不应按含税价计算的问题，我们认为从造价角度来说，在营业税计税模式下，材料价格按含税价计算符合《四川省建设工程工程量清单计价定额（2015 年）》相关计价规定，建议由律师从按含税材料价计算是否与合同约定相违背的角度来辩诉，涉及金额约 740 万元。

3. 关于贵司提出的建安税应按 3% 计算的问题，2015 年《某省建设工程工程量清单计价定额》规定：在营业税计税模式下，工程在市区时税率为 3.48%；工程在县城、镇时为 3.41%；工程不在城市、县城、镇时为 3.28%，该项目位于某县城，我们认为从造价角度来说，鉴定机构按 3.41% 的税率计算符合 2015 定额规定，建议由律师从实际税费缴纳和税务管理的角度来辩诉，涉及金额约 44.27 万元。

4. 合同第 8.2 条约定规费按相关部门核定的承包企业《施工企业工程规费计取标准》计取，贵司提出原告方提交的规费证为复印件不应计取规费的问题，建议由律师从证据效力的角度来辩诉，涉及金额约 370 万元。

5. 关于贵司提出的安装工程地下室预埋管存在质量问题不应计价的问题，建议由律师从不合格工程不应计价的角度辩诉，涉及金额约 17.49 万元。

6. 贵司提出鉴定意见中安装工程量存在误差，建议现阶段由贵司书面向法院提出，在鉴定机构出具补充鉴定意见期间再详细与鉴定机构沟通核对。

7. 贵司提出设计图中地下室抗渗混凝土只是普通混凝土的问题，经过查阅相关资料，贵司是在鉴定机构出具了鉴定意见书之后提交了《混凝土抗压强度检验报告》《抗渗混凝土的渗析性能检测报告》来证明施工单位主张的抗渗混凝土不能成立，鉴定机构在《关于对某惠民工程造价鉴定意见书质证问题的回复》第 8 页中回复"本次鉴定严格按建、施双方共同确认的设计图纸确定地下室抗渗混凝土，在鉴定过程中各方对相关工程量均认可并签字确认，除是否还应计取添加的膨胀剂费用外无其他任何争议。现建设方提出地下室抗渗混凝土只是普通混凝土，需要法院对新证据进行认定"。建议继续向法院提交证据，待法院认定事实后提请法院要求鉴定机构出具补正意见。本案中抗渗混凝土与非抗渗混凝土价差共 54.78 万元。

8. 鉴定意见中"鉴定参考性结论"关于利息计算基础及计息时间不正确，因利息的计算涉及对合同条款的理解，建议由律师进行辩诉。

五、特别说明

1. 本报告系根据甲公司提供的现有相关资料进行的，资料的合法性、真实性、客观性由甲公司负责，因资料的合法性、真实性、客观性可能引起的结论偏差，由甲公司自行承担。咨询意见提交后，若有经法院质证的补充或更正资料，相应部分结论按新证据资料调整或重新咨询，其调整或重新咨询产生的费用及责任由甲公司承担。

2. 意见书使用者须对本意见书的全部内容熟知并关联使用，对仅使用本意见书中的部分内容或者违规使用本意见书所导致的有关损失或者法律后果由有关责任方自行承担。

附件：

1. 专家辅助人所在机构营业执照

2. 专家辅助人所在机构在某中级人民法院入围证明

3. 专家辅助人资格证书、职称证书及其他证明能力的资料

7.3　案例三

7.3.1　项目背景介绍

某建设工程有限公司向当地造价协会提出质证服务需求，协会委派内部专家为建设工程公司提供质证服务，通过专业实现对会员的救济。

7.3.2　专家意见摘选

关于《某房地产开发有限公司反诉某建设工程有限公司
建设工程施工合同纠纷工程造价鉴定意见书》的质证意见

尊敬的法官，我是某造价协会专家库成员，具有一级造价工程师及高级工程师资格，接受某协会的委托，代表某建设工程有限公司对造价鉴定人出具的造价鉴定意见发表以下专业建议：

一、造价鉴定意见书第6页将"安全文明现场评价部分费用"作为推断性鉴定意见且推断金额为0的做法有误，该项涉及的造价金额应列为选择性鉴定意见。原因如下：

1. 涉案项目施工合同第12页第18～19行（3）总价措施项目中，环境保护、文明施工、安全施工、临时设施费按某市造价站核定费率（其他类）计取，其他费用一概不予计取。

2. 施工现场安全文明施工费率核定的流程一般是施工单位自评—监理单位审核—建设单位审核—住建局质量安全监督部门评价—造价部门评价。本费率表由施工单位自评后提交，已经监理单位和建设单位审核并提交了住建局质量安全监督部门评价，住建局质量安全监督部门工作人员范某华评价为90.10分，但只有人员签字而无单位盖章，同时费率表未经造价部门评价费率，即该费率表是一个具有瑕疵的证据，是否采用该证据作为鉴定依据应由委托人根据事实进行确定，鉴定机构无权直接作出决定，否则就侵犯了委托人的审判权。

3. 根据《建设工程造价鉴定规范》GB/T 51262—2017第5.11.4条的规定，造价鉴定机构应该根据有争议的证据出具选择性造价鉴定意见，供委托人在查明事实后选择使用。然而鉴定人却出具的是推断性意见，明显违反了规范的规定，也给委托人造成了误导。

二、造价鉴定意见书第9页第5）条中，在监理单位出具的情况说明与《安全文明施工措施评价及费率测定表》内容矛盾时，鉴定机构直接选择采信监理单位出具的情况说明作为鉴定依据，即按现场未安装监控的情况进行鉴定，该做法有误。鉴定机构自行决定鉴定依据的取舍，侵犯了委托人的审判权，建议将该项涉及的造价金额列为选择性鉴定意见。原因如下：

1. 同第一条的1。

2. 同第一条的2。

3. 根据《建设工程造价鉴定规范》GB/T 51262—2017第5.11.4条的规定，造价鉴定机构应该根据前后矛盾的证据出具选择性造价鉴定意见，供委托人在查明事实后选择使用。然而鉴定人却直接根据两种矛盾证据中的一种情况进行鉴定，明显违反了规范的规定，也给委托人造成了误导。

三、造价鉴定意见中未计算由房地产开发有限公司直接发包项目的安全文明施工费，该做法有误，建议进行调整。原因如下：

1. 某省建发〔2017〕5号文件（附件二）第十二条第三款规定："发包人直接发包

工程的安全文明施工纳入总承包人统一管理的，总承包人收取相应项目安全文明施工费的 40%。发包人在拨付专业工程承包人的安全文明施工费用时，应将其中的 40% 直接拨付总承包人。"

2. 该项目的室外总平（除防洪沟、挡土墙）工程、门窗工程、消防工程、弱电工程、高低压电力工程、钢结构工程等均由建设单位直接发包。因此应该按某省建发〔2017〕5 号文件（附件二）第十二条第三款的规定计算安全文明施工费。

在对量记录第 12 条中建设工程有限公司主张按 30% 计算，放弃了对 40% 的主张，鉴定机构可以按 30% 计算。

3. 造价鉴定机构在回复当事人建设工程有限公司的问题时，混淆了总承包服务费和安全文明施工费。

四、造价鉴定意见中未计算安全文明施工费增加费，建议增加为选择性意见。原因如下：

1. 涉案项目施工合同第 11 ～ 12 页约定该项目造价按 2015 年《某省建设工程工程量清单计价定额》执行，安全文明费按某省建发〔2017〕5 号文件执行。

2.《某省住房和城乡建设厅关于调增工程施工扬尘污染防治费等安全文明施工费计取标准的通知》中"三、执行时间"规定：本通知自《某省建筑工程扬尘污染防治技术导则（试行）》实施之日起与我省现行的 2015 年《某省建设工程工程量清单计价定额》配套施行。

《某省建筑工程扬尘污染防治技术导则（试行）》实施前已发出招标文件或已签订工程承包合同的工程，按导则要求采取扬尘污染防治措施，按规定采取建筑工人实名制管理措施，且经施工安全监督机构评价确认的，工程扬尘污染防治等增加费由发承包双方结合工程实际参照本通知规定协商调整，但调整幅度不得超过本通知扬尘污染防治等增加费计取标准。

已办理完工程结算的不再执行本通知。

3.《某省建筑工程扬尘污染防治技术导则（试行）》发布时间为 2018 年 12 月 29 日，按照第 10.3 条规定，本导则从发布之日起实施，即实施时间为 2018 年 12 月 29 日；涉案项目施工合同签订时间为 2018 年 2 月 14 日，因此，涉案项目安全费增加费建议参照《某省住房和城乡建设厅关于调增工程施工扬尘污染防治费等安全文明施工费计取标准的通知》计算后列入选择性意见，供选择人判断使用，鉴定人直接否定的做法有误。

五、鉴定人扣除联排屋面找坡层中水泥的做法有误，建议鉴定人按设计图纸进行鉴定。

涉案项目设计图纸工程做法表一屋面 1 中找坡层为 80mm 厚水泥膨胀蛭石，鉴定人在该项目已经竣工验收合格的情况下私自扣除了找坡层中的水泥，该做法有误，侵犯了施工单位的合法权益和委托人对证据认定的权利，建议鉴定人按设计图纸或者委托人认定的结果进行鉴定。

六、关于多孔砖价格的问题。

涉案项目施工合同第 12 页倒数第 1～7 行对结算材料价格进行了规定，原则为采用某省建设工程管理总站发布的工程造价信息某县的价格，某县没有的材料价格采用其所在市的价格，二者都没有时，按发包人认价书上确认的为准。

鉴定人在鉴定时，未按合同约定价格执行，而是按照与某县相差 200 多千米的另外某县材料价格执行，严重违反了合同的本意，侵犯了双方当事人的权利。建议可以采用参考当事人的进货价执行或通过询问调查施工期多孔砖价格的方式执行。

七、造价鉴定意见书第 10 页倒数第 6 行中鉴定人根据送鉴材料中 29# 签证中的换填材料为卵石推断其他换填材料均为卵石的做法不妥；同时第 4 页基础垫层换填的选择性意见中只列了外购级配砂石而未列天然级配连砂石的做法有误。原因如下：

1. 鉴定人根据自己的专业知识和专业经验只对专门性问题进行分析、判断，不对事实进行推断，事实应该由双方当事人通过举证来证明。

2. 根据《建设工程造价鉴定规范》GB/T 51262—2017 第 5.11.4 条的规定，选择性意见应在造价鉴定意见第 4 页"七、鉴定意见"中描述，供委托人判断使用，而不是在第 5 页"八、鉴定意见说明"中描述，否则容易让造价鉴定意见的阅读者（如当事人、委托人）形成误解，或者产生歧义。

附件：

1. 专家辅助人资格证书、职称证书及其他证明能力的资料

2. 在协会的任职证明

7.4 案例四

7.4.1 项目背景介绍

接受甲公司（承包人）委托，对甲公司诉乙公司建设工程分包合同纠纷案工程造价

鉴定意见书进行分析并发表评审意见。

7.4.2　专家意见摘选

关于对《"甲公司诉乙公司建设工程分包合同纠纷案"

工程造价鉴定意见书》的评审意见

甲公司：

受贵公司委托，根据合同约定，我们对"甲公司诉乙公司建设工程分包合同纠纷案"工程造价鉴定意见书进行了评审。委托单位——甲公司的责任是提供该工程的相关资料并对相关资料签署及收集的合法性、真实性、客观性负责，我们的责任是客观、公正、规范、科学地对该工程的造价鉴定意见书发表评审意见并对评审报告的真实性和合法性负责。经复核，现将评审意见报告如下：

一、基本情况

1.项目名称：甲公司诉乙公司建设工程分包合同纠纷案

2.建设地址：

3.建设单位：

4.施工单位：

5.建设内容：某酒店项目装饰工程

6.委托日期：

7.鉴定机构：某鉴定机构

二、评审依据

1.该项目送鉴资料；

2.《关于"甲公司诉乙公司建设工程分包合同纠纷案"工程造价鉴定意见书》；

3.《关于"甲公司诉乙公司建设工程分包合同纠纷案"工程造价鉴定意见书补充鉴定意见》（补1）；

4.《关于"甲公司诉乙公司建设工程分包合同纠纷案"工程造价鉴定意见书补充鉴定意见》（补2）；

5.《关于"甲公司诉乙公司建设工程分包合同纠纷案"环保整治导致材料价格调整测算》；

6.《建设工程造价鉴定规范》（GB/T 51262—2017）。

三、评审意见

1.《关于"甲公司诉乙公司建设工程分包合同纠纷案"工程造价鉴定意见书补充鉴定意见》（补2）中其他说明："送鉴材料中还包含申请人提供的被申请人在发文簿上签收，但被申请人未签字确认的送鉴资料，主要资料有工程联系单、品牌变更、材料认质认价（雪花白石材提升品质、木饰面木皮增厚等）、签证单等资料，被申请人质证意见为不能作为鉴定依据，此类材料认定属于法律问题，鉴定意见中未包含其相关费用。"鉴定机构对这部分内容不作鉴定，做法有误，与《建设工程造价鉴定规范》（GB/T 51262—2017）第4.7.6条规定相背，涉及金额约150万元。

《建设工程造价鉴定规范》（GB/T 51262—2017）第4.7.6条规定："同一事项当事人提供的证据相同，一方当事人对此提出异议但又未提出新证据的；或一方当事人提供的证据，另一方当事人提出异议但又未提出能否认该证据的相反证据的，在委托人未确认前，鉴定人可暂用此证据作为鉴定依据进行鉴定，并将鉴定意见单列，供委托人判断使用。"

根据该项规定，在被申请人提出异议但又未提出能否认该证据的相反证据且委托人未确认证据的证明力的情况下，鉴定人应按申请人提交的证据进行鉴定，并将鉴定意见单列，供委托人判断使用，而不能因为被申请人质证意见为不能作为鉴定依据就不作鉴定。

上述未鉴定的内容也属于委托人委托的鉴定范围，鉴定机构私自缩小了鉴定范围，属于以鉴代审的行为，既不能起到定分止争的作用，也不能实现案结事了的诉讼效果。

鉴定意见摘录：截图略。

2.增补指令单020（环保整治期间停工补偿费），申请人提交了停工通知、会议记录、微信记录、发文簿、与被申请人的结算争议处理意见等证据，鉴定人未作鉴定（鉴定意见书中列为推断性意见240000元，补充鉴定意见01中调整为−240000元），即取消该内容的鉴定做法有误，与《建设工程造价鉴定规范》（GB/T 51262—2017）第4.7.6条相违背，涉及金额约240000元。

根据《建设工程造价鉴定规范》第4.7.6条的规定，在被申请人提出异议但又未提出能否认该证据的相反证据且委托人未确认证据的证明力的情况下，鉴定人应按申请人提交的证据进行鉴定，并将鉴定意见单列，供委托人判断使用，而不能因为委托人未确认证据的证明力就不作鉴定。

鉴定意见摘录：截图略。

3. 环保整治影响材料涨价价差争议。鉴定人测算砂石和标准砖（含多孔砖）材料价格市场波动率为 79.86%，其余材料价格涨幅约 10.26%，并据此扣除 5% 的风险范围计算因环保整治材料调整金额为 571047.45 元，缺乏依据。

（1）案涉项目招标日期为 2017 年 3 月，合同签订日期为 2017 年 5 月，申请人于 2017 年 6 月进场施工，2018 年 9 月陆续通过验收，交付使用。自 2017 年 8 月开始，中央环保督察组进驻四川进行环保督察，2017 年下半年至 2018 年上半年，因环保整治，大部分建材价格不同程度地上涨，尤其是砂石等地方材料价格最高的时候较合同签订时即 2017 年 5 月的价格几乎翻番，且不同的材料涨价幅度不一样，不同的时间段的价格也不一样，不同的材料在项目造价中的占比也不同，例如"云多拉灰石材 ST-01 20mm"合同单价 430 元 /m^2，申请人与供应商四川某石业有限公司签订的《补充协议》价格为 610 元 /m^2，涨幅达 41.86%；"橄榄灰石材 ST-02 20mm"合同单价 400 元 /m^2，申请人与供应商四川某石业有限公司签订的《补充协议》价格为 630 元 /m^2，涨幅达 57.5%；"纸面石膏板 9.5mm 厚"合同单价 8 元 /m^2，申请人 2017 年 10 月 17 日发票单价为 10.94 元 /m^2，涨幅 36.75%，2018 年 4 月 12 日发票单价为 16.67 元 /m^2，涨幅达 108.38%，鉴定人统一按固定的涨幅计算材料涨价价差缺乏依据，也不能真实地反映该项目因环保整治影响材料涨价的价差。

（2）申请人提供了一部分材料的采购合同或发票，在委托人未确认证据证明力的情况下，鉴定人未依据该证据出具鉴定意见供委托人判断使用，有失偏颇，与鉴定规范相违背。

（3）甲公司主张的环保调差金额约 595 万元。

鉴定意见摘录：截图略。

4. JY-SG-040- 工程联系单 -043 人工转运商品混凝土及二次砌筑工程材料（含砂石、水泥、砖块等）人工转运，鉴定单价均为 75 元 /m^3 依据不足，未充分依据现场实际施工条件及施工方法进行计算，尤其是人工转运商品混凝土的单价明显偏低。甲公司主张金额约 72 万元。

5. 二次砌筑工程中临时用电，鉴定人在鉴定意见书中注明按照二次砌筑方案计算，方案中临时用水、临时用电无法计量，本次鉴定中仅包含二次搬运费和脚手架措施费及相关税费，未对临时用水、用电的造价进行鉴定。申请人提供了二次砌筑工程施工方案及附图（脚手架及临电布置图），根据施工方案，临时用电可以量化，但鉴定人未作出鉴定意见供委托人判断使用。该项甲公司主张金额约 16 万元。

鉴定意见摘录：截图略。

6. 以上内容涉及金额总计约 865 万元。

鉴于鉴定意见书中存在上述问题，建议鉴定机构根据送鉴资料及鉴定规范，客观公正地进行复核后出具补充鉴定意见。

四、特别说明

1. 本次评审系根据甲公司提供的现有相关资料进行的，资料的合法性、真实性、客观性由甲公司负责，因资料的合法性、真实性、客观性可能引起的结论偏差，由甲公司自行承担。评审意见提交后，若有经法院质证的补充或更正资料，相应部分结论按新证据资料调整或重新咨询，其调整或重新咨询产生的费用及责任由甲公司承担。

2. 意见书使用者须对本意见书的全部内容熟知并关联使用，对仅使用本意见书中的部分内容或者违规使用本意见书所导致的有关损失或者法律后果由有关责任方自行承担。

附件：

1. 专家辅助人所在机构营业执照
2. 专家辅助人资格证书、职称证书及其他证明能力的资料

7.5 案例五

7.5.1 项目背景介绍

接受甲公司（承包人）委托，编制"某卫生服务中心项目"的诉讼标的金额。该项目甲公司中标后，在主体基本完工的情况下，因为规划原因导致该项目停工，并且不再续建。发承包双方对已完成工程的造价及其他相应费用发生争议。

7.5.2 专家意见摘选

关于"某卫生服务中心项目"停工清算工程造价咨询意见

甲公司：

受贵公司委托，根据合同约定，我公司对"某卫生服务中心项目"停工清算进行工程造价咨询。委托单位——甲公司的责任是提供该工程的相关资料并对相关资料签署及收集的合法性、真实性、准确性和完整性负责，我公司的责任是客观、公正、规范、科

学地对该工程停工清算价款发表咨询意见并对咨询报告的真实性和合法性负责。经复核，现将咨询意见报告如下：

一、基本情况

1. 项目名称：某卫生服务中心项目

2. 建设地址：××××××

3. 建设单位：××××××

4. 设计单位：××××××

5. 施工单位：××××××

6. 建设内容：包括卫生服务中心、门卫室及污水处理设备间以及室外围墙、道路、绿化、给排水等附属配套设施，并购置安装箱式变压器、柴油发电机、电梯等设备。其中：卫生服务中心建筑面积为4690.92平方米，门卫室和污水处理设备间建筑面积为44.65平方米

7. 合同价格：24591092.22元

8. 工期：540天

9. 委托日期：××××××。

二、依据资料

1. 施工合同；

2. 招投标文件；

3. 施工图纸；

4. 施工组织设计；

5. 技术经济签证单（第2019-01号）；

6. 甲公司提供的建筑与装饰工程施工界面确认表、安装工程施工界面确认函、机械设备租赁合同、产品购销合同、提货单、出库单、销货清单、银行转账回单、发票、收据等，详见证据册。

三、咨询意见

某卫生服务中心项目停工清算费用合计18691071.43元，其中：

1. 已完工程造价9758006.43元；

2. 三通一平的费用（含场平土方回填、配电工程）492866.60元；

3. 停工期间现场管理人员窝工损失1224166.67元；

4. 停工期间民工窝工损失及遣散费1368700元；

5. 停工期间水电费及保险费损失 89678.68 元；

6. 停工期间机械设备及周转材料租赁费损失 1442346.93 元；

7. 已购置材料及现场剩余材料损失 2306906.31 元；

8. 预期利润损失 2008399.82 元。

四、特别说明

1. 本次咨询系根据委托方提供的现有相关资料进行的，资料的真实性、准确性、完整性由委托人负责，因债权申报资料的真实性、准确性、完整性可能引起的结论偏差，由委托方自行承担。咨询意见提交后，若有经法院质证的补充或更正资料，相应部分结论按新证据资料调整或重新咨询，其调整或重新咨询产生的费用及责任由资料更正或补充方承担。

2. 意见书使用者须对本意见书的全部内容熟知并关联使用，对仅使用本意见书中的部分内容或者违规使用本意见书所导致的有关损失或者法律后果由有关责任方自行承担。

3. 本咨询意见专为本次委托所做，非法律允许，不得作其他用。

附件：

1. 某卫生服务中心项目停工清算费用相关表格

2. 专家辅助人所在机构营业执照

3. 专家辅助人资格证书、职称证书及其他证明能力的资料

7.6 案例六

7.6.1 项目背景介绍

接受甲公司（周转材料租赁单位）委托，对该项目周转材料的金额进行确定。在专家辅助人业务实务中，有些当事人或建工律师经常认为专家辅助人出具的成果也可以称为造价鉴定意见，或是单方鉴定意见。基于满足客户需求考虑，专家辅助人有时需要按照客户的需求提交相应的成果文件。

7.6.2 专家意见摘选

关于"某项目一期一标段周转材料租赁"工程造价鉴定意见书

甲公司：

受贵公司委托，根据合同约定，我公司对"某项目一期一标段周转材料租赁"进行工程造价鉴定。委托单位——甲公司的责任是提供该工程的相关资料并对相关资料签署及收集的合法性、真实性、准确性和完整性负责，我公司的责任是客观、公正、规范、科学地对该工程的工程造价发表鉴定意见并对其真实性和合法性负责。经复核，现将鉴定意见报告如下：

一、基本情况

1. 项目名称：某项目一期一标段周转材料租赁

2. 建设地址：××××××

3. 建设单位：××××××

4. 周转材料承租方：××××××

5. 周转材料出租方：甲公司

6. 委托人：甲公司

7. 委托日期：2024 年 7 月 10 日

二、依据资料

1.《总承包单位某项目经理部周转材料租赁招标文件》；

2.《某项目周转材料租赁合同》；

3.《房屋建筑面积测绘成果报告》（全信测 2019（078）号）；

4.《某项目一期竣工验收报告》；

5.《建设工程造价咨询规范》（GB/T 51095—2015）；

6.《建设工程造价鉴定规范》（GB/T 51262—2017）。

三、分析说明

2017 年 9 月 30 日，总承包单位与甲公司签订了《某项目周转材料租赁合同》（以下简称《租赁合同》），《租赁合同》约定承租方承包范围包括：某项目一期一标段 1 号楼、2 号楼、12～17 号楼、地下室的结施、建施图及图纸会审纪要、设计变更、施工组织设计、施工方案等所包含的现浇结构模板全部支撑及加固、内外墙脚手架、基础筏板钢筋支撑架、安全通道、外架楼层上下通道架、水平防护架、地下室临边洞口防护架、加工棚防护架、电梯井封闭架、施工提升架防护架、塔吊通道架等所用的钢管、扣件、顶托、工字钢、工字钢拉绳（含绳卡）。合同租赁期限自 2017 年 7 月 2 日至 2018 年 7 月 2 日，按工程建筑面积每平方米综合包干单价结算。

《租赁合同》约定暂定工程数量为 106454m²，结算时以乙方实际使用部位的建筑面积结算［按照《某省建设工程工程量清单计价定额》（2016）相关的计算规则计算］。

因委托人向法院申请调取该项目施工图，目前尚未取得，我公司无法按照《某省建设工程工程量清单计价定额》相关计算规则计算建筑面积，故我公司按照某测绘有限公司出具的某项目《房屋建筑面积测绘成果报告》（全信测 2019（078）号）中相应楼栋的建筑面积进行计算，其中地下室无测绘面积，我公司按竣工验收报告中的一期一标段地下室的建筑面积进行计算。

《租赁合同》中约定不含税单价为 19.42 元 /m²，税金按 3% 计算。合同租赁期限自 2017 年 7 月 2 日至 2018 年 7 月 2 日，甲方可根据施工现场情况调整合同租赁期限，不视为违约。

由总承包单位发布的《某项目经理部周转材料租赁招标文件》附件 1《周转材料配置计划表》及附件 2《钢管、扣件、顶托、工字钢、周转材料单方造价分析表》中均明确租赁天数为 360 天，出租方按招标文件的租赁期进行了报价，《租赁合同》中明确租赁期限为 2017 年 7 月 2 日至 2018 年 7 月 2 日，根据《租赁合同》第 9.1 条约定"甲方因实际需要发生变化，可在合同规定的租赁期满前将部分或全部租赁物归还乙方，也可在租赁期满后继续使用，租金根据本合同按实际使用数量和时间按实计算"，故租赁费用应按实际租赁时间计算。

根据委托人提供的资料显示，该项目周转材料租赁期远远超过合同租赁期限，至 2019 年 6 月 23 日现场仍有部分周转材料，计算至 2019 年 6 月 23 日实际租赁时间共计 722 天。

四、鉴定结论

根据以上分析说明，某项目一期一标段周转材料租赁费用为：106881.10m²×19.42 元 /m²÷366 天 ×722 天 ×（1+3% 税率）=4217387.22 元（大写：肆佰贰拾壹万柒仟叁佰捌拾柒元贰角贰分）。

五、特别说明

1. 本次鉴定系根据委托方提供的现有相关资料进行的，资料的真实性、准确性、完整性由委托人负责，因资料的真实性、准确性、完整性可能引起的结论偏差，由委托人自行承担。

2. 意见书使用者须对本意见书的全部内容熟知并关联使用，对仅使用本意见书中的部分内容或者违规使用本意见书所导致的有关损失或者法律后果由有关责任方自行承担。

六、附件

1. 鉴定机构营业执照复印件

2. 鉴定人资格证书复印件

第 8 章

涉及工程造价专家辅助人的人民法院
判决书介绍

专家辅助人在建设工程案件实务审判中的作用到底如何？本章摘选了 10 个人民法院的判决书对专家辅助人的作用作出详细解读。人民法院对专家辅助人的认知及对其证言的采信逻辑或思路不尽相同，所以对其作出的判断也存在差异，其判决正确与否，本书不做讨论。

8.1 判决书一

8.1.1 案件介绍

1. 人民法院：安徽省宣城市中级人民法院

2. 判决书名称：安徽某某建设工程有限公司、某某人民政府民事二审民事判决书

3. 案号：（2023）皖 18 民终 221 号

8.1.2 专家辅助人主要意见及采信情况

1. 主要意见

某某公司认为化粪池的土方开挖、化粪池预制井盖、化粪池底板浇筑、厕所土方开挖、预制厕所屋面板钢筋五项工程内容系工程量清单中存在的缺项、漏项，故应当按照案涉施工合同的约定计算工程价款。当事人称专家辅助人汤某在一审中已经就工程量清单的专业性问题发表了专业意见。

2. 采信情况

（1）一审人民法院：安徽省郎溪县人民法院（2022）皖 1821 民初 1740 号民事判决。

一审法院以未见汤某资格证书原件为由否认其专业性。

（2）二审人民法院：安徽省宣城市中级人民法院。

某某公司所提举的人员资格查询信息系网页下载打印件，并非参加一审诉讼的专家辅助汤某的专业资格证书原件，据此无法确认该专家辅助人是否有合法真实的专业资格，一审判决也已经就该专家辅助人所陈述的意见本身的合法性、规范性进行审查认证并不予以确认，故某某公司所提举的该项书证的真实性无法确认，且不能达到其证明目的，本院不予采信。

8.1.3 判例思考

（1）专家辅助人在承接专家辅助业务时，需要事先用专业对争议问题进行判断，然后再考虑是否承接该业务。

（2）专家辅助人开庭时，应携带一级造价工程师、高级职称证书及其他能证明自己更加专业的证书原件，避免出现该案件中情况的发生。

（3）当事人二审提交证据资料时，一定要认真研读一审的情况，不能只按照自己认为的情形来提交。比如本案中一审明显是因为没有提供专家辅助人汤某的资格证书原件而否定了其专家意见，但二审时当事人提交的却是汤某资格证书查询信息网页打印件。导致二审法院认为该项书证的真实性无法确认，且不能达到其证明目的，故不予采信。

8.2 判决书二

8.2.1 案件介绍

1. 人民法院：江苏省无锡市中级人民法院

2. 判决书名称：江苏某某建设集团有限公司、无锡某某房地产开发有限公司建设工程施工合同纠纷民事二审民事判决书

3. 案号：（2022）苏 02 民终 2190 号

8.2.2 专家辅助人主要意见及采信情况

1. 主要意见

对管理费、利润的计算基数进行说明。专家辅助人代表己方当事人时的专业意见是应遵照合同约定。在对方当事人询问时，其回答的是在 2014 定额之后自己未遇到过在计算管理费和利润时把材料费放进去。

2. 采信情况

（1）一审人民法院：无锡市锡山区人民法院（2020）苏 0205 民初 6673 号民事判决。

一审法院认为合同协议书对于是否要将材料费计入企业管理费、利润存在矛盾的约定。因此需要对其进行分析，第一，从合同整体解释的角度应当查探合同其他部分对于

结算方式的约定；第二，从双方合同磋商、履行过程中的真意探究；第三，从管理费及利润的含义及实际金额分析。最终认为计算基数不应包含材料费。

（2）二审人民法院：江苏省无锡市中级人民法院。

当事人对合同条款的理解有争议的，应当按照所使用的词句，结合相关条款、行为的性质和目的、习惯以及诚信原则，确定争议条款的含义。行业范围内长期为一般人从事民事活动时普遍遵守的民间习俗、惯常做法等，可以认定为习惯。本案中，施工合同一方面约定计取标准及费率取定按合同附件执行，另一方面约定根据2014计价定额取费结算造价，前后两者对计算管理费、利润的基数是否包含材料费的约定存在矛盾，因此应当结合行业习惯、诚信原则等确定争议条款的含义。首先，当时及现行的江苏省工程造价计价表、费用定额中，并未将材料费作为计算管理费、利润的基数，这既是一种计价规范，也是工程造价行业经过长期实践形成的行业惯例。其次，材料系通过人工或机械进行搬运、使用进而物化于建筑中，工程管理主要针对的是人工和机械。同时，同类型不同档次的材料，价格可能相差较大，但所使用的人工、机械以及相关管理成本并无太大差异，如果将材料作为计算管理费的基数，会使得在成本变化不大的情况下管理费产生较大差异，明显不合理。再者，江苏某某公司申报进度款时也未将材料费作为计算管理费、利润的基数，在双方的草签版合同中该部分内容已作划掉。综上，一审认定材料费不作为计算管理费、利润的基数，并无不当，本院予以确认。

8.2.3 判例思考

（1）专家辅助人在接受对方当事人询问时，需要注意自己的回答内容是否会对己方当事人不利。比如本案例中的回答，作为有二十多年从业经验的专家辅助人说在2014定额之后自己未遇到过在计算管理费和利润时把材料费放进去的案例，其实已经是在证明对方的观点了。

（2）专家辅助人解决的是造价专业技术问题，当合同约定前后矛盾时，其解释权不是技术问题，而是法律问题。所以专家辅助人是否应当承接该业务，值得商榷。

（3）专家辅助人为己方当事人服务时，除了对专业问题进行出庭答复外，还需要对有些证据进行剖析，即使本次案件不利，也可以指导以后的工程项目如何实施。比如承包人要主张材料费进入计算基数，在进度款支付时就应当布局，将其纳入。

8.3 判决书三

8.3.1 案件介绍

1. 人民法院：青海省海南藏族自治州中级人民法院

2. 判决书名称：某某县发展和改革局、青海某某建设工程有限公司建设工程施工合同纠纷民事二审民事判决书

3. 案号：（2022）青 25 民终 286 号

8.3.2 专家辅助人主要意见及采信情况

1. 主要意见

对鉴定意见进行质证。

2. 采信情况

（1）一审人民法院：青海省兴海县人民法院（2021）青 2524 民初 12 号民事判决。

一审法院认为庭审中某某发改局虽申请专家辅助人进行质证，但均是建议，未有实质性意见，且鉴定结论与某某发改局委托设计单位出具的工程量变更意见基本符合，故对确定造价，一审法院予以确认。

（2）二审人民法院：青海省海南藏族自治州中级人民法院。

二审法院认为某某发改局申请专家证人刘某滨出庭对案涉鉴定意见进行质证并对专业问题提出意见，对其提出涉及鉴定意见本身的专业问题由本院通知作出案涉鉴定意见的鉴定人谢某洲逐一进行了回答，谢某洲关于其鉴定资质、鉴定范围、鉴定方式、鉴定程序的回答符合工程实际，并不存在鉴定程序违法的情形，对专家证人的意见本院不予采信。

8.3.3 判例思考

（1）专家辅助人在起草造价专家意见书时，要观点明确、表达清晰，不能模棱两可，否则可能会像本案一审法院的情形一样，只是建议，没有实质性意见，导致不能达到维护己方当事人合法权益的目标。

（2）专家辅助人要在庭审期间的几十分钟内用专业打动法官，这往往是一件很困难的事情。所以建议当事人在经济条件允许和涉案项目实际情况需要的时候，可以将专家

辅助人的服务开始时间前移，做到未雨绸缪，以发挥其更大的作用。

8.4 判决书四

8.4.1 案件介绍

1. 人民法院：新疆维吾尔自治区昌吉回族自治州中级人民法院

2. 判决书名称：新疆某某股份有限公司、某某工程第六建设有限公司建设工程施工合同纠纷二审判决书

3. 案号：（2024）新23民终1812号

8.4.2 专家辅助人主要意见及采信情况

1. 主要意见

专家辅助人认为合同不是2017的钢结构消耗量定额，这个说明里面写了2010和2014补充消耗量定额配套使用，通知上写的是把2010和2014补充定额的钢结构金属结构进行了废止，才出台了2017的钢结构消耗量定额。2017年定额出台后，2010年和2014年的定额就废止了。

2. 采信情况

（1）一审人民法院：新疆维吾尔自治区阜康市人民法院（2023）新2302民初1701号民事判决。

一审法院对专家辅助人陈述的真实性予以确认，对其陈述与鉴定人陈述相矛盾的地方以鉴定人陈述为准。

（2）二审人民法院：青海省海南藏族自治州中级人民法院。

二审法院维持一审判决。

8.4.3 判例思考

（1）人民法院对鉴定机构出具的鉴定意见有较强的信赖感，专家辅助人要战胜鉴定人，维护己方当事人的合法权益，则必须在专业强于鉴定人的同时充分运用批判性思维及写作与口才能力进行加持，方能产生良好效果。

（2）选择性鉴定意见往往是鉴定权和审判权的交织结果，专家辅助人必须和建工律

师紧密配合，让法律与造价或造价与法律充分融合，然后发力，令法官作出有利于己方的判断。

8.5 判决书五

8.5.1 案件介绍

1. 人民法院：云南省楚雄彝族自治州中级人民法院

2. 判决书名称：楚雄某某工贸有限公司与重庆市某某建筑工程有限公司建设工程施工合同纠纷二审民事判决书

3. 案号：（2023）云 23 民终 633 号

8.5.2 专家辅助人主要意见及采信情况

1. 主要意见

二审中，楚雄某某工贸有限公司申请了专家辅助人对鉴定意见中的专业问题进行了说明。

2. 采信情况

二审人民法院：云南省楚雄彝族自治州中级人民法院。

专家辅助人对鉴定意见进行质证后，经过人民法院准许，鉴定机构出具了补充鉴定意见，且经过了双方当事人的质证，法院因此采信了补充鉴定意见。

8.5.3 判例思考

（1）本案二审中当事人申请了专家辅助人，虽然是亡羊补牢，但还是很有成效，促使鉴定机构出具了补充鉴定意见，且被人民法院采信，维护了己方当事人的合法权益。

（2）专家辅助人出庭作证的目的一般有两个，一是促使鉴定机构出具补充鉴定意见；二是推翻原有鉴定意见，重新启动造价鉴定。以上两个目的没有绝对的区分，主要以最大限度维护其当事人合法权益为目标。

（3）建议当事人一审时就聘请专家辅助人，本案中二审虽然有效果，但是风险很大，因为二审中维持原判的概率更大。

8.6 判决书六

8.6.1 案件介绍

1. 人民法院：四川省乐山市中级人民法院。

2. 判决书名称：四川乐山某某建筑工程有限公司、四川某某建筑工程劳务有限公司建设工程合同纠纷二审民事判决书

3. 案号：（2020）川 11 民终 412 号

8.6.2 专家辅助人主要意见及采信情况

1. 主要意见

二审中原审第三人胡某申请了专家辅助人姜某宁（土建造价工程师）出庭作证，主要证明以下内容：（1）地下室封闭空间因为没有门，不可出入，没有达到建筑空间的要求，所以不能计算建筑面积。（2）案涉工程项目中的结构板既没有围墙、栏杆，也没有可以进入的门，所以形成不了建筑空间，只能算建筑构件，且宣贯教材第 55 条第 2 项也明确："凸出的建筑部件与建筑物之间没有门，只有窗，因此属于'不连通'，不计算面积"。只要是图纸中标明为"结构板"的部分均不应计算建筑面积，鉴定人认为结构板与主体结构相连接就要计算建筑面积，属于个人理解，没有条文支持。庭审中，姜某宁提出图纸中的"结构板"面积不管按 05 规范❶还是 13 规范❷，面积均为 8639.4m²，但其向法庭提交的《对造价鉴定征求意见书反馈意见（05 规范）》载明的面积为 4319.7m²。（3）案涉工程施工图纸中只标注了"架空层"，没有像其他可以利用的房间一样标"卧室、厨房、卫生间"等名称，可以推论出"架空层"部分不应计算建筑面积。庭审中，姜某宁认可按 05 规范架空层不应计算建筑面积，但按 13 规范应计算建筑面积，按 13 规范计算的架空层面积与《光宏第三次鉴定意见书》载明的建筑面积一致。

2. 采信情况

（1）一审人民法院：四川省乐山市市中区人民法院（2019）川 1102 民初 3107 号民事判决。

---

❶ 05 规范全称为《建筑工程建筑面积计算规范》GB/T 50353-2005。

❷ 013 规范全称为《建设工程建筑面积计算规范》GB/T 50353-2013。

一审过程中，四川某某建筑工程劳务有限公司以《亚兴第三次鉴定报告》实际鉴定人王某并非亚兴公司工作人员，鉴定程序存在重大瑕疵，申请重新鉴定，一审法院予以准许。

（2）二审人民法院：四川省乐山市中级人民法院。

二审中原审第三人胡某申请了专家辅助人姜某宁（土建造价工程师）出庭作证，光宏公司的鉴定人蒋某军再次出庭接受质询，针对专家辅助人姜某宁和胡某提出的问题依次做出回答。二审法院认为光宏公司出具的鉴定意见合法有效。

8.6.3　判例思考

（1）鉴定机构委派的鉴定人一定要是自己企业的员工，即注册于企业的一级造价工程师，否则就有被启动重新鉴定的风险。

（2）专家辅助人的专业知识和认知应要高于鉴定人，否则提出的所谓专业的问题很容易被鉴定人瓦解，最终导致无法实现出庭的目标。

（3）对于缺乏理论基础或支撑的业务，专家辅助人应学会拒绝，否则在开庭的时候会很尴尬。

8.7　判决书七

8.7.1　案件介绍

1. 人民法院：贵州省高级人民法院

2. 判决书名称：邱某某、贵州某某建设投资有限公司二审民事判决书

3. 案号：（2023）黔民终 212 号

8.7.2　专家辅助人主要意见及采信情况

1. 主要意见

二审中，某甲公司为证明自己的主张，聘请专家辅助人出庭作证，主要证明 2017年 8 月 1 日（贵州 2016 版定额❶实施时间）之后施工的工程，邱某某（某乙公司）在

---

❶　2016 版定额指《贵州省建筑与装饰工程计价定额》（2016 版）等五部计价定额。

施工过程中所报的进度产值均是依据贵州 2004 版定额 ❶ 计价。

2. 采信情况

二审人民法院：贵州省高级人民法院。

鲍某亮、刘某作为专家辅助人出庭作证，说明邱某某 2017 年 8 月 1 日之后上报的进度资料显示系按照贵州 2004 版定额计价，邱某某对某甲公司第三组证据的质证意见认可进度资料系按照贵州 2004 版定额计价，因此对上述两位专家辅助人出庭作证的证言予以采信。

8.7.3 判例思考

（1）专家辅助人出庭作证，一定要谨记，只说造价专业相关的专业问题，才容易被人民法院认可，比如本案中的专家辅助人鲍某亮、刘某的发言，人民法院就很容易采信。

（2）如果某甲公司在一审时就聘请了鲍某亮和刘某，则该案件可能就不会进入二审，所以越早聘请专家辅助人，越早节约时间，越早提高收益。

8.8 判决书八

8.8.1 案件介绍

1. 人民法院：浙江省湖州市中级人民法院

2. 判决书名称：某某建设集团股份有限公司、陈某宝建设工程施工合同纠纷二审民事判决书

3. 案号：（2019）浙 05 民终 79 号

8.8.2 专家辅助人主要意见及采信情况

1. 主要意见

二审时，某某建设集团股份有限公司申请专家辅助人王某出庭，对于本案中鉴定机构作出的鉴定意见错误进行说明。王某称，案涉工程协议结算为固定总价，增加及减少

---

❶ 2004 版定额指《贵州省建筑与装饰工程计价定额》（2004 版）等五部计价定额。

的工程量均以联系单形式进行调整，在没有新的结算补充协议的情况下，必须按照原协议的约定进行结算，故按照 03 定额重新组价进行结算毫无依据。

2. 采信情况

二审人民法院：浙江省湖州市中级人民法院。

二审法院认为，专家辅助人的意见应结合本案其他证据予以综合考虑其证明力。根据双方合同的约定及设计图纸变更情况，3 号厂房在施工过程中工程设计已发生重大变更，工程造价发生重大变化，如果仍以原合同价款确定造价，显失公平。且在一审审理过程中，某某建设集团股份有限公司对于一审法院决定对工程造价进行鉴定的决定未提出异议，对第一份鉴定报告按照信息价审计的鉴定依据也未提出异议，仅是在第二份鉴定报告出具后才提出应以其和洪波公司的最终结算为基础，现在二审中提出不应进行造价鉴定及鉴定依据明显不足等理由，有违诚信，故一审法院以造价鉴定作为确定本案工程价款的依据并无不当。关于造价鉴定的结论是否正确，及鉴定公司出具两份鉴定报告书问题，鉴定机构具备合法的资质，鉴定人也有相应资格，鉴定的证据经过了双方的质证，鉴定人对双方的异议出庭接受了询问并对双方提出的异议进行了说明。虽然两次鉴定报告中的工程价款有较大的差异，但是第二份鉴定报告正是在考虑双方异议的基础上所作的修正，且对巨匠公司主张的重复鉴定的部分一审法院也予以了扣除，故某某建设集团股份有限公司认为鉴定报告不应采信的理由不能成立。

8.8.3 判例思考

（1）当事人在诉讼过程中要步步为营，不能把问题后移，否则就很难再进行救济了。比如在本案中二审法院认为当事人所提出的内容在一审时未提出异议，到二审才提，所以未予以支持。

（2）专家辅助人的专家意见即使在专业上很有道理，但如果错过了最好的救济时间，依然可能不会被采信，无法对当事人进行救济。

8.9 判决书九

8.9.1 案件介绍

1. 人民法院：山东省东营市中级人民法院

2. 判决书名称：东营市垦利区某某人民政府、唐某等建设工程施工合同纠纷民事再审民事判决书

3. 案号：（2022）鲁 05 民再 11 号

8.9.2 专家辅助人主要意见及采信情况

1. 主要意见

东营市垦利区某某人民政府聘请袁某河为专家辅助人，并提供其证人证言一份。袁某河是某工程项目管理有限公司的造价师，该公司是案涉工程跟踪审计单位。该证言欲证明鲁祥鉴字（2018）第 003 号工程鉴定意见中工程材料价差未扣除、部分工程量计算存在错误，该鉴定意见不能直接作为本案定案的依据使用。

2. 采信情况

山东省东营市中级人民法院认为袁某河系案涉工程跟踪审计单位某工程项目管理有限公司的工程造价师，与东营市垦利区某某人民政府存在利害关系，其证人证言本身不能证实东营市垦利区某某人民政府的主张，不予采信。

8.9.3 判例思考

（1）虽然法律法规对当事人选择专家辅助人没有约定，但实务中当事人聘请专家辅助人时，还是需要注意双方的关系，有利害关系的人尽量不要去选择，否则其证言很大程度上不会被人民法院采信。

（2）专家辅助人接到当事人委托时，要主动向当事人和建工律师明确表示自身和本项目有无利害关系，有没有为双方当事人提供过其他类别的咨询服务。

8.10 判决书十

8.10.1 案件介绍

1. 人民法院：辽宁省沈阳市中级人民法院

2. 判决书名称：沈阳某某建设集团有限公司与康平县某某开发区管理委员会建设工程合同纠纷一审民事判决书

3. 案号：（2019）辽 01 民初 1025 号

8.10.2 专家辅助人主要意见及采信情况

1. 主要意见

双方当事人均聘请了专家辅助人，主要对冬季施工问题进行对质。对质的焦点有三个：一是冬季施工是否发生；二是若发生冬季施工，冬季施工量是多少；三是冬季施工部分如何计价。

2. 采信情况

第一个问题，冬季施工是否发生？人民法院认为，虽然康平县某某开发区管理委员会对冬季施工事实予以否认，但并未提出证据予以反驳，因此，对沈阳某某建设集团有限公司提供的证据予以采纳，沈阳某某建设集团有限公司主张的冬季施工事实予以支持。

第二个问题，若发生冬季施工，冬季施工量是多少？人民法院认为，虽然康平县某某开发区管理委员会对冬季施工量不予认可，但未提出证据加以反驳。因此应以鉴定部门确定的冬季施工土方量 360000 ㎥ 为依据。

第三个问题，冬季施工部分如何计价？康平县某某开发区管理委员会主张 360000 ㎥ 不应当为冻土主要是从己方对施工过程的理解佐以专家辅助人专家意见及研究报告的观点，并未提出其他证据加以证明；而沈阳某某建设集团有限公司则是依据辽宁省冬季温度的客观事实、现场施工照片、经各方确认的现场签证单以及相关计价文件。二者相较，沈阳某某建设集团有限公司主张较具优势，故对康平县某某开发区管理委员会的主张不予采纳，对鉴定部门的鉴定意见予以采纳。

8.10.3 判例思考

（1）专家辅助人出庭作证不能只靠一张嘴去说，必须对自己的观点辅以充足的证据，否则都是空中楼阁，难以让法官信服。

（2）专家辅助人起草专家意见时，建议充分利用批判性思维对鉴定意见进行剖析，并参考本书第 6.1.3 节的内容进行编写，让专家意见既有清晰的逻辑思维，又具备充足的证据支撑，还拥有可视化的表达。

第 9 章

国内对工程造价专家辅助人的相关政策

9.1 《关于专家辅助人参与民事诉讼活动若干问题的纪要》

浙江省高级人民法院关于印发《关于专家辅助人参与

民事诉讼活动 若干问题的纪要》的通知

本省各级人民法院：

为贯彻《中华人民共和国民事诉讼法》第七十九条的规定，我院制定了《关于专家辅助人参与民事诉讼活动若干问题的纪要》，现印发给你们。请结合工作实际，认真贯彻执行。实践中如遇到新情况、新问题，请及时与我院研究室联系。

浙江省高级人民法院

2014 年 7 月 11 日

浙江省高级人民法院

关于专家辅助人参与民事诉讼活动若干问题的纪要（全文）

为贯彻《中华人民共和国民事诉讼法》第七十九条的规定，浙江省高级人民法院就专家辅助人参与民事诉讼活动有关问题组织了专题研讨，形成纪要如下：

第一条　本纪要所称的专家辅助人即为《中华人民共和国民事诉讼法》第七十九条中的"有专门知识的人"，是指受当事人委托，出庭就鉴定意见或者案件涉及的专门问题提出意见的人。

第二条　本纪要所指的专门知识，是除法律知识和经验法则外，只有医学、建筑、审计、专有技术等特定领域的专业人员才能熟知、掌握的知识、经验和技术。

第三条　以下情形当事人可以申请一至二名专家辅助人出庭：

（一）需要专家辅助人出庭就鉴定意见提出意见的；

（二）需要专家辅助人出庭就案件涉及的其他专门性问题提出意见的。

第四条　当事人申请专家辅助人出庭，应当向人民法院提出书面申请。

专家辅助人出庭申请书应附专家辅助人的个人基本信息以及能够证明该专家辅助人有相关专门知识的证明材料，如职业资格、专业职称、从业经验等。

人民法院可根据案件审理需要，要求申请人补充有关专家辅助人的材料。

第五条　当事人向人民法院申请专家辅助人出庭，应当在举证期限届满前十日或者申请鉴定人出庭作证时一并提出。

第六条　人民法院在收到当事人申请后，应当就专家辅助人的证明材料及出庭的必要性进行审查，并在三日内决定。

第七条　人民法院准许专家辅助人出庭的，应当在决定作出后三日内通知申请人、专家辅助人；同时通知案件的其他当事人，并附上专家辅助人的相关资料。

不准许专家辅助人出庭的，应当在决定作出后三日内通知申请人。

第八条　人民法院应当在开庭前三日通知专家辅助人出庭，并告知专家辅助人的权利义务。

专家辅助人无正当理由未按期到庭参加诉讼的，视为当事人自动撤回申请。

第九条　当事人申请专家辅助人出庭并经人民法院准许后，不得申请更换。但以下情形除外：

（一）因健康原因不能出庭的；

（二）全部或部分丧失民事行为能力的；

（三）有其他正当理由不能出庭的。

第十条　专家辅助人享有以下权利：

（一）阅卷了解鉴定意见或者其他专门性问题的相关资料；

（二）就鉴定意见进行质证；

（三）就其他专门性问题进行说明、发表意见。

第十一条　专家辅助人应承担下列义务：

（一）独立、客观地发表意见，如实回答法庭及其他诉讼参与人的发问；

（二）不得在同一案件中同时担任双方当事人的专家辅助人；

（三）保守诉讼中知悉的国家秘密、商业秘密、个人隐私。

第十二条　专家辅助人不得单独出庭，应当与申请方当事人或者诉讼代理人共同出庭。

第十三条　审判人员和当事人及其诉讼代理人可以对出庭的专家辅助人进行询问。

经人民法院准许，可以由当事人各方申请的专家辅助人就案件中的专门问题进行对质。

专家辅助人可以对鉴定人进行询问。

第十四条　专家辅助人只能就鉴定意见或者案件涉及的专门性问题进行质证或者说明、发表意见。

第十五条　专家辅助人在法庭上就鉴定意见或者专门性问题发表的意见视为当事人陈述。

第十六条　人民法院要求专家辅助人提交书面意见的，专家辅助人应当庭或者在法庭指定期限内提交书面意见。书面意见应就鉴定意见或者其他专门性问题提出结论并说明理由。

书面意见观点及理由应当与当庭发表的言辞意见保持一致。如出现不一致的，以专家辅助人在法庭上发表的意见为准。

第十七条　专家辅助人出庭时的座位，设在法台侧前方当事人及诉讼代理人座位，与申请人同侧。

第十八条　专家辅助人出庭的报酬等有关费用，由申请该专家辅助人出庭的当事人负担。

第十九条　本纪要如与新的立法、司法解释不一致的，以新的立法、司法解释为准。

附件：专家辅助人出庭申请书（样式）

附件

专家辅助人出庭申请书（样式）

专家辅助人基本信息					
姓名		性别		出生年月	
工作单位：				联系电话	
住址：				邮政编码	
姓名		性别		出生年月	
工作单位：				联系电话	
住址：				邮政编码	
申请理由					

专家辅助人专业领域及证明材料名称
此致
×××人民法院
申请人（签名）： 年　月　日

注：1. 本申请书用黑色、蓝色钢笔（或签字笔）书写或打印。

2. "申请理由"部分的空格不够用时，可添页。

3. 证明材料名称是指专业技术职称证书或相关单位证明；并将证明材料复印件附申请书后。

9.2 《关于民事案件鉴定人、有专门知识的人出庭若干问题的规定》

浙江省高级人民法院印发《关于民事案件鉴定人、

有专门知识的人出庭若干问题的规定》的通知

（2019 年 7 月 12 日　浙高法〔2019〕108 号）

本省各级人民法院、宁波海事法院，本院各部门：

经我院审判委员会第 2778 次会议审议通过浙江省高级人民法院《关于民事案件鉴定人、有专门知识的人出庭若干问题的规定》，现印发给你们，请认真贯彻执行。实践中如遇到新情况、新问题，请及时报告我院。

浙江省高级人民法院关于民事案件鉴定人、

有专门知识的人出庭若干问题的规定（全文）

为依法保障当事人对鉴定意见提出异议的权利，强化鉴定意见的法庭质证，规范有专门知识的人出庭质证行为，根据法律、司法解释及相关文件规定，结合我省法院工作实际，现就民事案件鉴定人、有专门知识的人出庭若干问题制定本规定。

一、申请与审查

第一条　当事人、诉讼代理人对作为证据的鉴定意见持有异议，且该鉴定意见对案件实体处理等有重大影响的，可以申请鉴定人出庭作证。

各方也可以申请人民法院通知有专门知识的人出庭，协助本方就医学、建筑、审计、环保、专有技术等特定领域的鉴定意见或者案件事实涉及的专门问题等进行质证或作出说明。

第二条　申请鉴定人、有专门知识的人出庭的，应当向人民法院书面提出。出庭申请书须载明申请理由、询问要点或待说明事项清单等内容。

申请有专门知识的人出庭，还应提供其姓名、住址、联系方式等个人基本信息，并附有能够证明其具有相关专门知识的证明材料，如职业资格、专业职称、从业经验等。

人民法院可根据案件审理需要，要求申请人补充有关材料。

第三条　出庭鉴定人应当是作出鉴定结论的人员。

申请有专门知识的人出庭，一般不得超过二人。有多种类鉴定意见的，可以相应增加人数。

第四条　申请鉴定人、有专门知识的人出庭的，应当在举证期限届满前提出。

逾期申请的，应当说明理由；拒不说明理由或者理由不成立的，人民法院根据不同情形可以不予准许，或者准许申请但予以训诫、罚款或者判决由其负担鉴定费用等。

第五条　人民法院应对申请书进行审查，认为确有必要出庭的，通知其出庭。

鉴定人的出庭申请主要审查申请书中载明的异议主张对案件实体处理是否有实质影响、是否具体明确、与鉴定意见是否具有关联、所依据的事实和理由是否有基础证据等。

有专门知识的人的出庭申请主要审查协助质证或作出说明的问题对案件实体处理有无实质影响、是否足够专业、被申请人是否具有相应专业教育背景、职业资格资质或从业经验等。

第六条　为准确查明案件事实，人民法院可以依职权通知鉴定人或者有专门知识的人出庭作证或协助认证。

第七条　具有下列情形之一，法庭认为确有必要出庭的，鉴定人应当出庭作证：

（一）鉴定意见与在案其他证据存在难以排除的较大矛盾的；

（二）同一事项存在多份鉴定意见，且鉴定意见之间内容差异较大的；

（三）对鉴定意见中检材的可鉴定条件、鉴定依据、论证分析过程有较大争议的；

（四）鉴定论证过程与结论存在矛盾，或鉴定意见分析论证不充分，难以审查其可靠性和科学性的；

（五）鉴定意见结论不明确或存有争议的；

（六）对鉴定程序的合法性提出异议并提供相应证据的；

（七）法庭认为确有必要出庭作证的其他情形。

第八条　人民法院对出庭申请的审查结论，应当通知申请人，准许出庭的，还应通知其他诉讼参与各方。准许鉴定人出庭的，应当同时向申请人送达出庭费用预缴通知书，通知其向法院预交出庭费用。申请人未按规定时间交纳费用且无正当理由的，视为放弃申请。

符合出庭条件的，人民法院应在开庭三日前向被申请人送达出庭通知书及诉讼权利义务告知书，明确其出庭接受询问或作出说明的要点、权利义务和法律责任。申请人应协助人民法院通知有专门知识的人。

第九条　经人民法院通知，鉴定人无正当理由拒不出庭作证的，鉴定意见不得作为认定事实的根据，支付鉴定费用的当事人可以要求返还鉴定费用，并对该鉴定人所在机构按有关规定处理。

鉴定人、有专门知识的人因健康原因，或者全部、部分丧失民事行为能力等客观原因确实不能出庭的，法庭可准许其书面答复质询、书面提出意见、更换有专门知识的人出庭，或采用远程视频连线等方式参与庭审，也可视情决定延期审理。鉴定人、有专门知识的人也可参加庭前会议接受当事人质询、提出意见说明。

存在上述第二款情形的，法庭应当告知申请人，相关视频内容应当录制后存入案卷。

二、出　庭

第十条　鉴定人因出庭作证，本人或者其近亲属的人身安全面临危险，要求采取不公开个人信息、不暴露外貌、声音等保护措施的，人民法院应当立即审查，认为确有必要的，应当采取相应保护措施。

第十一条　根据《最高人民法院关于法庭的名称、审判活动区布置和国徽悬挂问题的通知》规定，审判台左前方为鉴定人席位，同法台成 45° 角。

有专门知识的人出庭时的座位，设在法台前方当事人及诉讼代理人席位，与申请人同侧。法院依职权通知有专门知识的人出庭的，列于证人席。

第十二条　鉴定人、有专门知识的人出庭，法庭应当核实其身份，与当事人以及本案的关系，审查其作证能力、专业资质，并告知其有关作证的权利义务和法律责任。

鉴定人作证前，应当保证向法庭如实提供证言、说明鉴定意见，并在保证书上签名。

第十三条　鉴定人到庭后，法庭应当询问当事人、诉讼代理人是否申请鉴定人回避。申请鉴定人回避的，应当说明理由。法庭可以当庭或休庭评议后作出鉴定人是否回避的决定。

第十四条　对鉴定人、有专门知识的人的询问、发问，可以参照适用证人的有关规定。

第十五条　向鉴定人发问，一般应当围绕询问要点进行，可就鉴定资质、检材、鉴定程序、鉴定方法、鉴定内容、结论意见等提出问题。

一方发问方式不当或者内容与鉴定所涉专业性问题无关，违反有关发问规则的，对方可以提出异议。对方当庭提出异议的，发问方应当说明发问理由，法庭判明情况予以支持或者驳回；对方未当庭提出异议的，法庭也可以视情予以制止。当事人所提问题未在申请书上明确且鉴定人当庭难以回答的，经法庭同意，鉴定人可以在庭后提交有关问题的书面意见。

有多名鉴定人出庭的案件，发问应当分别进行。作出同一份鉴定意见的多名鉴定人或者多名有专门知识的人同时出庭，不受分别发问规则的限制。

第十六条　有专门知识的人不得单独出庭，应当与申请方当事人或者诉讼代理人共同出庭；不得在同一案件中同时为双方当事人出庭。

有专门知识的人出庭，应当如实回答法庭、当事人或者诉讼代理人的询问，独立、客观地陈述对案件专门性问题的意见，并保守诉讼中知悉的国家秘密、商业秘密和个人隐私。

有专门知识的人可以对鉴定人进行询问。出庭前，可以查阅相关鉴定意见或其他涉及案件专门问题的案卷材料。

第十七条　鉴定人、有专门知识的人出庭前，应当在法庭指定的地点等候，不得谈论案情。有条件的人民法院还应该设置单独的鉴定人、有专门知识的人休息区域，方便等候出庭。

出庭后，法庭应当通知法警引导其退庭。鉴定人、有专门知识的人不得旁听对案件的审理。人民法院可将鉴定人、有专门知识的人出庭的庭审记录部分先行打印，方便鉴定人及时签署笔录及退庭。庭审采用录音录像形式记录的，出庭完毕后可直接退庭。

第十八条　鉴定人出庭作证费用标准按照省物价局规定执行。法庭依职权决定出庭的，相关费用可以由办案人民法院参照有关标准予以补助。

三、质证与认证

第十九条　鉴定人退庭后，各方可以就该鉴定人当庭作证内容发表质证意见。有专门知识的人在申请人质证前可以就专门问题先发表质证意见或者作出说明。经法庭准许，可以由当事人各方申请的有专门知识的人进行对质。

质证后法庭认为还需要补充发问的，可传鉴定人再次出庭作证，但一般不超过两次。

第二十条　有专门知识的人或者其他诉讼参与人当庭对鉴定意见提出质疑，鉴定人能够作出合理解释，并与相关证据印证的，可以采信鉴定意见。不能作出合理解释，无法确认鉴定意见可靠性的，鉴定意见不得作为认定事实的根据。

第二十一条　有专门知识的人与申请人就同一问题陈述矛盾，以申请人意见为准。

人民法院要求有专门知识的人提交书面意见的，应当当庭或者在法庭指定期限内提交书面意见。书面意见应当就鉴定意见或者其他专门性问题提出结论并说明理由。书面意见中观点及理由应当与当庭发表的言词意见保持一致。如出现不一致的，一般以有专门知识的人在法庭上发表的意见为准。

四、其　他

第二十二条　鉴定人无正当理由拒不出庭作证的，或者鉴定意见所遵循的鉴定程序、鉴定依据明显不当造成严重后果的，可依照《浙江省高级人民法院关于施行对外委托机构信息平台的意见》等规定视情对鉴定机构暂停委托、停止委托，并将相关情况向行业主管部门通报并建议进行调查处理。相关机构或人员涉嫌作伪证、故意提供虚假意见或者隐匿罪证，构成犯罪的，依法追究刑事责任。

第二十三条　本规定自印发之日起执行。

9.3 《江苏省工程造价管理协会接受人民法院委托开展工程造价鉴定专业技术评审导则（试行）》

江苏省工程造价管理协会接受人民法院委托

开展工程造价鉴定专业技术评审导则（试行）（全文）

近年来，随着固定资产投资和建筑业的发展，工程价款纠纷案件呈逐年上升趋势，工程造价司法鉴定也逐年增多。由于工程造价咨询市场的竞争性、逐利性和复杂性，致使工程造价司法鉴定市场存在一些混乱现象，鉴定意见缺乏专业水准，鉴定结果有失客观公正，个别鉴定人罔顾事实，弄虚作假，加剧当事人矛盾，加大司法审理难度。

为提高工程造价司法鉴定质量，规范法院委托司法鉴定技术评审工作，省造价协会根据建设部《建设工程造价鉴定规范》和最高人民法院《司法鉴定工作暂行规定》，制定了《江苏省工程造价管理协会接受人民法院委托开展工程造价鉴定专业技术评审导则（试行）》，作为省造价协会进行工程造价司法鉴定技术评审的规则。

省造价协会接受人民法院委托开展工程造价鉴定专业技术评审工作，其流程包括评审适用范围、评审的委托、评审的受理、评审的实施、评审的终止，具体如下：

一、评审适用范围

省造价协会接受人民法院委托，对江苏工程鉴定机构出具的建设工程鉴定意见组织专家进行专业技术评审的适用范围具体如下：

（一）对鉴定依据的标准和规范的异议，包括但不限于以下几项：

1. 工程造价鉴定依据的法律法规；

2. 工程造价鉴定依据的鉴定规范；

3. 工程造价鉴定依据的计量、计价依据；

4. 与工程造价鉴定密切相关的质量标准、验收规范；

5. 工程造价鉴定意见有关特别事项说明中影响鉴定程序实施、鉴定方法选择与运用的事项；

6. 工程造价鉴定意见中与计价相关重要事项披露遗漏。

（二）对鉴定采用的技术方法的异议，包括但不限于以下几项：

1. 鉴定方法选择错误或不适当；

2. 条件允许但未选择多种方法进行鉴定；

3. 鉴定意见关于工程量计算，人、材、机价格计算和措施费计取和市场询价方法错误；

4. 变更、签证、索赔的计价方法不当。

（三）对鉴定意见的异议，包括但不限于以下几项：

1. 鉴定意见存在的工程量计算错误或价款计算错误；

2. 有证据证明鉴定意见关于计价结果明显偏低或者偏高。

二、评审的委托

人民法院在审理建设工程合同价款纠纷案件的过程中，需要对工程造价司法鉴定意见进行争议评审的，可以委托省造价协会组织专家对有争议的工程造价司法鉴定意见进行专业技术评审。

（一）评审所需材料

人民法院委托省造价协会开展专业技术评审应当出具《工程造价鉴定专业技术评审委托书》（以下简称评审委托书），评审委托书应载明工程造价鉴定意见书名称、文号、工程造价鉴定机构名称、异议人名称、异议事项、理由及证据、需要评审的事项等。评审委托书应盖有人民法院对外委托鉴定专用章。

评审委托书应附评审材料清单。评审材料包括：

1. 受人民法院委托的工程造价鉴定机构出具的工程造价司法鉴定意见书；

2. 当事人或利害关系人的书面异议和异议相关证明材料；

3. 工程造价鉴定机构针对异议人的异议内容提交的书面说明（如有）；

4. 工程造价鉴定机构提交的工程造价鉴定意见书说明或工作底稿；

5. 委托评审事项的相关诉讼材料；

6. 人民法院委托工程造价鉴定机构进行造价鉴定时提交的相关材料；

7. 与委托评审事项相关的其他材料。

（二）材料送达

评审材料由人民法院通过邮寄或直接送达的方式向省造价协会提供，省造价协会不接受当事人或者利害关系人未通过委托法院提交的材料。

三、评审的受理

（一）评审材料登记

省造价协会在"工程造价纠纷调解系统"造价争议评审模块中设置《人民法院委托鉴定技术评审登记簿》（详见附 1，以下简称登记簿），对人民法院的委托书及相关评审材料进行登记。

（二）材料审核

省造价协会收到委托材料后，由纠纷调解部工作人员或相关专家对技术评审材料进行审核。

审核的主要内容：

1. 评审委托书及委托评审材料是否完整齐全；

2. 委托评审的事项是否属于评审的适用范围；

3. 委托评审的工程造价鉴定意见书格式是否符合鉴定规范要求，鉴定意见结论是否在有效期内或临近有效截止日；

4. 人民法院委托评审内容及要求是否明确；

5. 认为应当审核的其他事项。

（三）具有下列情形之一的评审委托，省造价协会不予受理：

1. 对鉴定机构及鉴定人员职业资格的异议；

2. 对鉴定机构选择程序的异议；

3. 对司法委托鉴定范围的异议；

4. 对鉴定项目基本信息的异议。

对不符合受理条件的委托评审，省造价协会及时函告委托评审的人民法院，说明不予受理的理由，并退还相关评审材料。

（四）对符合评审条件的，省造价协会填制《鉴定技术评审受理通知书》（详见附2），提出技术评审收费标准和评审收费金额（主要为专家劳务费、差旅费等实际支出），书面函告委托评审法院。

四、评审的实施

省造价协会受理后，在收到人民法院专家评审费用后五个工作日内，启动评审专家选聘工作，在此基础上，按以下步骤组织实施技术评审工作。

（一）选聘评审人员，成立评审专家组

1. 省造价协会选聘专业评审人员组成专家组。省造价协会根据鉴定意见的争议焦点所涉工程专业、工程法务，通过评审专家名录库确定评审专家组成员名单，专家组人员由2人以上组成。

2. 评审专家组确定后，省造价协会将参加技术评审专家的名单、专业技术职称及执业资格等信息发送给委托评审的人民法院。

3. 评审专家无正当理由不得拒绝、拖延参加评审。对违反评审纪律或不能胜任评审工作的评审专家，经涉案双方当事人、委托法院同意，省造价协会应当及时作出调整。

4. 评审专家应严格遵守专业技术评审的各项纪律，保守秘密，不得私自与异议双方当事人及工程造价鉴定机构有任何接触。

5. 专家组成员有下列情形之一的，应当回避：

（1）是本案当事人、利害关系人、诉讼代理人或当事人、利害关系人、诉讼代理人近亲属的；

（2）与本案当事人、利害关系人、诉讼代理人有其他关系，可能影响专业技术评审的；

（3）与本案有利害关系的；

（4）与鉴定意见署名的鉴定人员有近亲属关系，或有其他关系可能影响专业技术评审的；

（5）参与过本案的调解、鉴定的。

当事人、利害关系人提供证据证明专家组成员具有前款规定情形的，应当向人民法院书面提出申请。经查证属实的，人民法院应当函告省造价协会更换专家组成员。

（二）评审工作的开展

司法鉴定专业技术评审应当独立、客观、公正，任何部门和人员不得干涉评审工作。

1. 推选专家组组长。评审专家组成立后，由省造价协会指定一人作为专家组组长。组长主要职责是：审阅评审委托书和评审材料，组织评审专家了解案情，分配专家组成员评审任务，召集专家组成员商议评审意见，组织召开评审会议，组织撰写评审报告。

2. 进行案情调查。专家组组成后，评审专家应当熟悉案情，调阅相关资料，进行初步沟通。必要时，经省造价协会同意可以适当方式与被评审项目的工程造价鉴定机构及签字造价工程师进行沟通，或以书面的方式告知工程造价鉴定机构，要求提供相关说明等。

3. 召开评审会议。评审会应当在规定的地点、时间集中进行。评审会主要议程：介绍鉴定争议焦点、委托接受的材料、参加会议的人员，当事人和司法鉴定机构造价师陈述各自观点，并就有关问题进行会议质证，评审专家分析讨论，形成评审意见。必要时，经省造价协会同意专家组可在正式评审会议前召开只有专家参加的初步评审会。初步评审会、评审会由专家组组长主持召开。

4. 形成评审报告。专家组完成评审后应出具《工程造价鉴定意见技术评审报告》（详见附3，简称评审报告）。评审报告应当取得全部评审专家一致或多数一致意见，并经专家组全体成员签名。

评审报告应当载明工程造价鉴定专业技术评审工作开展情况、对有关鉴定意见的概括性描述，对人民法院委托的评审事项，依据相关工程造价鉴定规范逐一进行评审，形成专业技术评审结论，在评审结论中应当列示相关法律法规或者相关造价鉴定准则依据。

5. 评审材料签字。专家组在评审工作中应当形成专业技术评审工作的底稿，由专家组成员签字。评审工作底稿应如实记载评审情况和专家个人评审意见。评审工作底稿包括在评审过程中获取的相关文件和有关资料。

6. 评审时限要求。专家组应当自组建的次日起十个工作日内完成专业技术评审工作。对个别案情复杂，专家组认为不能在指定的期限内完成评审工作的，应在期限届满前五个工作日通过省造价协会向人民法院提出书面延期申请，说明延期理由和延长期限，延长期限不得超过十个工作日。

（三）评审后期工作

评审工作结束后，省造价协会应当向委托评审的人民法院提交《关于〈××司法鉴定意见书〉技术评审情况的回函》（详见附4），同时将评审报告及委托材料一并移交给委托法院，评审底稿建档。

省造价协会应当将以上相关材料留存电子档案一份。

五、评审的终止

在评审过程中，出现委托人民法院提出终止评审的、其他原因导致评审工作不能进行的，省造价协会应当终止评审。

六、其他事项

（一）鉴定意见存在技术、质量问题的处理建议

1. 鉴定意见书存在问题或错误的，人民法院可责令工程造价鉴定机构纠正。

2. 鉴定意见书存在不符合法律法规规定的内容，人民法院要求鉴定机构进行补充鉴定或补正。

3. 鉴定机构出具的鉴定意见明显依据不足的，计算错误，鉴定意见不能作为证据的，人民法院依职权重新鉴定。

4. 对鉴定机构出具的鉴定意见经过评审发现存在问题的，行业协会给予约谈技术负责人、通报批评、信用评价扣分、降低信用等级等处理；建议人民法院视情节暂停鉴定、停止委托。

（二）省造价协会接受人民法院委托开展工程造价鉴定专业技术评审的费用，按照差旅、务工和专家劳务费等必要成本确定，现阶段评审工作经费由省造价协会列支，评审专家费用执行《江苏省财政厅关于印发〈江苏省省级机关评审工作专家劳务费管理办法〉的通知》的规定，由异议人支付。

（三）开展工程造价司法鉴定专业技术评审是专业性、技术性、证据性很强的工作，关乎工程案件审判的公正性、权威性，省造价协会将加强领导，严密组织，建立专家队

伍的考核机制，确保每起鉴定评审规范、客观公正。

附件：1. 人民法院委托鉴定技术评审登记簿

2. 鉴定技术评审受理通知书

3. 工程造价鉴定意见技术评审报告

4. 关于《××司法鉴定意见书》技术评审情况的回函

5. 人民法院委托技术评审工作流程

9.4 《律师参与建设工程造价司法鉴定操作指引》

律师参与建设工程造价司法鉴定操作指引（全文）

浙江省律协建设工程专业委员会

第一章 总则

第一条 本操作指引系根据《中华人民共和国民事诉讼法》《最高人民法院关于适用〈中华人民共和国民事诉讼法〉的解释》《最高人民法院关于民事诉讼证据的若干规定》《最高人民法院关于审理建设工程施工合同纠纷案件适用法律问题的解释（一）》《建设工程造价鉴定规范》等相关法律、法规、规范制定，旨在向办理建设工程纠纷案件的律师提供有关建设工程造价司法鉴定业务的借鉴与经验。

第二条 建设工程造价司法鉴定，是指在建设工程纠纷案件诉讼过程中，人民法院应当事人的申请或依职权，指派或委托建设工程造价司法鉴定机构和鉴定人，依据专门知识对建设工程诉讼案件中所涉及的建设工程造价纠纷进行分析、研究、鉴别和判断，并提供鉴定意见的活动。

第三条 律师应提醒当事人申请建设工程造价司法鉴定，应遵循必要性、关联性、可行性、鉴定范围最小化等原则。

第四条 建设工程造价司法鉴定包括委托、鉴定准备、现场勘验、计算工程量、出具鉴定意见、出庭作证等环节。

第五条 建设工程造价司法鉴定意见，供人民法院审理时参考，并非人民法院作出裁判的必然、唯一依据，人民法院对建设工程造价司法鉴定意见可以全部或者部分不予采纳。

第二章　鉴定的准备

第六条　建设工程造价司法鉴定的启动通常以当事人申请鉴定为原则，人民法院依职权委托鉴定为补充。律师应提示负有举证责任的当事人在一审举证期限内提出司法鉴定申请，并在指定的期限内预交鉴定费，告知逾期不提出申请或者不预交鉴定费的法律后果。

第七条　人民法院向一方当事人释明需申请鉴定的，律师应当指导当事人在人民法院指定的期限内提出鉴定申请，并在指定的期限内预交鉴定费。如对人民法院分配的举证责任有异议的，应及时向人民法院提出。

第八条　经人民法院释明后当事人未在指定期限内提出鉴定申请，律师在后续审理程序中对同一事项申请鉴定的，则应书面告知当事人鉴定申请可能不被接受的法律风险。

第九条　律师应当在鉴定开始前做好鉴定准备，指导当事人明确鉴定范围、鉴定依据，并提供相关鉴定材料。

第十条　律师应当提示当事人在人民法院指定的期间内提交鉴定材料，避免逾期提交视为放弃举证的不利后果。

第十一条　当事人对建设工程造价存在争议，既未达成结算协议，也无法采取其他方式确定的，律师应提示负有举证责任的当事人申请建设工程造价司法鉴定。

第十二条　具有下列情形之一的，人民法院一般不支持建设工程造价司法鉴定。如果当事人坚持申请鉴定，律师应书面告知当事人鉴定申请可能不被接受的法律风险。

（一）当事人在诉讼前已经对建设工程价款结算达成协议的；

（二）当事人约定按照固定价结算建设工程价款的；

（三）当事人在诉讼前共同委托有关机构、人员对建设工程造价出具咨询意见，双方当事人明确表示接受该咨询意见约束的；

（四）当事人约定，发包人收到竣工结算文件后，在约定期限内不予答复，视为认可竣工结算文件，按照该约定处理的；

（五）人民法院根据双方提交的结算材料可直接认定建设工程价款金额的；

（六）其他不支持建设工程造价司法鉴定的情形。

第三章　鉴定的委托

第十三条　当事人提交的建设工程造价司法鉴定申请，经人民法院审查后认为拟鉴定事项属于查明案件事实的专门性问题，符合《最高人民法院关于人民法院民事诉讼中委托鉴定审查工作若干问题的规定》等规定情形的，或人民法院依职权决定进行建设工程造价司法鉴定的，启动鉴定程序。

第十四条　律师应当指导当事人对人民法院启动鉴定程序的必要性、鉴定目的、鉴定范围等进行审核，如有异议的，及时向人民法院提出。所提异议，如人民法院未予采纳的，可以在相关笔录中陈述保留意见，但应当告知当事人有配合鉴定的义务。

进入鉴定程序后，律师应当指导当事人围绕鉴定目的、鉴定范围积极进行举证、质证。

第十五条　建设工程造价司法鉴定由审理案件的人民法院进行委托。审理案件的合议庭依据当事人申请或依职权决定进行建设工程造价司法鉴定后，将鉴定委托事务移交给人民法院负责鉴定事务的部门。

第十六条　人民法院负责鉴定事务的部门通知各方当事人通过协商或抽签（摇号）从人民法院相关鉴定机构名录中选定鉴定机构。

律师或当事人应按人民法院规定时间参与鉴定机构选取活动；未到场的，视为同意抽签（摇号）选定。律师应提示当事人是否同意协商，如当事人不愿协商或未能协商一致选定鉴定机构的，律师应及时告知由人民法院从相关鉴定机构名录中抽签（摇号）选定鉴定机构。

第十七条　律师收到鉴定机构选定通知后，应第一时间告知当事人，并征求当事人意见。如遇到选定的鉴定机构存在需要依法回避情形的，及时告知当事人向人民法院书面报告申请回避的事实与理由。

第四章　鉴定材料的举证与质证

第十八条　建设工程造价司法鉴定中，按鉴定材料的性质、名称和内容，包括但不限于以下常见材料，律师可根据个案鉴定中所需证明的目的、对象的不同，选择其中一项或多项进行举证：

（一）项目前期立项、核准、备案、土地使用权取得文件等；

（二）资质、规划等各类行政许可文件；

（三）招标文件及招标澄清内容；

（四）发包人要求文件；

（五）标底或预算书；

（六）地质勘察报告；

（七）投标函及附录、商务标、技术标、承包人建议书；

（八）中标通知书；

（九）工程量清单或价格清单；

（十）各类合同、补充协议，有关合同结算金额或履行金额的依据；

（十一）施工组织设计和施工进度计划；

（十二）各类图纸，图纸会审纪要；

（十三）签证单、联系单、设计变更（更改）通知单、技术确认单、设备或材料认价文件、洽商函；

（十四）各类会议纪要及会议记录；

（十五）施工日志、监理日记及其他记录类文件；

（十六）计价规范（定额）文件、信息价文件及相关勘误书、表；

（十七）与鉴定事项相关的其他政策文件、标准或规范；

（十八）各方指令及确认文件；

（十九）工程量月报表、进度款支付证书、进度款审批表；

（二十）甲供（乙供）材料、设备清单及依据；

（二十一）落实安全文明施工措施、临时设施投入等事实依据；

（二十二）隐蔽工程、分部分项验收材料；

（二十三）开工报告或开工令，停工报告或停工令；

（二十四）竣工报告、预验收会议纪要或证明、竣工验收意见表、竣工验收备案表；

（二十五）管理人员备案表、管理人员及施工人员考勤表（考勤记录）；

（二十六）工资发放记录，分行业分岗位工资标准依据文件；

（二十七）施工机械设备的进退场审批单；

（二十八）相关气象资料或不可抗力事件证明；

（二十九）各类往来函件、意向书或报告文件及签收记录；

（三十）相关统计部门发布的统计年鉴或数据。

第十九条　人民法院确定鉴定机构并移交鉴定后，律师应及时核实当事人此前已经向人民法院提交的起诉状、反诉状、答辩状、代理词、各类证据、质证意见或庭前会议笔录、证据交换笔录、庭审记录等材料、证据是否已由人民法院完整移交给鉴定机构。

如移交不完整可能影响己方主张实现的，律师应及时向负责材料移交、接收的人员进行说明，督促及时移交材料。

第二十条　对于人民法院、鉴定机构通知提交的鉴定材料，律师应提示当事人按通知的内容、时限进行准备、提交。如不能提交的，应向人民法院、鉴定机构说明无法提交的原因，如有必要，还应说明已知的材料所在处所、获取方法等。如不能及时提交的，应在人民法院指定的期间或鉴定机构要求的期间届满前申请延期并说明理由，并征得同意。

律师认为人民法院、鉴定机构通知提交的材料与争议事项无关或可能导致鉴定或裁判的方向产生偏差等情形的，可向人民法院或鉴定机构提出书面异议，并请人民法院确定。如人民法院仍要求提供的，律师可以在提交材料的同时提出己方的保留意见，并说明相应材料不应作为鉴定依据的理由。

第二十一条　除人民法院、鉴定机构通知提交的鉴定材料外，律师应根据鉴定过程中发现的问题、情况，进一步提交支持己方主张、反驳对方主张和可能影响鉴定机构作出判断的材料。

鉴定材料应通过人民法院进行提交，并提醒人民法院在转交鉴定机构前安排举证、质证。

第二十二条　存在以下情形时，律师可以建议鉴定机构提请人民法院先行确定或决定以下事项，鉴定机构不提请人民法院确定或决定的，律师必要时可自行向人民法院提请确定或决定以下事项，或建议人民法院要求鉴定机构就争议问题出具相应鉴定意见供人民法院参考：

（一）涉及合同效力认定的；

（二）存在多个合同需确定以哪份合同作为结算依据的；

（三）当事人之间对计价依据、计价方法约定不明或对计价依据、计价方法等约定存在争议，需选择适用的；

（四）当事人对证据采信与否有争议，争议涉及法律问题的；

（五）涉及事实无法查明或证据缺失时的责任分配的；

（六）相关鉴定事项的确定、计算有赖于合同约定，但合同中约定不明或没有约定的；

（七）鉴定事项有赖于非委托范围内的其他事项先形成鉴定结论或需要第三方专业机构进行现场勘验的。

第二十三条　对于鉴定机构在鉴定征求意见中认为有关事实存在证据不足的，律师可考虑采用以下方法予以补充证明：

（一）提请鉴定机构就争议问题安排现场补充勘验；

（二）提请人民法院安排其他在先鉴定、同步鉴定或第三方专业机构现场勘验；

（三）申请人民法院调查取证；

（四）请求人民法院责令对方提供所持有的证据；

（五）向鉴定机构提出征求行业主管部门或相关专业单位意见的建议；

（六）提供类似事项的鉴定案例、司法判例中阐述的可以推定的理由及方法。

第二十四条　对建设工程造价司法鉴定过程事实证据的质证，应围绕证据的真实性、合法性、关联性进行。

对真实性的质证，可区分对证据形式真实性（是否存在证据原件、原件与复印件是否一致等）和内容真实性的质证。

对合法性的质证，可区分证据取得途径的合法性和内容合法性的质证。

对关联性的质证，可区分对案件争议焦点是否有关、能否证明待证事实、证明力等进行质证。

第二十五条　对建设工程造价司法鉴定过程中各方提交的事实证据，除概括性地发表真实性、合法性、关联性的意见外，还可以参考下列要点进行质证：

（一）是否影响合同效力或导致合同变更；

（二）是否构成无权代理、表见代表或表见代理；

（三）是否构成法律上的自认；

（四）是否符合相关程序，是否构成权利失效等；

（五）是否构成应当增、减造价或调整价格的事由；

（六）是否影响人工、材料动态调整或其调整方法；

（七）是否影响造价计算或结算相关时间节点的认定；

（八）是否影响人、材、机、管理费、利润、措施费、税金等的计算标准及其计量；

（九）是否影响工期计算或工期责任的分配；

（十）是否影响违约金或工程价款利息的计算；

（十一）是否影响到相关法律责任或权利失效情形等的豁免。

第五章　鉴定的实施

第二十六条　律师收到鉴定机构发送的交纳鉴定费用通知后，应及时通知当事人按照鉴定机构指定的账号、金额交纳鉴定费用。经审核发现鉴定费用明显不合理或没有依据的，律师可以指导当事人及时向鉴定机构提出异议，请求鉴定机构进行说明。

第二十七条　律师收到鉴定机构拟定的鉴定方案后，应及时转交当事人审核，必要时可以邀请专家辅助人一同参与审核。审核时应提示当事人重点关注鉴定依据是否完整、是否需要现场勘验，对鉴定方案中需要当事人配合的应及时做好配合准备工作。对鉴定方案中不合理的内容，律师可以指导当事人及时向鉴定机构提出异议，请求鉴定机构进行调整。

第二十八条　律师收到鉴定机构发送的鉴定准备会（听证会）通知后，可以提示当事人委派造价专业人员或邀请专家辅助人一起参加，了解鉴定机构的鉴定程序及主要时间安排、重点关注问题、工作内容以及需要当事人配合的内容等，以便更好地推进鉴定的实施。

第二十九条　鉴定过程中，如遇鉴定机构认为需要补充鉴定材料的，律师应在收到人民法院转交的补充鉴定材料通知后，及时提示当事人按照通知的要求向人民法院提交鉴定材料。确实无法提交的，应书面向人民法院及鉴定机构作出说明。

第三十条　鉴定过程中，人民法院组织现场勘验的，律师在收到现场勘验通知后，应及时将现场勘验时间、地点、参加人员等告知当事人，并准时按照通知要求参加现场勘验活动，必要时律师可以提示当事人委派工作人员一起参加。

在现场勘验过程中，律师应注意审核现场勘验程序是否符合要求、勘验笔录是否记录准确，并在勘验笔录上签字。对有异议的现场勘验笔录，应及时提出具体的书面意见。

第六章　鉴定意见的审查与质证

第三十一条　对建设工程造价司法鉴定意见的审查，审查要点包括但不限于以下内容：

（一）鉴定程序是否合法，如鉴定人的资质、鉴定人所属专业的匹配性、执行回避情况等；

（二）鉴定范围与委托范围是否一致，是否超出委托范围或遗漏委托事项，是否存在需要重新鉴定或补充鉴定的情形；

（三）鉴定采信的证据是否经过质证，鉴定征求意见过程中补充的证据是否已得到充分考虑；

（四）现场勘验是否合法、合理、有无遗漏重要环节等，鉴定过程反馈的勘验问题是否得到有效反馈或补充勘验；

（五）是否存在需由委托人先行确定的事项而未经委托人确定，或是否属于应由委托人确定的事实而鉴定机构存在以鉴代审的情况；

（六）鉴定所采用的鉴定方法是否有误，征求意见时当事人反馈的方法错误是否得到鉴定机构的回应、解释或说明；

（七）鉴定的计算要素依据是否充分；

（八）鉴定的计算结果是否存在运算、换算错误，征求意见时发现的运算、换算错误是否得到修正；

（九）鉴定中对依据不清进行推导的，鉴定意见中是否说明合理披露、说明推导方法和依据；

（十）鉴定机构对争议项作出的供法院选择使用的鉴定意见，应审查所列的选择项是否充分，律师应结合案件事实提出己方认为应选择的具体项目、对其他不应选择的项目的反驳意见等；

（十一）鉴定机构提出的有关争议项的处理建议，应审查其是否存在客观事实基础、建议方法和方案是否符合公平、公正原则等；

（十二）对于鉴定意见中认为无法鉴定的情形，阐述说明认为可以鉴定的理由以及建议的方法。

必要时律师可以提示当事人邀请专家辅助人参与鉴定意见的审查。经审查后，如对鉴定意见有异议的，律师应向人民法院及时提出书面质证意见。

第三十二条　存在下列情形之一的，律师可以建议当事人申请重新鉴定：

（一）鉴定机构或鉴定人不具备相应资格的；

（二）鉴定程序严重违法的；

（三）鉴定意见明显依据不足的；

（四）鉴定意见不能作为证据使用的其他情形。

第三十三条　对鉴定意见的瑕疵，可以通过补正、补充鉴定或者补充质证、重新质证等方法解决的，律师可以建议当事人申请补正、补充鉴定或者补充质证、重新质证。

第七章　鉴定人员出庭接受质询

第三十四条　当事人对鉴定意见有异议的，律师应当及时向人民法院提出申请，申请鉴定人依法出庭作证，接受当事人对鉴定意见的质询，回答与鉴定事项有关的问题。

律师应当根据人民法院的要求提供主要问题清单。

第三十五条　鉴定意见存在以下情形，律师应当建议当事人申请鉴定人出庭接受质询：

（一）鉴定意见与在案其他证据存在难以排除的较大矛盾的；

（二）同一事项存在多份鉴定意见，且鉴定意见之间内容差异较大的；

（三）对鉴定意见中鉴定材料的可鉴定条件、鉴定依据、论证分析过程有较大争议的；

（四）鉴定论证过程与结论存在矛盾，或鉴定意见分析论证不充分，难以审查其可靠性和科学性的；

（五）鉴定意见结论不明确或存有争议的；

（六）对鉴定程序的合法性提出异议并提供相应证据的；

（七）其他确有必要出庭作证接受质询的情形。

第三十六条　当事人申请鉴定人出庭接受质询，应当按照人民法院通知预交鉴定人出庭费用。律师应提示当事人不预交鉴定人出庭费用的，视为当事人自动放弃该项权利。

第三十七条　在鉴定人出庭后，律师享有向鉴定人发问的权利。在发问环节，律师不得以诱导方式发问，应当注意围绕各方主张的异议展开，就鉴定人相关资质、鉴定材料、鉴定程序、鉴定方法、鉴定依据、鉴定内容、结论意见等提出问题。

常见的问题有工程量的计算、鉴定范围的确定、鉴定材料的采用、鉴定方法的选择、定额、取费标准、法律法规和技术性规范等问题。

第三十八条　鉴定人接受质询后，律师应当就鉴定人当庭接受质询或作证的内容发表质证意见。

第八章　专家辅助人出庭

第三十九条　根据案件涉及建设工程造价司法鉴定专业问题的难易程度，律师可以提示当事人是否需要向人民法院申请具有工程造价专门知识的人员出庭，就鉴定机构作出的建设工程造价鉴定意见（包括鉴定征求意见）进行质证或对案件所涉及的专业问题提出意见。

律师应当告知当事人专家辅助人在庭审中就专业问题发表的意见视为聘请一方当事人的陈述，人民法院有权按照证据规则进行审查。

第四十条　律师可以提示当事人可选择的工程造价专家辅助人通常是对工程造价专业问题有研究的专业人员、工程造价的学术权威、具有与工程造价相关资格的专业技术人员以及长期从事工程造价管理的一线具有丰富经验的专业人员等。

第四十一条　律师可以协助当事人在举证期限届满前或者申请鉴定人出庭作证时向人民法院提出专家辅助人出庭申请，申请书主要包括以下内容：

（一）申请出庭的专家辅助人人数（一般不能超过二名）；

（二）申请出庭专家辅助人的身份信息；

（三）申请出庭专家辅助人具备工程造价专门知识的证明材料；

（四）专家辅助人出庭的主要理由。

第四十二条　经人民法院批准后，专家辅助人可以出庭的，律师应提示专家辅助人携带本人的身份证、专业技术资格证书、职称证明、其他能够证明专业能力的证书等，准时参加庭审活动，专家辅助人无正当理由未按期到庭参加诉讼的，视为当事人自动撤回申请。

专家辅助人的聘请费用、出庭费用等均由提出申请的当事人自行负担。

第四十三条　律师应在开庭前向拟出庭的专家辅助人介绍案件的基本情况、争议焦点、需要解决的工程造价争议的专业问题；可以向拟出庭的专家辅助人出示建设工程造价司法鉴定意见（包括鉴定征求意见）等与工程造价专业问题相关的证据材料。

律师在向专家辅助人介绍案件时，应客观真实地反映案件的基本情况，不得故意隐瞒事实或误导专家辅助人。

第四十四条　律师在开庭前应提示专家辅助人出庭要符合法律规定要求、遵守庭审纪律，庭审中提供的意见应当客观、独立和公正，不能作虚假陈述。

第四十五条　当事人聘请专家辅助人出庭，不影响其聘请律师出庭应诉。专家辅助人不得单独出庭，应当与提出申请的当事人或其律师共同出庭。律师应在庭审中正确处理律师与专家辅助人的定位，各司其职，做好庭审工作。

第四十六条　申请出庭的专家辅助人在诉讼庭审中的活动主要是围绕建设工程造价司法鉴定意见或专业问题意见展开，协助当事人及律师对建设工程造价的鉴定范围、鉴定依据、鉴定方案等提出专业意见，参与鉴定材料及鉴定意见的质证（包括对鉴定人的质询），并可对鉴定意见出具书面的专门问题报告，但不得参与专业问题之外的法庭审理活动，不得发表与专业问题无关的其他意见。

第九章　附则

第四十七条　本操作指引适用于律师参与建设工程造价司法鉴定活动，其目的是为律师参与建设工程造价司法鉴定活动提供借鉴、经验和指导，仅供参考，不有强制性。

第四十八条　律师办理仲裁机构审理的建设工程仲裁案件中涉及的建设工程造价鉴定活动的，同样适用本操作指引。

9.5　《关于律师办理建设工程合同纠纷疑难业务指引》

《关于律师办理建设工程合同纠纷疑难业务指引》(摘选)

四川省律师协会、重庆市律师协会编写

第四章　工程价款及结算

承办律师代理的建设工程施工合同纠纷案件，工程价款及结算是控制和确定工程造价的核心争议，涉及建设工程相关主体的切身利益，也是建设工程施工合同争议过程中各方当事人争议和关注的重点问题。

4.1　计价依据

计价依据一般指建设工程施工合同"价款或报酬"条款（即工程造价条款），具体为工程价款有关计价方法或计价标准的约定。参照《工程造价术语标准》(GB/T 50875—2013)第2.1.4条的规定，计价依据是与计价内容、计价方法和价格标准相关的工程计量计价标准、工程计价定额及工程造价信息等。

4.1.1　计价依据没有约定或约定不明

依据《民法典》第五百一十条的规定，承办律师处理施工合同中对计价依据没有约定或者约定不明时，可建议发、承包双方协议补充计价依据，如果无法达成补充协议的，可主张按照合同有关条款或者交易习惯明确计价依据。如仍无法按照相关合同条款或交易习惯确定计价依据的，则可依据《民法典》第五百一十一条第二款规定，主张按照签订合同时工程所在地的省、自治区、直辖市建设主管部门或行业建设主管部门编制发布的适用于各类工程建设项目的计价规范、工程量计算规范、工程定额、造价指数、市场价格信息等。

4.1.1.1　基准日

承办律师针对基准日没有约定或约定不明，发、承包双方又无法通过补充协议协商一致时，可参照《2013版清单计价规范》第9.2.1条的规定，主张招标工程以投标截止日前28天、非招标工程以合同签订前28天为基准日。

4.1.1.2　基准价格

承办律师针对基准价格没有约定或约定不明，则可主张"基准日"的定额信息价格作为基准价格。

4.1.1.3　主材和主要设备

承办律师针对在主材范围没有约定或约定不明，并且发、承包双方又无法通过补充协议协商一致的情况下，可以引导当事人主张参照工程所在地省、自治区、直辖市建设主管部门或行业建设主管部门或其授权的工程造价管理机构发布的政策性文件。

合同约定承包人采购主要材料或主要设备可以调价的，但没有约定主要材料、工程设备价格变化的调整范围或幅度，发、承包双方又无法通过补充协议协商一致的，可参照《2013 版清单计价规范》第 9.8.2 条的规定，单价变化超过 5% 时，超过部分的价格可参照该规范附录 A 的方法计算调整材料、工程设备费。实务中当事人可主张一般调价参照造价信息调整价格差额（即该规范附录 A.2）。

4.1.1.4　人工费

承办律师针对人工费调差争议，可根据不同合同约定进行区分处理。总包合同中没有约定人工费不调整，则人工费一般可调整，而人工费调整方法没有约定或约定不明时，发、承包双方又无法通过补充协议协商一致的，可参照《2013 版清单计价规范》附录 A.2.2 规定，人工单价发生变化且符合本规范第 3.4.2 条第 2 项的规定时，发、承包双方应按省级或行业建设主管部门或其授权的工程造价管理机构发布的人工成本文件进行调整，但承包人对人工费或人工单价的报价高于人工成本文件的除外。需特别指出的是，《2013 版清单计价规范》将人工费调整纳入政策性调整的范畴。

合同约定施工机械台班单价或施工机械使用费可调整，但调整方法没有约定或约定不明时，发、承包双方又无法通过补充协议进行协商的，可参照《2013 版清单计价规范》附录 A.2.1 规定，机械使用费按照国家或省、自治区、直辖市建设主管部门或行业建设管理部门或其授权的工程造价管理机构发布的机械台班单价或机械使用费系数进行调整。

4.1.2　工期延误对工程价款调整

承办律师可依据《民法典》第五百九十条第 2 款与第五百一十三条、参照《2013 版清单计价规范》第 9.2.2 条与第 9.8.3 条、《川渝两高院解答》第十四条的规定，工期延误期间发生法律法规变化、市场波动引起物价变化、不可抗力引起的人工、材料、施工机具价格大幅涨跌的，如果非因承包人原因导致的，价格上涨时调整合同价款，价格下跌时不调整合同价款；如果因承包人原因导致的，价格上涨时不调整合同价款，价格下跌时调整合同价款。如因双方原因导致工期延误的，由承、发包双方按责任大小分担工期延误期间的人工、材料、施工机具价格上涨等所产生的损失。

4.1.3 承包人的预期利润

依据《民法典》第五百八十四条的规定，发包人擅自解除合同或因发包人责任而被解除合同的情形下，或者在发包人删减工程项目或缩减工程规模时，承包人有权主张合同正常履行可获得的可得利益即预期利润。预期利润的举证责任一般由承包人承担，承包人可向人民法院或仲裁机构提出对预期利润的工程造价鉴定申请，承办律师可建议和引导鉴定机构采取如下几种方式并依据其专业判断作出鉴定意见：（1）依据施工合同约定或投标文件中载明的利润率，来计算合同履行的预期利润；（2）参照《2017 版造价鉴定规范》第 5.10.6 条第 3 项"未完工程量与约定的单价计算后按工程所在地统计部门发布的建筑业统计年报的利润率计算利润"计算预期利润；（3）参照工程所在地或合同约定的计价定额中的利润率计算预期利润；（4）通过查询国家统计局《中国统计年鉴》得出工程所在地施工企业的社会平均利润率，计算得出预期利润；（5）由司法鉴定机构按照建筑行业普遍适用的软件计算得出预期利润。

4.1.4 同一工程多份施工合同均无效时的折价补偿

建设工程施工合同无效，承办律师可依据《民法典》第七百九十三条的规定，经验收合格的建设工程可以参照合同关于工程价款的约定折价补偿。同一建设工程订立多份建设工程施工合同均无效，工程质量经验收合格的，依据《建工司法解释（一）》第二十四条的规定，一方当事人主张参照实际履行的合同关于工程价款的约定作为折价补偿的依据，应参照实际履行的合同进行结算；实际履行的合同难以判断，则参照最后签订的合同关于工程价款的约定进行折价补偿（结算）。

当实际履行合同发生争议时，发、承包双方可通过对比数份合同的不同之处，并结合往来函件、会议纪要、具体实施施工过程中的施工组织设计、工程已完形象进度审核表、工程进度款的申请表、工程款收支凭证等综合判断实际履行的合同或协议。

当不能通过上述方式判断实际履行的合同，则可参照最后签订的合同作为结算依据。发、承包双方对最后签订的合同发生争议时，可通过合同备案时间、用印记录表、标前签订还是标后签订、印鉴更换时间等多种方式进行鉴别，或申请对笔迹形成时间的司法鉴定，来主张合同的签订时间。

4.1.5　极端不平衡报价引起的工程价款调整

不平衡报价是指发、承包双方采取工程量清单计价方式时，承包人在投标总价或合同总价基本确定后，通过调整工程量清单的分部分项工程综合单价的构成，利用施工过程中发生《2013 版清单计价规范》第 9.3 条"工程变更"、第 9.4 条"项目特征不符"、第 9.6 条"工程量偏差"的调价规则，在不抬高总价或不影响中标的情形下，又能在支付或结算时获得更多收益的报价方法。

承办律师处理不平衡报价争议时可协助当事人分析偏差容许值，如超出该偏差容许值，就可主张该报价为"极端不平衡报价"。极端不平衡报价可通过对投标人每一个清单项目的综合报价与按清单定额正常组价的综合单价进行"上下浮动比例"对比，如发现下浮或上浮比例异常（如某一子项目下浮 70%，而其他子项目均下浮在 6% ~ 8%，或有个别子项目还存在上浮的情况），就可以判断为承包人采取了"极端不平衡报价"。"极端不平衡报价"还可通过造价鉴定或专家辅助证人意见来准确判断，供人民法院或仲裁机构参考。发包人还可以承包人的该极端不平衡报价，将"工程变更后的工程量"代入在招投标时原各投标人的单项报价下浮率，修正各投标人的投标报价，来判断承包人是否还能够中标，从而综合考量对其他投标人、招标人是否公平，从这个角度去否决该极端不平衡报价。

依据《民法典》第一百五十一条规定，极端不平衡报价一般不构成"显失公平"。当不平衡报价特别是极端不平衡报价，导致发包人利益严重失衡时，发包人可依据《民法典》第一条、第七条的规定，主张承包人因扰乱市场秩序的行为或违背诚实信用原则，拒绝认可该不平衡报价。若非因承包人原因导致承包人利益严重失衡，则一般可否决原不平衡报价，酌定发包人补偿承包人部分利润或参照定额标准和市场报价情况据实结算。若因承包人原因导致其利益严重失衡，一般会认为不平衡报价系承包人的自愿和主动行为，承包人则自行承担相应后果，并按照该不平衡报价结算。

对极端不平衡报价的争议，往往存在按"类似项目调整单价"还是按"新项目重新组价"的争议。类似项目的单价调整，参照按《2013 版清单计价规范》第 9.3.1 条第 2 项的规定，其单价可以承包人的类似项目的"单项投标报价下浮率"进行调整。非类似项目（即为新单价项目），参照《2017 版施工合同示范文本》通用条款第 10.4.1 条第 3 项进行商定或主张调整单价。当无法达成一致时，则可参照《2013 版清单计价规范》第 9.3.1 条第 3 项规定的"承包人报价浮动率"进行重新组价。类似项目，一般指施工工艺工序相同，但材料用量有差异；或者材料相同，施工工艺有所不同。当事人对类似项目的判断可借助于专家辅助人或司法鉴定程序。

4.1.6 计价依据前后约定不一致或矛盾

承办律师处理必须招标工程项目，且通过招投标方式签订中标合同且合同有效，中标合同与另行签订的建设工程施工合同的计价依据约定不一致或矛盾时，依据《建工司法解释（一）》第二条规定，应以中标合同约定的计价依据为准。

承办律师处理非必须招标工程项目，但通过招投标方式签订中标合同且合同有效时，中标合同与另行签订的建设工程施工合同的计价依据约定不一致或矛盾的，依据《建工司法解释（一）》第二条、第二十三条规定，应以中标合同约定的计价依据为准，但发包人与承包人因客观情况发生了在招投标时难以预见的变化而另行约定的除外。

通过招投标方式签订中标合同，但中标合同与招标文件、投标文件、中标通知书不一致或有矛盾时，承办律师可依据《建工司法解释（一）》第二条、第二十二条规定，以招标文件、投标文件、中标通知书所载计价依据主张结算工程价款。

多份无效合同约定不一致或有矛盾时，依据《建工司法解释（一）》第二十四条规定，应以实际履行的合同判断计价依据进行结算工程价款，当无法判断实际履行合同时，则应以最后签署的合同约定的计价依据进行结算工程价款。

同一份施工合同下，合同组成文件约定的计价依据不一致或相矛盾时，承办律师可按合同约定解释顺序主张计价依据。如仍不能判断时，当事人可依据《民法典》第四百六十六条、第五百四十四条规定的"当事人对合同变更的内容约定不明确的，推定为未变更"以及《民法典》第一百四十二条第一款规定"有相对人的意思表示的解释，应当按照所使用的词句，结合相关条款、行为的性质和目的、习惯以及诚信原则，确定意思表示的含义"来推定双方当事人的真实意思表示。

4.2 计价方式

4.2.1 清单计价

清单计价是指由发包人或其委托的招标代理人编制工程量清单，承包人按该工程量清单进行自主报价并按实际完成的清单项目工程量进行结算工程价款的一种最为常见的计价模式之一。

4.2.2 定额计价

定额计价是指按照国家或各省级建设主管部门和行业主管部门发布的定额项目和工程量计算规则，以及主管部门发布的人工工日单价、机械台班单价、材料以及设备价格信息及同期市场价格，计算出直接费（人工费、材料费、施工机具使用费）、间接费、利润、税金等数额，进行汇总确定建设工程造价的一种传统方式。在定额计价模式下，工程造价以建设主管部门颁布的预算定额和相应的配套文件作为计算工程造价的依据。

4.2.3　清单计价与定额计价的区别与联系

4.2.3.1　计价依据不同

定额计价核心依据是建设主管部门颁布定额和相应的配套文件，定额计价是统一的预算定额和费用定额、调价系数的总和，该价格相当于政府定价。清单计价的主要依据是施工单位根据发包人或招标代理人编制的工程量清单进行自主竞争性报价。施工单位往往没有自己的企业定额，而是参照预算定额（视作自己的施工定额）的工程量与定额价、结合市场价转换成清单项目工程量进行自主竞争性报价。因此，在清单计价模式下，才会产生"不平衡报价"，并因《2013 版清单计价规范》第 9.1.1 条规定的第 1 至 7 项调整合同价款。

4.2.3.2　工程量计算规则不同

定额计价是以各个省级建设主管部门发布的"工程定额工程量计算规则"为依据，各个省级建设主管部门发布的计算规则不尽统一。清单计价是全国统一参照《2013 版清单计价规范》附录的工程量计算规则进行计量计价。定额计价未区分施工实物性损耗与施工措施性损耗。清单计价把施工措施与工程实体项目进行分离，把施工措施消耗单列并纳入了竞争的范畴。

定额计价与清单计价有关工程量计算规则本质区别在于是否计算"合理损耗量"。清单计价工程量计算规则以图示工程实体尺寸"净"量为依据，不考虑施工方法和施工工作面、工艺搭接等情形的合理损耗量。而定额计价的工程量计算则需考虑施工方法、施工工序、工艺搭接等合理损耗量。

4.2.3.3　单价组成不同

定额计价通常采用的预算单价模式为"工料单价法"，一般只包括单位定额工程量所需的人材机费用，不包括管理费、利润，更不考虑风险因素。但某些省份如四川省则在清单预算定额中将"企业管理费、利润"设定相应的"管理费基价""利润基价"。

清单计价采取的"综合单价"，即包括完成一个清单项目所需的人工费、材料和工程设备费、施工机具使用费和企业管理费、利润以及一定范围内的风险费用。

4.2.3.4　计价原理不同

定额计价是按照定额子目的划分原则，将图纸设计的内容划分为计算造价的基本单位，即进行项目的划分和计算每个项目的工程量，然后"套取"相应的定额并计取工程的各项费用，最后汇总得到整个工程造价。采取定额计价的单位工程造价由直接工程费、间接费、利润、税金构成，计价时先计算直接费，再以直接费（或其中的人工费）为基数计算间接费用、利润、税金，汇总为单位工程造价。

承办律师处理定额计价模式的项目划分可着重考虑施工方法因素，不同的施工方法，将会"套取"不同的"定额"价，从而限制了企业竞争优势。同一工程由于采取不同的施工方法或施工方案，其套取的定额工程量与定额价不尽相同。

采取工程量清单计价的工程造价由工程量清单费用（=∑分部分项工程清单工程量*工程量清单综合单价）、措施项目清单费用、其他项目清单费用、规费、税金五部分构成。采用清单计价模式的项目不再与施工方法、施工方案挂钩，而是将施工方法的因素放在组价中由报价人考虑，结算时按综合单价进行结算。

4.2.3.5 风险分担原则不同

定额计价法，承包人按实际施工方法、施工方案（承包人可按对自身最有利的施工方法进行施工）及按照施工当期计算人工、材料费、施工机具费，采取定额计价法的承包人均不承担"量与价"风险，所有风险均是建设单位（发包人/招标人）一方承担。

清单计价法，招标人（发包人）与投标人（承包人）合理分担风险，投标人对自己所报的价格负责，投标报价考虑一定范围内的风险对价格的影响，承担"价"的风险。发包人对工程量清单的准确性、完整性负责，承担"量"的风险，如工程量清单错漏项或项目特征不符或工程量偏差等，承包人可按约定进行调整综合单价。

4.3 "承担无限风险或全部风险"等类似约定的效力

在建设工程施工合同中，发包人通常利用招标文件及所附合同条款或利用发包人的强势地位设定"任何情况不调整固定单价或固定总价"等类似条款将风险转嫁至承包人。但各省级建设主管部门出台的规范建筑市场秩序的指导意见均禁止合同约定无限风险条款。因而，承办律师可建议承包人提出该"承担无限风险或全部风险"等类似约定，因违背《民法典》第五百零六条第二款规定"因故意或者重大过失造成对方财产损失的"的免责条款无效，违反《标准化法》第二条、《标准化法实施条例》第十八条第三项、《2013 版清单计价规范》第 3.4.1 条"建设工程发承包，必须在招标文件、合同中明确计价中的风险内容及其范围，不得采用无限风险、所有风险或类似语句规定计价中的风险内容及范围"的规定，并参照《九民会议纪要》第 31 条规定可主张该条款无效，或者参照《川渝两高院解答》第十四条第三款"固定价合同中约定承包人承担无限风险、所有风险或者类似未明确风险内容和风险范围的条款，对双方没有约束力"而提出该条款对双方没有约束力，可参照本《指引》第4.1、4.2条相关内容主张价格调整。

4.4　固定总价合同的结算

固定总价也称"总价包干"，是指合同当事人约定以施工图、已标价工程量清单或预算书及有关条件进行合同价格计算、调整和确认的价格，在约定的范围内总价不作调整。承办律师代理案件过程中，若施工范围、工期、质量标准以及包干的风险幅度等未发生合同约定范围的变化且承包人完成了包干范围的工程量，而无需另行办理工程价款结算。若前述因素发生实质性变化，一般采取"原总价包干部分+（工程签证+工程量变化+超出约定风险范围等调整工程价款）"的方式进行调整，在诉讼和仲裁过程中，承办律师可建议承包人主张仅对"工程签证+工程量变化等调整工程价款"提出鉴定申请。

4.4.1　固定总价合同的竣工结算

当事人约定按照固定价结算工程价款，在合同约定的风险范围和风险费用内，按照合同约定执行，一方当事人请求对工程造价进行鉴定并依据鉴定意见结算的，承办律师可建议依据《建工司法解释（一）》第二十八条的规定处理。

因设计变更导致建设工程的工程量或者质量标准发生变化，承办律师建议当事人请求对工程价款予以调整的，如果合同对工程价款调整的计算方法有约定的，依照其约定；没有约定或者约定不明的，由当事人协商解决；不能协商一致的，可以参照合同约定标准对变更部分予以结算；无法参照合同约定结算的，可以参照工程所在地建设主管部门发布的计价方法或者计价标准结算；涉及新材料、新工艺等在建设主管部门发布的计价方法或者计价标准中没有规定的项目，可根据市场行情据实结算。

同时，当主材价格风险超出正常市场风险时可能引发《民法典》第五百三十三条规定的"情势变更"，可参照《川渝两高院解答》第十四条规定，承办律师可建议承包人提出主材超过正常的市场风险对工程价款调整，发包人亦可提出因承包人原因致使工期或建筑材料供应时间延误导致的建材价格变化风险由承包人承担。

4.4.2　固定总价合同未完工的结算

因发包人违约解除合同或被承包人依法解除时，承办律师可建议承包人参照《川渝两高院解答》第十五条规定的"价款比例法"申请鉴定已完工程价款，并主张对未完工程的预期利润损失。

因承包人违约解除合同或被发包人依法解除时，在承包人提出采用《川渝两高院解答》第十五条规定的"价款比例法"进行鉴定已完工程价款的同时，承办律师可建议发包人提出申请对未完工程按工程所在地建设主管部门发布的计价方法或者计价标准计算的价款与"未完工程价款"之差价损失的鉴定。

4.5 平方米单价、模拟清单招标的"预转固"结算

平方米单价在性质上一般属于以建筑面积每平方米为计量单位的综合包干单价或固定单价，通常情形下"平方米单价*建筑面积"便转化成"固定总价"，因而平方米单价合同的结算可参照本《指引》第 4.4 条进行。当事人对建筑面积有争议时，承办律师可建议通过司法鉴定程序主张建筑面积。

商品房开发项目中常见的"预转固"计价模式，指先以模拟工程量清单招标，形成已标价清单，并在合同中约定待施工图完善和发、承包双方清标后签订补充协议确定施工图固定总价，其实质亦是施工图确定后，双方对施工图工程量按照模拟清单招标所报综合单价进行汇总而形成的固定总价，该种情形下的结算亦可以参照本《指引》第 4.4 条相关内容进行。如没有形成固定总价确认，仍按照招投标时的清单计价或者双方约定的清标计价原则进行结算。

4.6 先票后款

施工合同中约定了"先票后款"，但未明确约定发包人有权因承包人未开具发票而拒绝付款的，发包人以"未开具发票而拒绝付款"的抗辩不能成立。

施工合同有效并约定"先票后款"，"先票后款"条款一般对发、承包双方具有约束力。但是因发包人支付工程价款是合同主要义务，而承包人开具发票是承包人取得工程价款的附属义务。在诉讼过程中，发包人以未开具发票为由而拒绝付款的抗辩一般不能成立。发包人对承包人未开具发票事宜，可通过提出开具发票或主张税金损失的反诉或另诉进行处理。

但如果施工合同有效且明确约定未开具发票的后果为发包人享有拒绝支付工程款的权利，原则上承办律师可建议发包人根据该条款对承包人的工程款支付诉求提出抗辩。

4.7 "背靠背"条款

根据总包单位向分包单位付款以收到业主单位工程款为前提和总包单位向分包单位付款以总包工程款已经办理结算为前提两个因素，可将"背靠背"条款区分为工程款支付时间的背靠背条款和工程价款结算的背靠背条款两种类型。

分包合同有效时，承办律师通常可主张"背靠背"条款有效。"背靠背"条款其性质不论是"附条件"或"附期限"还是"附条件＋期限"，"背靠背"条款约定的内容原则上可约束分包合同当事人。

但如果总包单位拖延向业主办理结算或怠于行使其到期债权致使分包单位不能及时取得工程款，即使"背靠背"条款有效，承办律师仍可建议分包单位依据《民法典》第一百五十九条规定以总包单位不正当地阻止条件成就为由，请求突破"背靠背"条款约定，径行向总包单位主张工程款费用。

4.8　以房抵款

以房抵款作为工程价款的一种支付形式，如以房抵款协议无效或者不符合生效要件，不存在新债消灭旧债和协议实际履行的问题，相当于工程款债务支付不成功，债务人应当继续履行支付工程款的责任。

以房抵款协议达成后，通常承办律师可参照《最高人民法院第五巡回法庭法官会议纪要（2021）》相关内容主张以房抵款协议有效且不存在履行障碍，债权人不能要求债务人履行旧债，除非以房抵款协议明确约定债权人有选择权。

债务履行期限届满后达成以房抵款协议，且已办理了房屋备案登记或预告登记或不动产权登记时，承办律师可参照《九民会议纪要》第44条规定，主张此时以房抵债视为已付工程款。

债务履行期限届满前达成以房抵款协议，如已办理了房屋备案登记或预告登记或不动产权证登记时，通常按《担保制度司法解释》第六十八条规定的让与担保进行处理，除非在履行期限届满后重新达成新的以房抵款协议；新达成的以房抵款协议仍需参照《九民会议纪要》第44条规定，识别串通损害第三方合法权益或虚假诉讼情形对效力的影响。

4.9　质量保证金扣留

施工合同因发包人违约原因或其他非承包人原因（如不可抗力）而被解除，承包人可依据《民法典》第五百六十六条第一款规定"合同解除后，尚未履行的，终止履行；已经履行的，根据履行情况和合同性质，当事人可以请求恢复原状或者采取其他补救措施，并有权请求赔偿损失"而主张支付质保金，但不影响承包人对工程承担质量瑕疵修复责任与法定保修义务。

施工合同因承包人违约原因而被解除且工程继续施工的情形下，承办律师可建议发包人依据《民法典》第五百六十七条"合同的权利义务关系终止，不影响合同中结算和清理条款的效力"的规定抗辩"扣留工程质保金"。在已施工工程质量合格的前提下，工程质保金的返还期限可依据《建工司法解释（一）》第十七条规定，一般自解除合同之日开始计算质保金的返还期。

4.10　发包人收到竣工结算文件后逾期未答复的法律后果

"发包人应在收到承包人提交竣工结算文件后一定期限内予以答复，且逾期未答复则视为认可竣工结算文件"的意思表示约定仅在双方签订的《建设工程施工合同（示范）》"通用条款"中，或者在专用条款中约定"适用《2013 版清单计价规范》等类似约定"而没有在专用条款明确指明"适用《2013 版清单计价规范》第 11.3.4 条等类似约定"的，则不能简单的依据"通用条款"约定或"适用《2013 版清单计价规范》"等类似约定"认为发包人认可竣工结算文件，而需结合当事人在履行合同过程中的其他行为来辨别该条款对发包人的约束程度。当事人在《建设工程施工合同》专用条款或另行签订的协议中明确约定"发包人应在收到承包人提交竣工结算文件后一定期限内予以答复，且逾期未答复则视为认可竣工结算文件"，承办律师可建议承包人依据《建工司法解释（一）》第二十一条规定主张发包人逾期答复视为发包人认可竣工结算文件，但发包人只要抗辩提出过异议，发包人可主张不适用《建工司法解释（一）》第二十一条规定，不予认可承包人送审的竣工结算文件。

4.11　行政审计与财政评审

当事人没有约定或约定不明，工程结算造价以审计单位的审计意见或者财政评审机构作出的评审结论为准，当事人通常难以要求按照审计单位作出的审计意见或财政评审机构作出的评审结论作为工程造价的结算依据。

合同无效时，虽合同有明确约定以行政审计结论为准，承包人可提出"合同无效以审计结论为准的条款亦无效"，主张该约定对承包人不具有约束力。

承办律师可提醒当事人注意，因发包人原因导致未能及时进行审计的，如发包人存在收到承包人报送的竣工结算资料后未及时提交审计或者未提交完整的审计资料等怠于履行合同约定配合审计义务的行为，承包人可以发包人不正当地阻止条件成就为由向人民法院提请司法鉴定来主张工程造价。

如果审计部门未在合理期限内进行审计或者出具审计报告或结论，或者有证据证明审计结论明显不当、不真实、不客观的，可向人民法院申请补充鉴定、重新鉴定或者补充质证等方法救济权利。承包人也可以通过行政诉讼的方式，请求撤销行政审计结论。

在发、承包双方达成竣工结算协议后，发包人上级单位启动行政审计时，在双方未达成新的竣工结算协议前，承包人可主张该审计结论不影响双方竣工结算协议的效力。

财政评审可参照"行政审计"的指引规则执行。

第五章　签证与索赔

签证是发、承包双方就施工过程中涉及的影响双方当事人权利义务的责任事件所作的补充协议。承办律师可参照《2013 版清单计价规范》第 2.0.24 条、《工程造价术语标准》（GB/T 50875—2013）第 3.48 条之规定，将"现场签证"定义为"发包人现场代表（或其授权的监理人、工程造价咨询人）与承包人现场代表就施工过程中涉及的责任事件所作的签认证明"。签证在法律性质上属于合同变更的范畴。

5.1　签证的效力判断

5.1.1　签证主体对签证效力的影响

承办律师可提醒当事人注意，发、承包双方判断签证主体对签证效力的影响，可针对不同签证主体的身份进行分类分析：对于发、承包双方法定代表人签证效力问题通常按照法定代表人制度予以解决，除非相对人知道或应当知道法定代表人超越权限；对于发包人代表或项目经理等人员应当综合考量签证形成时签证主体是否享有明确授权，以及是否存在表见代理等情况综合予以主张；对于监理人员签证的效力问题，依据《建筑法》第三十二条第一款规定，监理对技术签证等施工事实的签认属于其工作职权范畴，可为有效签证；但对经济签证的签认没有明确授权的，其签证的效力并不当然有效。

5.1.2　签证内容对签证效力的影响

发、承包双方在施工过程中的签证行为实际构成对之前签订的建设工程施工合同内容的变更，鉴于签证发生的原因通常是建设工程施工过程中所出现的客观因素，且签证金额在合同总造价中通常占比较低，对双方当事人的主要合同权利义务产生的影响有限，签证内容通常不会因构成"实质性变更"而无效。

5.1.3　签证的法律后果

承办律师可提醒当事人注意签证内容无论包含费用、工期还是工程量，均直接影响发、承包双方的权利义务，视为对施工合同的补充，可按照施工合同约定计价体系、计量原则，结合施工合同的解释顺位以及索赔程序约定等内容主张签证纳入最终的工程款结算的方式。

如果签证包含签证事实与签证费用两部分内容的，则可将签证计入工程款结算，除非对方当事人以"重大误解或显失公平"等理由进行撤销；如果签证内容仅涉及签证事实而并不包含签证费用，则可按照施工合同约定计价体系、计量原则，结合施工合同的解释顺位以及索赔程序约定等，综合主张签证费用的实现方式。

5.2 签证的争议处理

5.2.1 签证费用争议的处理方式

承办律师处理施工过程中发生的签证费用争议，原则上优先建议发、承包双方采用现场签证方式进行协商处理；如双方不能以签证方式解决争议的，可通过施工合同中索赔事项约定进行主张；如仍旧未能将争议费用纳入工程索赔范围的，则双方可通过诉讼或者仲裁程序予以解决。

5.2.2 瑕疵签证的处理方式

承办律师可建议承包人对已经形成签证的签证费用参照《2017 版造价鉴定规范》第 5.9.1 条规定向发包人进行费用主张，如果主张过程中出现的瑕疵签证问题，可通过《2017 版造价鉴定规范》第 5.9.2 条关于瑕疵签证鉴定规则予以处理。但如果签证本身存在瑕疵导致客观上不能按照上述规则予以处理或发包人在结算过程中以各种理由拒绝认可签证内容计入工程款的，承包人可考虑将签证费用通过工程索赔路径，按照施工合同约定的索赔程序或提起诉讼或申请仲裁予以救济。

5.3 索赔期间的主张

5.3.1 开、竣工时间的主张

5.3.1.1 开、竣工工期的主张

发、承包双方关于索赔期间的开、竣工工期问题，法律上通常依据《建工司法解释（一）》第八条关于开工日期的规定和第九条关于竣工日期的规定予以主张。

但对于工程实践中出现的影响开、竣工日期判断的各种特殊情况，发、承包双方可综合参照《2017 版造价鉴定规范》第 5.7.1 条关于开工时间规定和第 5.7.3 条关于实际竣工时间规定进行主张。

5.3.1.2 无施工许可证的开工时间主张

实务中存在部分建设工程在无施工许可证前提下便已经实际开工的情况，原则上办理施工许可证属于行政审批的范畴，民事诉讼中并不当然以施工许可证作为判断开工时间的前提条件，当事人可按照实际施工时间主张开工时间。

5.3.2 工期延误相关的证据

承办律师可提醒当事人注意，发、承包双方主张对方工期延误责任的，可考虑提出下列工期索赔证据，包括但不限于：建设工程施工合同、工程量清单及其清单单价分析表、施工图纸、反映施工现场条件现状的文件或视听资料、开工令或开工报告、发包人指令及确认文件、监理通知 / 函件、发包人逾期付款情况、非发、承包双方原因的政府行为所形成的证明材料、不可抗力事件发生的事实及依据、工程款支付文件、预验收会议纪要或竣工验收报告等。

另外承办律师可根据不同工程所面对的不同施工情况，在上述常见的延误证据之外，进一步搜集场地交付、图纸交付、施工许可证的办理情况、双方确认的变更工期的文件、监理会议纪要（周、月、专题会议纪要）、施工日志、气象资料、发现化石与文物后情况上报和处理方式的文件等证据，全面梳理具体施工过程中工期延误的事件和原因。

如果建设项目本身施工情况较为复杂且工期延误责任的判断本身需要借助于造价专业知识，可考虑采用专家辅助人制度，帮助梳理和解释工期延误归责原因、延误事实是否属于关键线路、工期延误期限等专业性问题。

5.3.3　工期延误责任承担

承办律师可提醒当事人注意，发、承包双方在能区分各方过错所导致的具体工期延误天数的情形下，承办律师可建议守约方当事人结合合同违约约定向违约方当事人主张工期延误责任。如果导致工程工期延误的原因是多方主体造成的，且无法精确计算不同过错方导致的具体延误天数情况下，承办律师可建议当事人根据案件情况考虑公平原则、诚实信用原则、合同履行情况、当事人过错等因素综合主张工期延误责任。

但作为违约方当事人即使确实对工期延误的事实存在过错，仍可通过主张守约方存在不当扩大延误损失、违约金比例过高等内容请求调减工期延误责任。

5.4　工程索赔与违约责任

5.4.1　工程索赔和违约责任的关系

参照《2013版清单计价规范》第2.0.23条可知施工索赔是指在工程合同履行过程中，合同当事人一方因非己方的原因而遭受损失，按合同约定或法规规定应由对方承担责任，从而向对方提出补偿的要求；而依据《民法典》第五百七十七条规定，当事人一方不履行合同义务或者履行合同义务不符合约定的，应当承担继续履行、采取补救措施或者赔偿损失等违约责任。同时在《2017版施工合同示范文本》中，违约与索赔也处于并列位置，分别为该文本通用条款中的第16条和第19条以及专用条款对应内容。综合上述规定，承办律师处理工程索赔和违约责任在一方当事人存在违约或违法情形下，对于守约方权利救济存在竞合关系。但依据前述规定，二者在实务适用过程中对于适用依据、适用期限以及赔偿范围等存在区别。

5.4.2 工程索赔和违约责任的选择适用问题

针对同一违法或违约事项，当事人基于法律规定或合同约定同时享有索赔和主张违约责任的两种权利，而在实务中通常只能选择其一进行权利救济，即只能选择索赔路径救济或违约责任救济。

承办律师可提醒当事人注意，工程索赔和违约责任两种救济路径的选择需要综合项目建设整体情况进行考虑。对于发、承包双方尚有协商和合作可能，存在能够便利地通过工程索赔程序来固定当事人损失和索赔事实、索赔金额能够覆盖当事人一方真实损失、提起索赔符合合同约定的索赔期限等事项的情况下，工程索赔程序可以作为当事人救济自身权利的有利路径之一。而对于当事人选择违约责任救济路径的，承办律师可提示当事人综合考虑是否明确约定违约责任以及违约金金额存在调减风险等因素。

5.5 逾期索赔失权的适用问题

5.5.1 "逾期索赔失权"条款的效力

通常而言，"索赔逾期失权"条款是合同双方通过合同约定创设的权利失效期间，当发、承包双方在施工合同中均明确索赔期限并明确约定了索赔时限届满承包人未行使权利会导致索赔权的消灭，承办律师可主张该条款符合《民法典》第一百四十条规定的"默示条款"，属于有效条款并约束发、承包双方。

5.5.2 "逾期索赔失权"条款的合理抗辩

承包人依据《建工司法解释（一）》第十条规定应当在约定期限内提出索赔，但如果超过约定期限的，承包人可主张发包人存在约定期限后同意工期顺延或通过合理抗辩的方式否认"逾期索赔失权"条款的适用。承办律师可提醒当事人存在以下合理抗辩事由：（1）承包人是因客观原因导致未能在约定期限内提出索赔；（2）未能按照约定提出索赔，但索赔事件可通过其他证据佐证客观存在索赔事实；（3）考虑承包人在诉讼中主张工期顺延对发包人的影响，即如果发包人因承包人未进行索赔而相信承包人不再主张工期顺延，从而做了不予顺延工期安排的，则通常承包人抗辩"逾期索赔失权"条款不成立，反之则可视为承包人的合理抗辩。

5.6 结算完成后的索赔问题

承办律师应对承包人在结算过程中的索赔纠纷，如果发包人已经对索赔事项进行了处理，且参照《建设工程价款结算暂行办法》（财建〔2004〕369 号）第十四条和《2013版清单计价规范》第 9.13.6 条规定，工程结算包含施工合同价款、合同价款调整内容以及索赔事项，工程结算的目的在于建设工程项目施工完毕后对建设施工合同履行过程中合同双方债权债务进行最终确认，工程结算实际是双方当事人对合同履行中存在争议的最终协商一致的结果，原则上一方当事人在完成工程价款结算后不能另以存在索赔事项而提出索赔。

但如果存在结算协议等文件中明确约定保留提起索赔诉讼的权利、承包人在结算中提出索赔请求但发包人恶意不予处理或结算后新发生的索赔事项等情形，承办律师可建议承包人在结算后另行向发包人提起索赔。

5.7 索赔费用的主张问题

5.7.1 索赔费用的主张

参照《建筑安装工程费用项目组成》（建标〔2013〕44号）规定，索赔费用的主要组成内容同工程款的计价内容，通常索赔费用按费用构成要素组成划分为人工费、材料费、施工机具使用费、企业管理费、利润、规费和税金。

但在上述原则性费用分类基础上，实务中承办律师可着重引导当事人梳理和主张停窝工人工费用、人员遣散费用、现场保护和安全防护等费用，临时设施的摊销，现场材料损失等常见较大金额索赔费用项。

5.7.2 索赔费用中预期利润的主张

索赔费用中关于预期利润的费用主张问题可参照本《指引》第4.1.3条内容予以处理。

5.7.3 索赔费用中企业管理费的主张

承包人向发包人提起费用索赔并主张企业管理费用的，企业管理费用的内容可以包括管理人员工资、办公费、差旅费、固定资产使用费、工具用具使用费、劳动补贴费、工会经费、职工教育经费、财产保险费、劳动安全卫生检测费、财务费、税金和其他费用，同时可考虑从企业总部管理费与企业现场管理费两个费用发生维度进行主张。以上费用内容的计价依据可以参照建设工程造价信息数据、企业审计或财务数据中项目管理费数据（包括参照类似项目或企业平均项目管理费）等内容进行主张。

但是如果承包人没有资质或超越资质承揽工程的，则发包人可请求根据承包人的资质情况并结合施工实际管理水平要求对承包人企业管理费的主张进行免除或扣减。

5.7.4 管理人员工资的主张

承包人索赔费用中主张管理人员工资中的管理人员通常限于承包人为实施该项工程施工管理而专门组建的工程项目中的项目经理负责人以及项目部下属的"九大员"（即施工员、质量员、安全员、标准员、材料员、机械员、劳务员、资料员和劳资管理员）。

对上述人员的工资支付标准按照承包人在索赔期间实际支出发生的费用作为计算依据。实务中亦存在对非项目部备案的管理人员工资的索赔，承办律师可建议当事人结合相关人员是否现场实际参与施工、发包人是否认可以及工资是否有必要支付进行综合审查。另外，如果在实践中发包人发现管理人员工资发放的标准远远超过市场标准的，亦可要求参考市场标准主张管理人员工资。但在实践中，基于项目管理人员工资存在部分延期或延缓支付的情况，对于尚未实际支付或者难以直接举示实际支付记录的管理人员工资标准仍可考虑根据现场管理费率或投标费率以及建设主管部门相关人工定额管理文件进行推算的方式予以主张。

5.7.5 现场大型机械设备的停窝工损失的主张

承办律师可建议承包人向发包人主张现场大型机械设备的停窝工损失通常包含两类，第一类为现场大型机械设备本身基于租赁或折旧或可能存在对第三方单位违约赔偿费用的索赔费用；第二类为现场大型机械设备因停窝工而承包人为及时止损所产生的主动撤出机械设备等进出场费用索赔。

而对于上述大型机械设备折旧比例、租赁台班计算标准和进出场费用等计算标准，可参照施工项目当地主管部门的定额标准或造价信息价。

5.7.6 材料调差费用

材料调差费用索赔可参照本《指引》第 4.1.1 条内容予以处理。

第八章 司法鉴定

司法鉴定在建设工程领域争议处理过程中非常普遍，无论是工程造价鉴定、工程质量鉴定还是费用索赔鉴定等均直接影响着案件处理的结果。参与和规范司法鉴定程序对处理建设工程纠纷有特殊的价值和意义。

8.1 司法鉴定的启动

8.1.1 当事人申请

承办律师可告知一般情况下对需要鉴定的事项负有举证责任的一方当事人应当申请鉴定，当事人举证责任的分配应遵守《民事诉讼法》第七十六条第一款和《证据规定》第二条等相关规定。

8.1.2 裁判者依职权启动

特殊情况下，负有证明责任一方当事人未申请鉴定（含经裁判者释明后当事人仍未申请的情形），或者拒绝申请鉴定，但是待证事实属于专门性技术问题和有关法律、司法解释规定所需要明确的情形，且涉及可能损害国家利益、社会公共利益、恶意串通损害他人合法利益的，裁判者可依职权启动司法鉴定。

8.1.3 鉴定申请书的基本形式和内容

承办律师可结合案件具体情况和当事人请求的需要以书面形式提出鉴定申请，鉴定申请需明确鉴定目的、鉴定事项、鉴定范围、鉴定依据（含法律依据、合同条款依据、规范标准依据、图纸依据等）、鉴定期限、鉴定事由等基本内容。

撰写鉴定申请书时注意避免出现遗漏鉴定申请、鉴定申请与当事人请求无关联、鉴定事项不明晰、不当扩大或者缩小鉴定范围等情形。

因建工案件争议较大、复杂和证据繁多等原因，在鉴定事项中可设置兜底性的鉴定申请，以此避免遗漏鉴定申请，防止发生补充鉴定和造成司法鉴定延宕。

8.1.4 裁判者释明

当事人应申请鉴定而未申请时，依据《民事证据规定》第三十条第一款和《建工司法解释（一）》第三十二条第一款等相关规定，在裁判者释明后仍不申请司法鉴定的，承办律师应及时告知当事人将承担举证不能的法律后果。

8.1.5 鉴定申请的异议

对启动鉴定申请或鉴定的内容和范围有异议的，承办律师可提醒当事人及时提出书面异议和提供相关证据材料。

8.1.6 鉴定的委托与接受

8.1.6.1 鉴定的委托

鉴定委托以书面形式列明以下主要事项：

（1）委托鉴定的具体事项；

（2）建设工程造价、建设工程工期或者停窝工损失、建设工程质量等鉴定的具体范围；

（3）通过鉴定解决的争议和争议要点；

（4）鉴定期限的具体要求；

（5）其他根据案情情况需明确的事项。

8.1.6.2 鉴定机构及鉴定人的资质

承办律师可参照《全国人民代表大会常务委员会关于司法鉴定管理问题的决定》第二条、第四条和《司法鉴定机构登记管理办法》的相关规定，判断鉴定机构及鉴定人的资质等条件是否符合。在工程质量鉴定中涉及工程修复方案的鉴定时，可申请选择设计资质不低于案涉工程原设计单位资质的鉴定机构。原设计单位同时具有相应鉴定资质的，一般情况下应优先选择，当事人提出异议的除外。

8.1.6.3 鉴定机构的审查

鉴定机构选定后，承办律师可及时关注鉴定机构的经营范围、资质要求和司法鉴定人资质条件、执业范围等，审查鉴定机构的合法性。

8.1.6.4 鉴定机构及司法鉴定人的回避

鉴定机构和司法鉴定人存在《民事诉讼法》第四十七条及《2017 版造价鉴定规范》第 3.5 条规定情形的，承办律师可建议当事人申请回避。

8.1.6.5 鉴定方案

通常情况下，鉴定人会根据鉴定项目的特点、鉴定事项、鉴定目的和要求制定鉴定方案，方案内容包括鉴定依据、应用标准、调查内容、鉴定方法、工作进度及需由当事人完成的配合工作等主要内容。

承办律师可建议当事人申请鉴定机构披露鉴定方案，当事人对鉴定方案存在异议的，可及时向裁判者提出书面异议，要求鉴定机构调整、修订鉴定方案并重新报技术负责人审批后提交裁判者。

8.2 鉴定事项与范围

8.2.1 主要鉴定事项

8.2.1.1 工程质量鉴定

工程质量鉴定事项一般包括但不限于：（1）建设工程质量鉴定（已完工工程、在建未完工工程）；（2）建设工程灾损鉴定（在建工程对周边环境、已建成工程的影响）；（3）建设工程其他专项质量鉴定：建（构）筑物渗漏鉴定、建筑日照间距鉴定、建筑节能施工质量鉴定、建筑材料鉴定，工程设计工作量和质量鉴定、周边环境对建设工程的损伤或影响鉴定、装修工程质量鉴定、绿化工程质量鉴定，市政工程质量鉴定、工业设备安装工程质量鉴定、水利工程质量鉴定、交通工程质量鉴定、铁路工程质量鉴定、信息产业工程质量鉴定、民航工程质量鉴定、石化工程质量鉴定等；（4）修复方案质量鉴定；（5）其他工程质量鉴定事项。

承办律师在申请工程质量司法鉴定时，可就修复方案和修复费用一并提出鉴定申请，亦可在后续审理中，根据已查明的质量问题的具体情况，再行提出对该质量问题的修复方案以及修复费用的鉴定申请。

8.2.1.2 工程工期鉴定

工期鉴定事项一般包括但不限于：（1）因承包人原因造成的工期延误司法鉴定；

（2）非承包人原因造成的工期顺延司法鉴定；（3）不可抗力原因造成的工期延误司法鉴定；（4）工期共同延误的原因力、因果关系和责任份额承担的司法鉴定；（5）其他工程工期鉴定事项。

工期鉴定目前较难实现，建议可以聘请专家辅助人参与工程工期鉴定，对工期专门性问题提出专家辅助人意见和对工期司法鉴定意见提出质证意见。

8.2.1.3　工程造价鉴定

工程造价鉴定事项一般包括但不限于：（1）已完工程造价鉴定；（2）停、窝工损失鉴定；（3）工程质量不合格修复费用鉴定、维修费用鉴定；（4）工程维保另行委托情形下费用鉴定；（5）未完工项目费用鉴定；（6）未完工部分的可得利润鉴定；（7）工程变更费用的鉴定；（8）合同外新增工程、计日工费用的鉴定；（9）工程竣工结算费用的鉴定；（10）撤场损失鉴定；（11）其他造价司法鉴定。

8.2.2　鉴定范围

司法鉴定坚持鉴定范围最小化原则，鉴定前应尽量排除无争议项，只对有争议项进行鉴定。对待证事实能不通过鉴定就可以确定的，则不做鉴定；能够进行部分鉴定的，则不进行全部鉴定；必须通过鉴定才能确定的，可事先做好鉴定方法、鉴定依据的论证与确认，事先审查鉴定必需的基础性技术资料。

承办律师可引导成本人员与裁判者主动沟通，缩小鉴定范围，避免不必要的扩大鉴定范围而造成鉴定费用增加与鉴定时限延长。

8.2.3　鉴定方法

鉴定方法的选择属于鉴定中裁判权的延伸，承办律师对鉴定方法有提出意见的权利。

在诉裁过程中对鉴定方法的确定一般遵循以下规则：（1）鉴定方法不宜由鉴定机构自行、径行决定，防止以鉴代审；（2）当鉴定涉及较为复杂的专业技术方法时，可以考虑寻求专家辅助人协助确定鉴定方法；（3）在工程造价鉴定中，当事人之间的结算约定是否有效或多个不一致的结算约定如何采信，应由裁判者决定，鉴定机构或鉴定人员不应擅自否定、变更当事人之间的结算约定，或擅自对不一致的结算约定作出选择，也不得径行采用定额或当事人约定之外的其他方法结算；（4）在合同没有约定或约定不明的情况下，鉴定机构在经裁判者要求或同意的前提下可以遵循行业惯例，参照签订建设工程施工合同时当地建设行政主管部门发布的计价方法或者计价标准进行鉴定。

承办律师在鉴定过程中要主动与裁判者、鉴定人沟通，提出确定鉴定方法的依据，包括但不限于法律依据、合同依据、技术规范依据和证据依据等，不能由鉴定机构径行决定鉴定方法，避免以鉴代审的发生。对鉴定事项、鉴定范围和鉴定方法有异议的，可及时向裁判者提出书面异议，争取裁判者结合案情及时进行合议或评议并作出决定。

8.3 鉴定材料的准备与质证

8.3.1 鉴定材料的准备

承办律师可根据鉴定事项和范围的需要，提供案件相关的地质勘察报告、工程招投标文件、中标通知书、建设工程施工合同（补充协议）、开工报告、施工组织设计、施工图设计文件审查报告、施工图纸（或竣工图纸）、图纸会审记录、设计变更单、工程签证单、工程变更单、工程洽商记录、工程会议纪要、工程验收记录、单位工程竣工报告、单位工程验收报告、工程质量检测报告、工程计量单、工程结算单、进度款支付单、工程结算审核书等。

8.3.2 鉴定材料的质证

鉴定材料涉及工程量及工程价款等事实的质证结果，对鉴定意见有决定性作用，这要求鉴定材料具有真实性、合法性和关联性，需要经过裁判者的审核判断。依据《建设工程合同司法解释（一）》第三十三条规定，人民法院准许当事人的鉴定申请后，应当根据当事人申请及查明案件事实的需要，确定委托鉴定的事项、范围、鉴定期限等，并组织当事人对争议的鉴定材料进行质证。

承办律师可对鉴定材料的三性及证明目的、证明对象、证明力大小进行质证。未经质证的材料，不得作为鉴定的依据。经质证认为不能作为鉴定依据的，依据该材料作出的鉴定意见不得作为裁判的依据。

8.4 鉴定过程

鉴定过程中，建议承办律师积极参与配合鉴定人开展工作，就所主张的事实及时提供完整、准确的证据资料。

8.4.1 补充鉴定材料

鉴定过程中，承办律师可提醒鉴定人根据鉴定需要提请裁判者通知补充证据，对裁判者组织质证并认可的补充证据，可以直接作为鉴定依据。承办律师在鉴定过程中认为需补充证据的，可及时向裁判者申请，由裁判者予以处理。

8.4.2 现场勘验

8.4.2.1 现场勘验的组织

承办律师要求鉴定人对鉴定项目标的物进行现场勘验，可向裁判者提交书面申请，经裁判者同意后组织现场勘验。

8.4.2.2　现场勘验的实施

承办律师可要求制作勘验笔录或勘验图表，记录勘验的时间、地点、勘验人、在场人、勘验经过、结果，由勘验人、在场人签名或者盖章。对于绘制的现场图表应注明绘制的时间、方位、绘测人姓名、身份等内容。

8.4.3　以鉴代审的避免

以鉴代审是指在建设工程案件诉讼、仲裁过程中，鉴定人超越委托范围，或者超越鉴定职权擅自确定鉴定事项的范围、依据、标准、方法，乃至在鉴定意见中作出判断当事人责任、处理争议事项的现象。以鉴代审的实质是鉴定人以行使鉴定职责之名，侵犯裁判者的司法裁判权。从承办律师的角度，可以从以下方面避免以鉴代审：（1）对鉴定方案充分论证。在鉴定准备会阶段，承办律师应对鉴定方案中的鉴定目标、标准、范围、方法、依据等充分表达意见，防止鉴定方案整体走偏，并对对方提出的鉴定方案充分提出意见；（2）鉴定过程中，对有争议的事实或鉴定依据，承办律师可提请由裁判者决定是否采用，或者提请裁判者决定由鉴定人出具两种及以上的鉴定意见供裁判者判断使用；（3）积极参与诉讼和仲裁，主张权利。申请鉴定人出庭接受质询，就具体的争议提供证据、依据，充分说明理由、辩论；（4）申请专家辅助人提供帮助。承办律师可建议当事人申请专家辅助人对涉及的专业问题进行解释、说明，甚至与对方当事人、鉴定人充分辩论，向裁判者解释、说明具体的争议问题。专家辅助人在启动鉴定前越早介入越好，以便能够参与鉴定的启动、鉴定方案的制定、鉴定过程的跟进、鉴定意见的质证等全过程，有利于更好地发挥专业作用。

8.5　鉴定意见

鉴定意见作为《民事诉讼法》第六十三条和《仲裁法》第四十五条规定的法定证据类型之一，应当相互质证，避免"以鉴代审"现象。

鉴定意见的质证，是指在裁判者的主持下，各方当事人针对鉴定意见就其真实性、合法性、关联性以及证明力的有无、大小予以说明、解释、质疑、辩论的活动或过程。鉴定意见质证一般分为鉴定意见征求意见稿质证阶段和鉴定意见定稿质证阶段。

8.5.1　鉴定意见征求意见稿的反馈

承办律师对鉴定意见征求意见稿提出反馈意见应当首先注意反馈的期限问题，在要求的期限内反馈意见；反馈意见尽可能确保内容全面，并且在反馈时注意了解和回应对方当事人的反馈意见；在对鉴定意见征求意见稿的反馈过程中，可考虑通过联系裁判者组织争议各方采取当面反馈意见的方式，以充分全面地让裁判者知晓当事人对鉴定意见征求意见稿的反馈意见。

对鉴定意见征求意见稿的具体反馈方式可参照下文中关于鉴定意见的质证和审查内容。

8.5.2 鉴定意见的审查和质证

8.5.2.1 鉴定意见的审查

依据《民事证据规定》《人民法院对外委托司法鉴定管理规定》《最高人民法院关于人民法院民事诉讼中委托鉴定审查工作若干问题的规定》等规定，承办律师审查鉴定意见可从鉴定事项、鉴定机构、鉴定人、鉴定材料、鉴定依据和鉴定意见书内容等多个方面进行，具体审查内容包括：（1）鉴定事项与委托鉴定事项是否一致，是否存在鉴定机构私下扩大或者缩小鉴定事项范围的情况；（2）鉴定机构和人员是否具备鉴定的资质；（3）鉴定的内容是否超过鉴定机构和人员的鉴定能力；（4）鉴定机构和人员是否在鉴定意见书中签章或签字等；（5）鉴定材料是否经过质证、关键鉴定材料是否确实存在、是否满足《最高人民法院关于人民法院民事诉讼中委托鉴定审查工作若干问题的规定》规定的鉴定条件；（6）鉴定依据是否准确和质证、是否属于满足委托鉴定期间范围内的有效鉴定依据等；（7）鉴定意见内容是否存在错误、是否符合《民事证据规定》第三十六条的规定等。

8.5.2.2 鉴定意见的质证

承办律师对鉴定意见的质证可就鉴定意见是否符合证据的真实性、合法性和关联性，是否具有证明力及证明力的大小和证明目的进行质证。具体而言，质证内容可在前述鉴定意见审查结果的基础上，依据《民事证据规定》第四十条、《司法鉴定程序通则》第三十一条等规定的关于鉴定机构和鉴定人的资质、鉴定机构的执业范围、鉴定程序是否合法、鉴定意见的形式合法性、鉴定材料是否经过质证、鉴定意见是否具有充分依据（鉴定意见依据合同／协议、法律法规规章、行业规范以及现场数据等底层数据和规范性文件）等角度进行质证。确有必要的，可要求鉴定人出庭接受当事人质询。

在质证过程中可考虑引入专家辅助人，帮助当事人从专业角度发表对鉴定意见的质证意见。

8.6 鉴定人的出庭作证

8.6.1 申请鉴定人出庭作证

承办律师可建议当事人依据《民事诉讼法》第八十一条规定向人民法院申请鉴定人

出庭作证或向人民法院提出异议后请求人民法院依职权通知鉴定人出庭。

依据《民事证据规定》第三十八条和第三十九条规定，若出庭费用包含在鉴定费用中，则申请当事人无须预交出庭费用；反之，则应当预交鉴定人出庭费用。

8.6.2 鉴定人拒不出庭作证的结果

依据《民事诉讼法》第八十一条规定，经人民法院依法通知，司法鉴定人拒不出庭作证的，鉴定意见不得作为裁判者判断事实的根据。但拒不出庭原因系申请人拒绝缴纳预交出庭费用的除外。

8.6.3 异议当事人对鉴定人的质询

异议当事人对鉴定人询问可注意质询前、质询中和质询后三个部分的准备和应对工作。在质询前保证已经先行向裁判者提交了异议文件，并以异议文件为基础准备质询提纲或相关的佐证或反证证据资料。在质询中注意出庭鉴定人与鉴定意见中的鉴定人身份是否一致；按照从鉴定意见的程序性问题到鉴定意见的实体性问题从证据真实性、合法性、关联性等关乎鉴定意见程序上能否采用的角度进行询问。询问后如果鉴定人的答复确实存在专业错误、回避询问内容等情况的，可根据案件情况建议裁判者对鉴定采取补充鉴定或重新鉴定的方式予以完善或纠正。

8.7 鉴定的辅助工作

8.7.1 承办律师在鉴定中的辅助工作

承办律师在鉴定过程中可搭建好当事人与鉴定人之间的沟通桥梁，帮助当事人在鉴定过程中充分表达自身意见。通常情况下，承办律师在鉴定过程中所发挥的核心辅助工作包括：（1）在鉴定前帮助当事人梳理和准备鉴定材料；（2）在收费阶段协助当事人与鉴定机构沟通缴费期限和收费标准；（3）在现场勘验阶段协助当事人和鉴定人现场勘验工作，就鉴定事项向鉴定人进行有效说明和沟通；（4）在鉴定过程中连同当事人造价人员一同协助鉴定人员整理鉴定事实以及具体内容；（5）引导鉴定人根据当事人情况适时出具确定性意见或推断性意见等。

8.7.2 有专门知识的人（专家辅助人）的辅助工作

申请专家辅助人出庭的目的是以其在特殊领域具有的知识、经验和技能，帮助当事人对专业性或专门性问题进行分析和提出意见，尤其是在协助对鉴定意见质证和对鉴定人询问中可发挥专业作用，能够帮助裁判者对专业性或专门性问题进行准确理解和适用。

实务中，承办律师建议当事人申请专家辅助人出庭首先可委托有一定专业影响力的专家辅助人，以便提供更权威、更有说服力的专业意见；其次，需重视专家辅助人对案件鉴定争议事实的全面了解，充分知晓双方当事人的争议意见，便于其发挥专业优势，与对方当事人或鉴定人据理力争；最后，专家辅助人出庭亦应当作出客观、公正、科学的专家意见，不宜因接受一方当事人出庭而利用其专业知识发表偏颇、不客观甚至虚假的专业意见。

8.8 补充鉴定

8.8.1 补充鉴定适用情形

参照《最高人民法院关于人民法院民事诉讼中委托鉴定审查工作若干问题的规定》及《司法鉴定程序通则》《2017 版造价鉴定规范》关于补充鉴定情形的规定，补充鉴定适用情形包括以下情况：（1）裁判者增加新的鉴定要求的；（2）裁判者发现委托的鉴定事项有遗漏的；（3）裁判者就同一委托鉴定事项又提供或者补充了新的证据材料的；（4）鉴定人通过出庭作证，或自行发现有缺陷的；（5）鉴定意见和鉴定意见书的其他部分相互矛盾的；（6）鉴定意见书中对同一认定意见使用不确定性表述的；（7）鉴定意见书有其他明显瑕疵的；（8）其他需要补充鉴定的情形。

8.8.2 补充鉴定的程序启动

经当事人要求或者由裁判者书面告知鉴定机构可启动补充鉴定程序，由原鉴定机构出具补充鉴定意见。

8.8.3 补充鉴定意见的使用方式

补充鉴定是对于原鉴定意见中出现的鉴定依据采用不当、鉴定数据存在错误等瑕疵情形的补充、修正和完善的鉴定过程。原则上补充鉴定意见不是独立的鉴定程序，原鉴定意见与补充鉴定意见可结合起来共同构成建设工程造价、质量或工期等鉴定事项的专门性问题的判断，二者结合是一个完整的证据。

8.9 重新鉴定

8.9.1 重新鉴定适用情形

依据《民事证据规定》《司法鉴定程序通则》关于重新鉴定情形的规定，重新鉴定适用情形包括以下情况：（1）原司法鉴定机构或司法鉴定人不具有从事原委托事项鉴定执业资格的；（2）原司法鉴定机构超出登记的业务范围组织鉴定的；（3）原司法鉴定人按规定应回避没有回避的；（4）鉴定意见明显依据不足的；（5）法律规定或者裁判者认为需要重新鉴定的其他情形。

8.9.2 重新鉴定的程序启动

当事人提出申请并经裁判者准许后可重新启动鉴定程序。原则上为节约诉讼资源、缩短裁判进程，裁判者一般不会同意当事人要求重新鉴定申请。若当事人提出的重新鉴定理由属于法定重新鉴定情形的，并且不可以通过补正、补充鉴定或者补充质证、重新质证等方法解决的，裁判者才会准许重新鉴定的申请。

8.9.3 重新鉴定意见使用方式

依据《民事证据规定》第四十条规定，重新鉴定与原鉴定虽然两者鉴定范围一致，但二者属于相互独立的两个鉴定程序，且重新鉴定不以原鉴定为基础，亦不依据原鉴定意见书中确定的事实，而是由鉴定机构对原鉴定事项重新鉴定的过程。承办律师可主张重新鉴定意见按照独立完整的鉴定意见作为案件证据。

8.9.4 重新鉴定人员的回避

参照《2017 版造价鉴定规范》第 5.13.2 条规定："进行重新鉴定时，鉴定人有下列情形之一的，必须回避：（1）有本规范第 3.5.3 条规定情形的；（2）参加过同一鉴定事项的初次鉴定的；（3）在同一鉴定事项的初次鉴定过程中作为专家提供过咨询意见的。"对此，重新鉴定过程中原初次鉴定的鉴定人或专家辅助人应当进行回避。

9.6 《关于建立建设工程价款纠纷联动解纷机制的意见》

江苏省高级人民法院 江苏省工程造价管理协会关于印发
《关于建立建设工程价款纠纷联动解纷机制的意见》的通知
苏高法〔2022〕126 号

《建立建设工程价款纠纷联动解纷机制的意见》（全文）

为有效解决建设工程领域专门性争议问题，推动建设工程价款纠纷诉前化解，破解建设工程案件审理周期长难题，根据"分调裁审"机制改革和深化多元解纷机制建设工作要求，江苏省高级人民法院、江苏省工程造价管理协会经充分协商，现就建立建设工程价款纠纷联动解纷工作机制提出以下意见。

1. 指导思想和目标任务。认真贯彻习近平总书记"把非诉讼纠纷解决机制挺在前面"重要指示精神，坚持加强诉源治理，推动建设工程价款纠纷诉前化解。以人民法院调解平台·江苏微解纷为依托，以"分调裁审"为主线，以第三方调解、专家辅助人介入、司法鉴定委托前置等举措为着力点，探索建立人民法院与行业组织"联动配合、非诉挺前"的解纷模式，助力审判环节"简案速裁""繁案精审"，推动建设工程价款纠纷专门性争议问题妥善解决，促进建筑市场持续稳定发展。

2. 工程价款纠纷诉前解纷的引导。对起诉到人民法院的涉建设工程价款纠纷，当事人同意调解的，人民法院纳入诉前调解平台管理。人民法院诉讼服务部门负责此类纠纷诉前解纷引导工作，相关审判业务部门指派建设工程类案审理法官跟踪进行法律指导。

全省各级人民法院依法确认江苏省工程造价管理协会或相应市级工程造价管理协会为人民法院特邀调解组织（下称特邀调解组织），依法确认省工程造价管理协会推荐的成员单位中具有高级专业技术职称且具有国家一级注册造价工程师执业资格的人员为人民法院特邀调解员，督促指导特邀调解组织、特邀调解员严格遵守诉前调解回避制度。

人民法院向当事人释明建设工程价款纠纷诉前解纷的主要内容、解纷优势以及诉讼风险，按照自愿、合法原则引导当事人在诉前调解平台积极解决专门性争议事项，接受或者寻求特邀调解组织参与的诉前调解等非诉讼方式化解纠纷。

3. 工程价款纠纷诉前解纷的分流。对于诉至法院的涉建设工程价款纠纷，由人民法院诉讼服务部门综合审查当事人诉讼材料并征询当事人意愿进行分流。

诉讼材料涉及专门性争议问题的，人民法院委派特邀调解组织、特邀调解员调解，并结合化解工作实际为纠纷解决提供相应司法保障。

当事人在诉前调解阶段申请财产保全，人民法院依法采取保全措施后 30 日内当事人未能达成调解协议的，人民法院诉讼服务部门应当予以立案，依法将当事人的起诉转入诉讼程序。

4. 工程价款纠纷诉前调解的确认。诉前调解形成的调解笔录、达成的调解协议，应当由各方当事人、调解参与人及特邀调解员共同签名盖章、注明形成日期并存档。

特邀调解组织应当在调解结束后 5 个工作日内向人民法院诉讼服务部门书面报送调解情况，相关调解材料应当立卷成册，以备移交。

诉前调解达成协议的，当事人可于调解协议生效之日起 30 日内向有管辖权的人民法院申请司法确认。经诉前调解未达成调解协议的，特邀调解组织应当与人民法院诉讼服务部门及时对接，人民法院诉讼服务部门应当及时转立诉讼案件，移送相关审判业务部门审理。

5. 诉前调解中无争议事项的固定。诉前调解中，对于当事人无争议的事实，应当记录在案，由当事人签字确认；对于当事人无争议的证据，应当列明清单，由当事人签字确认并存档。

诉前调解不成的，特邀调解组织应书面告知当事人，上述无争议的事实和证据将作为人民法院认定事实的依据。对于诉前调解阶段固定的无争议事实和证据，诉讼中当事人无需再行举证，但涉及损害国家利益、社会公共利益、恶意串通损害第三人合法权益或有相反证据能够推翻的除外。

6. 专家辅助人诉前调解的介入。当事人在诉前调解中可以聘请工程造价管理协会成员单位中具有高级专业技术职称的人员作为专家辅助人提供专业咨询，参与证据交换、现场勘验等工作，帮助当事人对纠纷处理过程和结果形成合理预测，促进纠纷诉前达成调解。但特邀调解员任职期间不得接受当事人聘请担任专家辅助人。

当事人起诉时明确就专门性问题申请司法鉴定，且对鉴定项目、鉴定资料等没有异议或者虽有异议但争议较少的，人民法院应当引导当事人委托专家辅助人为其提出意见。

7. 诉前委托司法鉴定的开展。诉前调解中专家辅助人介入后各方仍无法形成共识、必须通过委托鉴定解决专门性问题，相关当事人提出鉴定申请的，审判业务部门指派建设工程类案审理法官对鉴定的必要性和可行性进行审查。

确需委托鉴定的，建设工程类案审理法官应当组织各方当事人对鉴定资料进行质证，对有争议的鉴定资料能否作为证据做出判断，并记录在案。

诉前委托鉴定的程序与要求，按照法律法规、司法解释关于诉讼中委托鉴定的有关规定执行。诉前鉴定意见与诉讼中委托鉴定意见具有同等证据效力。

8. 工程价款纠纷诉前调解的时限。建设工程价款纠纷诉前调解时限，按照诉前调解一般规定时限为30日。各方当事人同意延长的，不受上述调解时限的限制。

诉前调解时限，自特邀调解组织签收人民法院移交调解材料之次日起算。诉前委托鉴定期限不计入诉前调解时限。

9. 诉前调解与诉讼审理的衔接。经诉前调解未达成协议而转立的诉讼案件，一般由审判业务部门参与诉前调解指导的建设工程类案审理法官主审。

审判业务部门经审理认为事实清楚、证据充分的案件，应依"简案速裁"要求及时做出裁判；对于争议焦点较多的复杂案件，应按"繁案精审"要求，提高审判效率，依法做出裁判。

审判业务部门审理建设工程价款纠纷案件，根据工作需要亦可委托特邀调解组织参照诉前调解工作机制进行调解。参照诉前调解机制调解的期限不计入审限。

10. 加强联动解纷工作组织领导。全省各级人民法院应将建设工程价款纠纷联动解纷工作纳入法院一站式多元解纷机制建设一体推进，参照本意见制定符合本地实际的实施细则。

全省各级人民法院、省工程造价管理协会应当积极争取财政支持，为建设工程价款纠纷联动解纷工作顺利实施提供必要的办公和经费保障，科学设置解纷绩效评估内容和激励措施，对联动解纷工作中成绩突出的集体和个人予以适当表扬或奖励。

11. 加强联动解纷工作宣传引导。全省各级人民法院、省工程造价管理协会应当加大工程价款纠纷联动解纷工作的宣传力度，通过普法教育、发布典型案例等宣传方式，不断提升建设工程价款纠纷联动解纷工作机制的影响力和认可度，积极引导当事人选择非诉讼方式解决纠纷，努力营造行业组织、职能部门协同合作、社会公众积极参与矛盾纠纷化解的良好氛围。

9.7 《最高人民检察院关于指派、聘请有专门知识的人参与办案若干问题的规定（试行）》

中华人民共和国最高人民检察院

公 告

《最高人民检察院关于指派、聘请有专门知识的人参与办案若干问题的规定（试行）》已经 2018 年 2 月 11 日最高人民检察院第十二届检察委员会第七十三次会议通过，现予公布，自公布之日起试行。

最高人民检察院

2018 年 4 月 3 日

最高人民检察院关于指派、聘请有专门知识的人参与办案若干问题的规定（试行）

（2018 年 2 月 11 日最高人民检察院第十二届检察委员会第七十三次会议通过）

第一条 为了规范和促进人民检察院指派、聘请有专门知识的人参与办案，根据《中华人民共和国刑事诉讼法》《中华人民共和国民事诉讼法》《中华人民共和国行政诉讼法》等法律规定，结合检察工作实际，制定本规定。

第二条 本规定所称"有专门知识的人"，是指运用专门知识参与人民检察院的办案活动，协助解决专门性问题或者提出意见的人，但不包括以鉴定人身份参与办案的人。

本规定所称"专门知识"，是指特定领域内的人员理解和掌握的、具有专业技术性的认识和经验等。

第三条　人民检察院可以指派、聘请有鉴定资格的人员，或者经本院审查具备专业能力的其他人员，作为有专门知识的人参与办案。

有下列情形之一的人员，不得作为有专门知识的人参与办案：

（一）因违反职业道德，被主管部门注销鉴定资格、撤销鉴定人登记，或者吊销其他执业资格、近三年以内被处以停止执业处罚的；

（二）无民事行为能力或者限制民事行为能力的；

（三）近三年以内违反本规定第十八条至第二十一条规定的；

（四）以办案人员等身份参与过本案办理工作的；

（五）不宜作为有专门知识的人参与办案的其他情形。

第四条　人民检察院聘请检察机关以外的人员作为有专门知识的人参与办案，应当核实其有效身份证件和能够证明符合本规定第三条第一款要求的材料。

第五条　具备条件的人民检察院可以明确专门部门，负责建立有专门知识的人推荐名单库。

第六条　有专门知识的人的回避，适用《中华人民共和国刑事诉讼法》《中华人民共和国民事诉讼法》《中华人民共和国行政诉讼法》等法律规定中有关鉴定人回避的规定。

第七条　人民检察院办理刑事案件需要收集证据的，可以指派、聘请有专门知识的人开展下列工作：

（一）在检察官的主持下进行勘验或者检查；

（二）就需要鉴定、但没有法定鉴定机构的专门性问题进行检验；

（三）其他必要的工作。

第八条　人民检察院在审查起诉时，发现涉及专门性问题的证据材料有下列情形之一的，可以指派、聘请有专门知识的人进行审查，出具审查意见：

（一）对定罪量刑有重大影响的；

（二）与其他证据之间存在无法排除的矛盾的；

（三）就同一专门性问题有两份或者两份以上的鉴定意见，且结论不一致的；

（四）当事人、辩护人、诉讼代理人有异议的；

（五）其他必要的情形。

第九条　人民检察院在人民法院决定开庭后，可以指派、聘请有专门知识的人，协助公诉人做好下列准备工作：

（一）掌握涉及专门性问题证据材料的情况；

（二）补充审判中可能涉及的专门知识；

（三）拟定讯问被告人和询问证人、鉴定人、其他有专门知识的人的计划；

（四）拟定出示、播放、演示涉及专门性问题证据材料的计划；

（五）制定质证方案；

（六）其他必要的工作。

第十条　刑事案件法庭审理中，人民检察院可以申请人民法院通知有专门知识的人出庭，就鉴定人作出的鉴定意见提出意见。

第十一条　刑事案件法庭审理中，公诉人出示、播放、演示涉及专门性问题的证据材料需要协助的，人民检察院可以指派、聘请有专门知识的人进行操作。

第十二条　人民检察院在对公益诉讼案件决定立案和调查收集证据时，就涉及专门性问题的证据材料或者专业问题，可以指派、聘请有专门知识的人协助开展下列工作：

（一）对专业问题进行回答、解释、说明；

（二）对涉案专门性问题进行评估、审计；

（三）对涉及复杂、疑难、特殊技术问题的鉴定事项提出意见；

（四）在检察官的主持下勘验物证或者现场；

（五）对行政执法卷宗材料中涉及专门性问题的证据材料进行审查；

（六）其他必要的工作。

第十三条　公益诉讼案件法庭审理中，人民检察院可以申请人民法院通知有专门知识的人出庭，就鉴定人作出的鉴定意见或者专业问题提出意见。

第十四条　人民检察院在下列办案活动中，需要指派、聘请有专门知识的人的，可以适用本规定：

（一）办理控告、申诉、国家赔偿或者国家司法救助案件；

（二）办理监管场所发生的被监管人重伤、死亡案件；

（三）办理民事、行政诉讼监督案件；

（四）检察委员会审议决定重大案件和其他重大问题；

（五）需要指派、聘请有专门知识的人的其他办案活动。

第十五条　人民检察院应当为有专门知识的人参与办案提供下列必要条件：

（一）介绍与涉案专门性问题有关的情况；

（二）提供涉及专门性问题的证据等案卷材料；

（三）明确要求协助或者提出意见的问题；

（四）有专门知识的人参与办案所必需的其他条件。

第十六条　人民检察院依法保障接受指派、聘请参与办案的有专门知识的人及其近亲属的安全。

对有专门知识的人及其近亲属进行威胁、侮辱、殴打、打击报复等，构成违法犯罪的，人民检察院应当移送公安机关处理；情节轻微的，予以批评教育、训诫。

第十七条　有专门知识的人因参与办案而支出的交通、住宿、就餐等费用，由人民检察院承担。对于聘请的有专门知识的人，应当给予适当报酬。

上述费用从人民检察院办案业务经费中列支。

第十八条　有专门知识的人参与办案，应当遵守法律规定，遵循技术标准和规范，恪守职业道德，坚持客观公正原则。

第十九条　有专门知识的人应当保守参与办案中所知悉的国家秘密、商业秘密、个人隐私以及其他不宜公开的内容。

第二十条　有专门知识的人应当妥善保管、使用并及时退还参与办案中所接触的证据等案卷材料。

第二十一条　有专门知识的人不得在同一案件中同时接受刑事诉讼当事人、辩护人、诉讼代理人，民事、行政诉讼对方当事人、诉讼代理人，或者人民法院的委托。

第二十二条　有专门知识的人违反本规定第十八条至第二十一条的规定，出现重大过错，影响正常办案的，人民检察院应当停止其作为有专门知识的人参与办案，并从推荐名单库中除名。必要时，可以建议其所在单位或者有关部门给予行政处分或者其他处分。构成违法犯罪的，依法追究行政责任或者刑事责任。

第二十三条　各省、自治区、直辖市人民检察院可以依照本规定，结合本地实际，制定具体实施办法，并报最高人民检察院备案。

第二十四条　本规定由最高人民检察院负责解释。

第二十五条　本规定自公布之日起试行。

9.8 《广东省工程造价协会专家证人发展委员会专家证人工作指南（试行）》

广东省工程造价协会专家证人发展委员会专家证人工作指南（试行）（摘选）

2 术语及定义

2.0.2 专家证人

专家证人又称专家辅助人，是指《中华人民共和国民事诉讼法》等法律规定的具有专门知识的人。在本指南中仅指经本委员会认证的具备执业能力的专家证人。

2.0.3 委托人

指委托专家证人对委托事项开展工作的法人、自然人或其他组织，包括当事人与争议解决机构等。

2.0.4 委托事项

指委托人委托专家证人参与的具体事项。包括对建设工程实施过程中的争议事项发表意见，对建设工程争议的鉴定意见进行质证或者对建设工程争议所涉及的其他专业问题发表意见等。

2.0.6 专家证人工作

专家证人接受委托人的委托，运用建设工程专业技能，为专门性问题提供专业意见与服务。专家证人工作包括接受委托前的预审工作、接受委托、出具专家意见、出庭作证等。

3 委托专家证人

3.3 专家证人可以接受委托开展的工作类型

3.3.1 接受争议解决机构的委托，以专家证人的名义参与建设工程争议中的专业技术性工作。

3.3.2 接受争议单方或双方当事人的委托，以专家证人的名义参与建设工程争议的和解、争议评审、调解、诉讼、仲裁和问题讨论、研究等工作。

3.3.3 接受其他单位或个人的委托以专家证人名义开展与建设工程相关的其他专业工作。

4 专家证人工作

4.1 专家证人开展工作的基本要求

4.1.1 专家证人应当具备良好的执业操守,维护委托人的合法权益,勤勉尽责、保守秘密、依法合规开展专家证人工作。

4.1.2 专家证人参与争议解决活动的,应当严格遵守《中华人民共和国民事诉讼法》《中华人民共和国仲裁法》等相关法律法规。

4.1.3 专家证人提供专家意见的其他原则:

(1)高于一切原则;

(2)公正原则;

(3)客观原则;

(4)专业性原则;

(5)雇主知晓原则;

(6)避免冲突原则;

(7)相互尊重原则。

4.2 专家证人开展工作

4.2.1 专家证人应全面了解熟悉委托事项,对移交的证据材料要仔细查阅、认真研究,了解委托人的要求和委托事项相关各方当事人争议的焦点。

4.2.2 专家证人必要时可提请委托人补充证据材料。

4.2.3 建立委托关系后,专家证人与委托人就委托事项进行全面和深入沟通,听取和记录委托人的陈述,制作工作底稿。

4.2.4 专家证人根据委托人的陈述和提供的证据材料,整理对委托事项的工作思路,就委托事项中可能存在遗漏、矛盾、有偏差、不清楚的细节问题,有针对性地制作补充问题清单及补充材料清单,让委托人书面回复;或者向委托人询问,制作询问记录,并通过书面方式取得委托人对询问记录的确认。

4.2.5 专家证人应根据委托事项的特点、委托目的和要求制定工作方案。方案内容包括工作方法、工作进度和需由委托人配合完成的工作等。

4.2.6 专家证人认为有必要的,可告知委托人进行现场勘查。

4.3 专家证人内部会商

4.3.1 委托人可以委托一名或以上专家证人开展工作。

4.3.2 委托人根据需要,可以委托本委员会以外的专家证人共同参与委托事项。

4.3.3 争议标的较大或涉及工程专业较多的复杂、疑难委托事项，建议委托人根据需要委托两名或以上的专家证人组成专家组。

4.3.4 专家组内部应当确定负责统筹工作的召集人。召集人负责总体规划、统一标准、阶段部署、资料汇总等综合性工作。其他专家证人按要求负责其所承担的具体工作。

4.3.5 专家组实行会商制度，在充分讨论的基础上确定专家意见，讨论内容应作详细记录，坚持不同意见的专家证人可以退出工作。

5 专家意见书

5.1 专家证人发表意见应遵循的规则

5.1.1 专家证人应根据委托事项要求出具专家意见书。

5.1.2 专家证人应当依法、科学、独立、客观、公正地发表专家意见，并对自己作出的意见负责。

5.1.3 专家证人就专门性问题发表意见，应当遵守和采用专业领域的技术标准、技术规范和技术方法等。

5.2 出具专家意见书的程序

5.2.1 专家证人可以直接出具正式的专家意见书。

5.2.2 家证人在出具正式的专家意见书之前，可以向委托人发出专家意见书的征求意见稿。

5.2.3 专家证人收到委托人对专家意见书征求意见稿的回复后，专家证人应根据回复中的异议及其相应证据对征求意见稿逐一进行复核、修改完善，直到对未解决的异议都能答复时，专家证人再向委托人出具正式的专家意见书。

5.2.4 委托人不接受专家意见的，专家证人应当终止委托。

5.2.5 专家组出具专家意见书的，由召集人主笔，除退出工作的专家证人外，全体专家证人应在专家意见书上署名。

5.3 专家意见书的形式

5.3.1 专家意见书一般应作出确定性意见，特殊情形可以作出推断性意见或供选择性意见。

5.3.2 专家意见书一般不应载有对案件性质和当事人责任进行认定的内容。

5.3.3 专家意见书一般由封面、声明、基本情况、案情摘要、发表意见过程、专家意见、附注、附件目录、落款、附件等部分组成。

5.3.4 专家意见书的制作应标准、规范，语言表述应符合下列要求：

（1）使用符合国家通用语言文字规范、通用专业术语规范和法律规范的用语；

（2）使用国家标准计量单位和符号；

（3）文字精练，用词准确，语句通顺，描述客观清晰。

5.3.5 专家意见书参考样式参见附录6。

5.4 专家证人对鉴定意见发表质证意见时的审查要点

5.4.1 专家证人对鉴定意见发表质证意见，审查要点包括但不限于以下内容：

（1）鉴定程序是否合法，如鉴定人的资质、鉴定人所属专业的匹配性、执行回避情况等；

（2）鉴定范围与委托范围是否一致，是否超出委托范围或遗漏委托事项，是否存在需要重新鉴定或补充鉴定的情形；

（3）鉴定采信的证据是否经过质证，鉴定征求意见过程中补充的证据是否已得到充分考虑；

（4）现场勘验是否合法、合理、有无遗漏重要环节等，鉴定过程反馈的勘验问题是否得到有效反馈或补充勘验；

（5）是否存在需由争议解决机构先行确定的事项而未经确定，或是否属于应由争议解决机构确定的事实而鉴定机构存在以鉴代审的情况；

（6）鉴定所采用的鉴定方法是否有误，征求意见时当事人反馈的方法错误是否得到鉴定机构的回应、解释或说明；

（7）鉴定的计算要素依据是否充分；

（8）鉴定的计算结果是否存在运算、换算错误，征求意见时发现的运算、换算错误是否得到修正；

（9）鉴定中对依据不清进行推导的，鉴定意见中是否说明合理披露、说明推导方法和依据；

（10）鉴定机构对争议项作出的供争议解决机构选择使用的鉴定意见，应审查所列的选择项是否充分；

（11）鉴定机构提出的有关争议项的处理建议，应审查其是否存在客观事实基础、建议方法和方案是否符合公平、公正原则等；

（12）对于鉴定意见中认为无法鉴定的情形，阐述说明认为无法鉴定的理由以及建议的方法。

5.5　专家证人对鉴定意见以外的专业问题发表意见

5.5.1　专家证人对鉴定意见以外的专业问题发表意见的，根据事实和证据，依据相关建设工程标准规范发表专家意见。

5.6　专家证人对证据材料的采用

5.6.1　专家证人应当以委托人提供的证据材料作为发表专家意见的依据。

5.6.2　专家证人应当审慎采用未经质证和认可的证据材料。未经质证和认可的证据材料一般不作为发表专家意见的依据。

5.6.3　专家证人若需要采用未经质证和认可的证据材料作为发表专家意见的依据，应在专家意见书中详细说明理由，并以明显方式提示各方当事人。

5.7　专家意见与工程合同效力认定冲突的处理

5.7.1　专家证人一般不对工程合同的效力认定问题发表意见。

5.7.2　根据建设工程标准规范，对工程合同效力认定属于必要前置条件的，可按下述指引处理：

（1）专家证人工作遇到工程合同效力认定前置情形的，应提请委托人和对方当事人共同确认合同的效力，或告知委托人先提请争议解决机构认定合同的效力。

（2）专家证人的前述提请或通知，没有获得回应的，专家证人可以依据事实、证据和专业能力，审慎地对工程合同效力作出认定，并详细说明需要前置认定合同效力的理由。

5.8　专家意见与工程事实认定冲突的处理

5.8.1　专家意见与工程事实认定冲突的处理，参照 5.7 条款处理。

6　专家证人出庭

6.1　专家证人出庭前的准备

6.1.1　专家证人可以接受委托人的委托出庭作证，就鉴定人作出的鉴定意见进行质证或就相关专业问题提出意见。

6.1.2　委托人或专家证人可以组织召开庭前会议，明确案件审理的初步程序、专家证人出庭发表意见安排和其他事项。

6.1.3　专家证人出庭前应做好准备工作，熟悉和准确理解专业领域相应的法律、法规和标准、规范以及委托事项的内容等。

6.2　专家证人出庭

6.2.1　专家证人出庭作证时，应当携带专家证人的身份证明，包括身份证、专业技术职称证等，根据要求出示。

6.2.2　专家证人出庭应符合法律规定要求、遵守庭审纪律，庭审中提供的意见应当客观、独立和公正，不能作虚假陈述。

6.2.3　专家证人出庭时，应依法、客观、公正、有针对性地回答有关专业问题。

6.2.4　专家证人在庭审中的活动主要是围绕鉴定意见或专业问题展开，协助委托人对鉴定范围、鉴定依据、鉴定方案等提出专业意见，参与鉴定材料及鉴定意见的质证（包括对鉴定人的质询），并可对鉴定意见出具书面的专门问题报告。

6.2.5　专家证人不得参与专业问题之外的庭审活动，不得发表与专业问题无关的其他意见。

6.2.6　专家证人在庭审中发表的意见视为委托人的陈述，人民法院、仲裁机构有权按照证据规则进行审查。

6.2.7　专家证人出庭后，可以针对出庭发表专家意见相关情况制作出庭报告，并向委托人提供。

6.3　专家证人参加诉讼、仲裁以外的相关会议或活动

6.3.1　专家证人接受委托人委托，参加诉讼、仲裁以外的相关会议或活动，参照专家证人出庭简化处理。

参 考 文 献

1. 张雷 . 工程造价专家辅助人法律实务 [M]. 北京：法律出版社，2022.

2. 李红波，周仙兰 . 鉴定技术与思维艺术——工程造价鉴定及专家辅助人实务 [M].
重庆：重庆大学出版社，2024.

3. 中国建设工程造价管理协会 . 建设工程造价鉴定规范：GB/T 51262—2017[S]. 北京：
中国标准出版社，2017.

4. 吴佐民，袁华之 . 建设工程造价争议解决指引 [M]. 北京：法律出版社，2024.

5. 刘江 . 工程造价鉴定十大要点与案例分析 [M]. 北京：中国建筑工业出版社，
2023.

6. 田洪鋆 . 批判性思维与写作 [M]. 北京：北京大学出版社，2024.

7. 蓝新宏，章德奎 . 施工合同纠纷专题解析与法律实务 [M]. 北京：法律出版社，
2022.